西北政法大学自编系列教材

环境资源法学案例教程

HUANJING ZIYUAN FAXUE
ANLI JIAOCHENG

主　编○韩利琳　王继恒
撰稿人○(以撰写章节先后为序)
　　　　王继恒　杨　倩　陈娟丽
　　　　李雅萍　黄　政　郝少英
　　　　丁岩林　李亚菲　韩利琳

中国政法大学出版社

2020·北京

声　明　1. 版权所有，侵权必究。
　　　　2. 如有缺页、倒装问题，由出版社负责退换。

图书在版编目（CIP）数据

环境资源法学案例教程/韩利琳，王继恒主编.—北京：中国政法大学出版社，2020.1
ISBN 978-7-5620-9444-9

Ⅰ.①环… Ⅱ.①韩…②王… Ⅲ.①环境保护法—案例—中国—高等学校—教材②自然资源保护法—案例—中国—高等学校—教材　Ⅳ.①D922.605

中国版本图书馆CIP数据核字(2020)第021718号

书　　名	环境资源法学案例教程	
出 版 者	中国政法大学出版社	
地　　址	北京市海淀区西土城路25号	
邮　　箱	fadapress@163.com	
网　　址	http://www.cuplpress.com（网络实名：中国政法大学出版社）	
电　　话	010-58908435（第一编辑部）　58908334（邮购部）	
承　　印	固安华明印业有限公司	
开　　本	720mm×960mm　1/16	
印　　张	17.75	
字　　数	309千字	
版　　次	2020年3月第1版	
印　　次	2020年3月第1次印刷	
印　　数	1～4000册	
定　　价	49.00元	

总 序

西北政法大学是一所法学特色鲜明，哲学、经济学、管理学、文学等学科相互支撑、协调发展的多科性大学。学校是西北地区法学教育研究中心和人文社会科学研究的重要基地，被誉为政法人才培养国家队的"五院四系"之一，是陕西省重点建设的高水平大学、一流学科建设高校，是全国政法大学"立格联盟"和西安高校"长安联盟"的成员单位。建校82年来，学校扎根祖国西部，形成了"政治坚定、实事求是、勇于创新、艰苦奋斗"的"老延大"优良传统，铸就了"严谨、求实、文明、公正"的校训，凝练了"法治信仰、中国立场、国际视野、平民情怀"的育人理念，培养了15万余名德才兼备、德法兼修的高素质专门人才。这些人才以"专业扎实、工作踏实、作风朴实、为人诚实"的特点深受用人单位和社会各界好评。

教材体系建设是育人育才的关键，高水平教材是培养德才兼备、德法兼修高素质专门人才的重要依托。习近平总书记提出："要抓好教材体系建设，形成适应中国特色社会主义发展要求、立足国际学术前沿、门类齐全的哲学社会科学教材体系。"西北政法大学历来高度重视教材建设，在积极推进"马工程"重点教材统一使用的基础上，鼓励和支持专业学术造诣高、教学经验丰富的教师参与教材编写，加强教材研究，创新教材呈现方式和话语体系，大力推进习近平新时代中国特色社会主义思想进教材、进课堂、进头脑。学校自2017年启动新一轮自编系列教材建设，重点编写系列特色教材、实践（实验、技能）类教材、双语教材，力求做到重点难点突出、理论实践结合、深度广度兼容、原理前沿兼顾，确保教材的科学性、前沿性，增强教材的针对性和实效性。

系列教材凝结着全体编写人员和出版社编辑的辛勤付出，欢迎选用，同时期望广大师生和实务界同行提出宝贵建议和意见。我们将及时根据使用和评价情况，丰富内容，优化结构，持续打造西北政法大学高水平特色系列教材，为哲学社会科学教材体系建设做出贡献。

西北政法大学
2019 年 8 月

目 录

第一章　环境法律义务与环境法律责任 …………………………………… 1
　　第一节　环境法律义务与环境法律责任概述 / 1
　　第二节　环境民事责任 / 14
　　第三节　环境行政责任 / 25
　　第四节　环境刑事责任 / 36

第二章　环境纠纷与环境诉讼 …………………………………………………… 48
　　第一节　环境纠纷概述 / 49
　　第二节　环境纠纷的非诉讼解决方式 / 55
　　第三节　环境诉讼 / 70

第三章　环境公益诉讼 …………………………………………………………… 89
　　第一节　环境公益诉讼概述 / 89
　　第二节　环境行政公益诉讼 / 98
　　第三节　环境民事公益诉讼 / 107

第四章　环境民事案例 …………………………………………………………… 121
　　第一节　环境污染案 / 121
　　第二节　环境共同侵权案 / 149
　　第三节　生态损害赔偿案 / 165

第五章　环境行政案例 …………………………………………………………… 177
　　第一节　请求履行职责之诉案 / 177

第二节　司法审查之诉案　/ 192
第三节　环境行政执法案　/ 201

第六章　环境刑事案例 …………………………………………… 210
第一节　污染环境犯罪案　/ 210
第二节　破坏资源犯罪案　/ 221
第三节　环境职务犯罪案　/ 236

第七章　国际环境法案例 ………………………………………… 245
第一节　WTO关于环境与贸易仲裁案件——墨美金枪鱼案　/ 246
第二节　跨国公司环境损害的案例——印度博帕尔毒气泄漏案　/ 253
第三节　海油油污染案——墨西哥湾漏油损害赔偿案　/ 258
第四节　国际核损害争端——日本福岛核泄漏事件　/ 263

主要参考文献 …………………………………………………………… 272

后　记 …………………………………………………………………… 274

第一章 环境法律义务与环境法律责任

第一节 环境法律义务与环境法律责任概述

环境法律义务和环境法律责任，在逻辑上是两个密切关联的概念。它们既是环境法学上的两个基本概念，也是环境法律调整机制的核心内容。因此，研究环境法律义务和环境法律责任，不仅具有理论意义，而且具有重要的实践价值。

一、环境法律义务概述

（一）环境法律义务的概念

1. 法律义务释义。一般而言，法律义务是指规定或隐含在法律规范中、要求法律关系的义务主体采取相对受动的作为或者不作为的方式以保障权利主体获得利益的一种约束手段。简而言之，法律义务就是指法律关系主体依法承担的某种必须履行的责任。表现为义务人必须作出或不作出一定的行为。正确理解法律义务这一概念，需要从以下几个方面着手：

（1）法律义务是通过法律明文设定的、以法律规范的形式存在的义务，这一点不同于应有义务。较之于法定义务，应有义务通常以"道德义务"为存在形式，是未被法律明文规定、但根据社会关系的本质和法律精神应当由主体承担和履行的义务。法定义务也不同于现实义务。现实义务是指由义务主体实际承担和履行的义务，是法定义务的现实化。义务性规范一经立法的形式加以确立并发布生效后，即具有法律效力。但法律文本上的义务只是应然状态的义务，义务主体只有按照义务性规范的要求依法履行义务，法定义务才具有实效，才是现实化的义务。显然，从社会控制的角度看，应当高度重视法定义务向现实义务的转化。

（2）法律关系主体依法承担的义务具有必须履行的性质，如果义务人拒不履行义务，国家可以依法强制其履行。法律中的规范性义务，指示着人们怎样的行为是应为的、必为的或禁为的，在一定条件下会由国家权力强制履行或予以取缔。"应当"是法律义务的主观要素，既包含"正当"之意，也包含"必须"之意。"正当"是对行为是否能够满足公序良俗等社会维护价值的评价，因此，缺少"正当"的法律义务就会失去其存在的正当性。"必须"是"正当"所引申出来的对特定主体的行为上的拘束力和要求力，缺少"必须"的法律义务就失去了其必为性，难以与道德义务相区别。"必为"意味着，在任何情况下义务的承担者都不能自行放弃义务，即拒不履行法律义务。也就是说，对于是否履行义务，义务主体是无法选择的，除非有一个更为紧迫的义务发生，以至于义务人不得不先履行后者。

（3）法律义务的后果是潜在的法律责任。法律义务必须以潜在的法律责任为后果，否则就不成为法律义务。从义务和责任两者的关系看，所谓的法律责任，不过是"由于违反法定义务而引起的，由专门国家机关认定并归结于有责主体的、带有强制性的义务，即由于违反第一性法定义务而招致的第二性法律义务"。[1] 显然，法律责任并不是法律义务的必然组成部分，相反，两者是择其一的关系，不会同时出现。因此，构成法律义务的后果要素是潜在的法律责任，而非实际的法律责任。

2. 环境法律义务的概念。结合上述对法律义务概念的理解，我们认为，所谓的环境法律义务，就是指由环境法所确立的要求环境法律关系主体作出一定行为或者不得作出一定行为的法律上的拘束力。例如，一切对环境有影响的建设项目的建设者，事先都要进行环境影响评价，就是环境法律关系主体应当承担的环境法义务。[2] 从功能上来看，环境法律义务是国家强制人们实施的用以适应或者满足环境权利行为的合法手段，是实现环境权利、进而取得相应利益的前提和保障。

环境法律义务，是一个与环境权利密切相关、同时又关系到环境法实效的

---

[1] 张文显：《法哲学范畴研究》，中国政法大学出版社2001年版，第332页。
[2] 在具体的环境法律关系中，义务的承担者有的是确定的，有的是不确定的。如建设项目的建设者就是确定的义务主体。在保护珍稀动植物的法律关系中，如禁止猎捕大熊猫，则所有的公民都负有义务，而不是仅指某一个或某些人，这就是不确定的义务人。

重要法学概念。从理论上看，通过讨论环境法律义务在不同主体间的科学分配[1]以及为何要承担环境法律义务、承担哪些环境法律义务和保障环境法律义务得以切实履行的实施机制等问题，不仅可以提升环境法学的研究深度，而且有助于强化环境法的实践功能，有效解决环境法实效性不足的问题，推动环境法从"纸面上的法"向"行动中的法"转变。

于2014年修订的《中华人民共和国环境保护法》（以下简称《环境保护法》）在总则中，对不同主体的基本义务作了概括性规定，旨在在总则中确立全社会共同治理环境的现代环境治理理念，并且在之后的章节中用大量规范对政府、企事业单位和其他生产经营者以及公民的环境保护义务作出了具体规定。[2] 环境法之所以作出这样的规定，是因为社会利益可以分配在权利上，也可以分配在义务上。而"将一部分社会利益规定为义务，是因为在权利所体现的'正当'与义务所体现的'应当'中，后者对于社会利益具有更直接、更强烈的保护意义"。[3] 因此，在诸如环境法等一些社会法领域，有相当一部分社会利益是体现在义务规范中的。例如，《环境保护法》第6条规定："一切单位和个人都有保护环境的义务。地方各级人民政府应当对本行政区域的环境质量负责。企事业单位和其他生产经营者应当防止、减少环境污染和生态破坏，对所造成的损害依法承担责任。公民应当增强环境保护意识，采取低碳、节俭的生活方式，自觉履行环境保护义务。"

关于政府的环境保护职责[4]，在《环境保护法》中得到了进一步强化。这不仅体现在重申了"地方各级人民政府应当对本行政区域的环境质量负责"的规定，并将其提到了该法的总则部分，还增设了大量条款，将"采取措施改善环境质量"的规定加以具体化。在法律责任部分，增设了追究政府相关人员的

---

[1] 实践证明，做好政府环境管理是解决我国环境问题的关键。为此，《环境保护法》以规范和制约有关环境的政府行为为战略突破口，强化了政府环境责任并建立了严格的责任追究机制，力图纠正旧法中"重企业管制，轻政府规制"的弊端。不仅抓住了问题的主要矛盾，而且也使权利义务在不同主体间的配置更为科学合理。

[2] 在环境管理实践中，国家机关作为法律关系的主体，其所享有的职权是与职责相同的。在这种情况下，主体享有的权利或权力，同时也可以被看作是其应尽的义务。例如，各级环保机关依法审批环境影响报告书的权力，也是他们的义务，即履行其职责的要求，否则就是失职。

[3] 董保华：《社会法原论》，中国政法大学出版社2001年版，第170页。

[4] 环境问题由来已久，但是，把环境管理上升为国家的一项基本职责，则是20世纪70年代环境问题成为严重社会公害的时候。20世纪70年代，美、日、英、法、加拿大等国，分别在中央设立和强化了环境管理的专门机构。同时，不少国家相继在宪法中规定了公民在环境保护方面的基本权利和义务，并将环境保护规定为国家的一项基本职责。

行政不作为或者滥作为的责任追究条款。这些规定，必将对改变长期以来政府"重经济、轻环保"的状况，督促其尽职履责加强环境管理，这对改善环境质量大有裨益。例如，除总则外，《环境保护法》第28条还规定，地方各级政府应当根据环境保护目标和治理任务，采取有效措施，改善环境质量。未达到国家环境质量标准的重点区域、流域的有关地方政府，应当制定限期达标规划，并采取措施按期达标。第26条规定，国家实行环境保护目标责任制和考核评价制度，县级以上政府应当将环境保护目标完成情况纳入本级政府负有环境监督管理职责的部门及其负责人和下级政府及其负责人的考核内容，作为对其考核评价的重要依据。考核结果应当向社会公开。

此外，《环境保护法》还规定，各级人民政府应当承担以下环境保护责任：采取有效措施改善环境质量（第28条）；加大保护和改善环境，防治污染和其他公害的财政投入（第8条）；加强环境保护的宣传和普及工作（第9条）；鼓励和引导公众使用绿色产品（第36条）；采取措施对生活废弃物进行分类处置、回收利用（第37条）；推广清洁生产和资源循环利用（第40条）；做好突发环境事件应急准备（第47条）；统筹城乡防治环境污染和生态破坏设施建设（第51条）；接受同级人大及其常委会的监督（第27条）等。

关于企事业单位和其他生产经营者应当防止、减少环境污染和生态破坏的责任，《环境保护法》第30条规定，开发利用自然资源，应当合理开发，保护生物多样性，保障生态安全，依法制定有关生态保护和恢复治理方案并予以实施。引进外来物种以及研究、开发和利用生物技术，应当采取措施，防止对生物多样性的破坏。第40条第3款规定，企业应当优先使用清洁能源，采用资源利用率高、污染排放量少的工艺、设备以及废弃物综合利用技术和污染物无害化处理技术，减少污染物的产生。第42条第1款规定，排放污染物的企事业单位和其他生产经营者，应当采取措施，防治在生产建设或者其他活动中产生的废气、废水、废渣、粉尘、恶臭气体、放射性物质以及噪声、振动、光辐射、电磁辐射等对环境的污染和危害。[1] 这些规定明确了企事业单位是环境保护的直接责任主体，对于克服实践中普遍存在的怠于履行义务、普遍缺乏"主体责任"意识的情况具有很强的现实针对性。

---

[1]《环境保护法》第5条规定了"损害担责"的环境保护基本原则，同时该法还规定生产经营者对造成的环境损害应当依法承担责任，承担责任的方式包括缴纳排污费或者环境保护税，承担民事、行政和刑事责任等。

关于公民的环境保护义务，《环境保护法》第38条规定，公民应当遵守环境保护法律法规，配合实施环境保护措施，按照规定对生活废弃物进行分类放置，减少日常生活对环境造成的损害。另外，我国大气污染防治法、环境噪声污染防治法、固体废物污染环境防治法等有关污染防治的法律，农业法及有关自然资源保护、节约能源的法律都对公民的环境保护义务作出了规定。环境法关于公民环境保护义务的规定，有利于增强公民的节约意识、环保意识、生态意识和合理消费意识，不断调整自身经济活动和社会行为，协调人与环境、人与自然相互关系的实践活动的自觉性。

（二）环境法律义务的特征

环境法律义务在服从法律义务的一般法理的基础上，也有其自身的特殊性。主要表现在环境法律义务具有社会公益性、生态性和先导性等特点。

1. 环境法律义务的社会公益性。较之于传统的个人义务观，环境法律义务是内含社会本位义务观的义务，其正当性源自于环境公共利益保护的要求，这是由环境法是以社会公共利益为立法目的的社会法属性所决定的。环境法的保护对象涉及人类社会生存与发展的共同条件，这些共同条件反映了人类社会的共同利益，将给全体社会成员带来普惠的民生福祉。这决定了环境法具有广泛的社会公益性，最明显地体现了法的社会职能的一面。[1] 显然，正是环境法的社会法属性，赋予了环境法上权利与义务极强的社会公益的性质。环境法律义务的公共利益特征，决定了环境法律义务具有较强的正当性和必为性，进而决定了环境法律义务较之于一般法律义务也更为严格。

权利、义务是法的价值得以实现的方式。法律总是以确认和维护某种利益为其价值目标，并且以权利的宣告直接体现其价值目标。当价值目标得以确立并以权利加以确证之后，义务的设定就不可或缺。单纯的权利宣告不足以保障法律价值目标的实现。鉴于"义务以其强制某些积极行为的发生、防范某些消极行为出现的特有的约束机制而更有助于建立秩序"，[2] 因而在社会法领域义务的设定常常显得更为重要。例如，环境法律义务对于社会利益的保护至关重要，与环境法宗旨的实现密切相关。正因为如此，我们认为在环境立法上，应当充分肯定"义务重心论"的现实作用。

---

[1] 其实，环境法自其产生之初，便以防止和克服人类活动所引起的不利环境影响为己任，其所关注和规范的是社会公共利益和保障基本人权，目的即在于推进生态文明建设，促进经济社会可持续发展。
[2] 马新福主编：《法理学》，吉林大学出版社1997年版，第211页。

2. 环境法律义务的生态性。环境法律义务的生态性，是与环境法的调整方法——"生态化方法"密切相关的概念。任何法律都是以权利和义务为机制调整人的行为和社会关系的。但环境法之不同在于，作为"人—自然"共同体规则，其调整对象不仅包括人与人的关系，也包括人与自然的关系。显然，环境法要想通过调整环境社会关系达到实现协调人与自然关系之目的，就必须要对各种环境利用行为作出必要的法律规制，以使其符合环境保护的要求。而任何一种环境利用行为是否符合环境保护的要求，又是与其是否符合自然生态规律的要求联系在一起的。因此，人类要想实现可持续性生存和发展，就必须尊重自然生态规律，使每一个与环境利用有关的行为生态化。而要实现这一目的，只有通过创设符合自然生态规律要求的法律义务去约束环境利用行为才能实现，这使得环境法律义务具有了很强的生态属性。

3. 环境法律义务的先导性。环境法律责任作为一种重要的纠错手段，其主要功能在于督促有责主体按照法律的要求切实履行环境保护义务，因此环境法律责任的追究不应止于制裁或惩罚。更何况，环境损害的不可逆性以及事后的治理、修复、恢复等亡羊补牢之举所要付出的高昂代价，这使得环境法律义务之履行的价值也远大于环境法律责任。更为重要的是，一旦进入责任追究阶段，环境损害防止的法律目的也将落空。显然，只有使环境法律责任的履行成本大大高于法律义务，并以此倒逼各环境法律义务主体主动履行义务，才是解决环境问题的根本之策。因此，在具体适用环境法律责任制度追责的时候，要"特别注重违法行为的制裁与环境质量的恢复、改善相结合，要求违法者不仅要负责赔偿他人的经济损失，而且还要及时排除侵害，恢复和治理被污染和破坏了的环境，消除不良后果"。[1]

（三）环境法律义务的分类

从学理上看，法律义务可以依据不同的标准做出不同的分类。例如，从义务的存在形态上看，可划分为应然义务、法定义务、现实义务；从义务所体现的社会内容的重要性上看，可划分为基本义务与普通义务；根据义务对人们的效力范围可划分为一般义务与特殊义务；根据义务之间的因果关系可划分为第一性义务和第二性义务；根据义务实现的方式可划分为消极义务和积极义务；根据主体的不同可划分为个体义务、集体义务、国家义务和人类义务等。结合环境立法和环境保护的要求，我们认为环境法律义务的基本类型主要有：

---

[1] 吕忠梅：《环境法学》，法律出版社 2008 年版，第 145 页。

1. 从环境管理中各主体的地位和相互关系上，可以将环境法律义务划分为环境管理主体的义务和环境管理相对人的义务两个方面。其中，环境管理主体的义务（职责）又可以归纳为如下几个方面：

（1）管理义务。国家通过依法管理环境，从而形成有利于促进经济社会绿色、协调、可持续发展的环境法律秩序，这是国家的一项基本职责。环境管理的国家基本职责主要体现在通过制定法律、法规，管理各种开发、利用环境的活动，管理各种污染和破坏环境的活动，协调经济社会发展和环境保护的关系等。

（2）服务性义务。服务性义务是指国家有权机关依照法律的规定，为保护和改善环境而创造的各种条件和提供的各种支持方面应尽的职责。例如，进行环境保护的宣传教育、推行清洁生产以及推广先进的环境保护工艺流程和提供污染防治设施等。

（3）接受监督的义务。主要包括接受同级人大及其常委会的监督、来自社会组织和公民的一般性监督，还包括诉讼监督、行政监督等。

环境管理相对人的义务又可以归纳为以下几个方面：

（1）遵守和维护环境法律秩序的义务。环境法律规范是调整环境社会关系，形成和谐有序的环境法律秩序的基石，也是保护和改善环境质量最为纲举目张的手段和措施。环境法的目的就是通过防止环境污染和资源破坏来保护环境与资源，维护生态平衡，促进人类同自然和谐发展。因此，一切单位和个人都应当自觉遵守环境法的规定，依法履行环境保护义务，切实承担起在经济、社会等各种活动中防止和减少环境污染和生态破坏、保护和改善环境的主体责任。

（2）服从国家环境管理的义务。环境管理是现代国家的一项基本职责[1]，是国家采用行政、经济、法律、科学技术、教育等多种手段，对各种影响环境的活动进行规划、调整和监督，目的在于协调经济发展与环境保护的关系，防治环境污染和破坏，维护生态平衡。这是保障整体社会利益和实现可持续发展的客观需要。因此，一切公民和社会组织都应当服从管理机关的管理，不得擅自否定管理决定的确定力和拘束力。

---

[1] 相对于保障国家安全、维护社会秩序这种传统职能以及现代社会国家保障和促进经济发展、文化进步，健全和发展社会保障和社会福利等方面的现代职能，行政机关对其认识保护和改善人类的生活环境和生态环境的职能，认识得较晚、履行得较不得力，因而效果不尽如人意。我国行政机关更应把保护、改善环境的职责放在最重要的位置或最重要的位置之一。

(3) 服从制裁的义务。如果管理相对人未能履行法定义务或者因故意、过失而违反法律，破坏了环境管理秩序，应当服从有关机关的处理决定，并接受处罚，以恢复被破坏的环境法律秩序。

2. 从义务对人们的效力范围上，可以将环境法律义务划分为一般环境法律义务和具体环境法律义务。

一般性环境法律义务（General Obligation of Environmental Law）是环境法中最为基础的法律义务，是指凡可能对环境产生不利影响的组织或个人，都有义务为其活动可能造成的环境污染和破坏承担预防、治理、恢复、养护和补偿的责任，这是对每个与环境有关的人提出的环境保护基本要求。例如，《环境保护法》第6条关于"一切单位和个人都有保护环境的义务"之规定，就属于一般环境法律义务。又如，瑞典《环境法》第5条规定："任何从事或拟从事对环境有害活动的人，均应采取预防措施，遵守对该活动的限制性规定，并且应当合理地采取其他预防性措施，以防止或补救活动可能造成的损害。活动停止以后，行为人仍负有改善环境损害影响的义务"。[1] 这就使得每一个人都承担起了保护环境的义务。一般环境法律义务，体现了环境法对法律主体的基本要求。因此，一般环境法律义务能否得到履行以及实现的程度如何，不仅对于一国环境保护影响巨大，而且也是检验一国环境法有效性的根本标准。

一般环境法律义务是较为原则、稳定和抽象的行为模式，并不直接涉及特定主体的具体的义务履行方式。这样一来，对于各法律主体应当按照一般环境法律义务的要求，在各种可能对环境产生影响的实践活动中应当做出哪些行为，一般环境法律义务无法确定。显然，在这种情况下有必要通过确立"具体环境法律义务"（Specific Obligation of Environmental Law）来确定各主体环境法律义务的具体内容，以方便实施和进行监督。具体环境法律义务的实现，需要法律责任制度加以保障。为此，《环境保护法》第6条第3款规定，企事业单位和其他生产经营者应当防止、减少环境污染和生态破坏，对所造成的损害依法承担责任。

《环境保护法》在确保环境法律义务切实履行方面，强化了对各主体怠于履行义务的法律问责，为不同主体履行环境法律义务提供了保障。例如，《环境保护法》规定了针对各级人民政府的环境保护目标责任制的责任追究机制，使得政府履行环境法律义务能够得到量化的考核，并确保不履行环境法律义务要承

---

[1] 赵国青主编：《外国环境法选编》（第1辑下），中国政法大学出版社2000年版，第1138页。

担相应的法律责任。又如,《环境保护法》还创设了"按日计罚制",并且加强了对未批先建等环境违法行为的惩治力度,有利于克服"守法成本高、违法成本低"的问题。另外,《环境保护法》还通过人大监督、信息公开、公益诉讼等方面的规定,完善了对不同主体的监督机制,为保证及时追究法律责任提供了制度保障。

3. 从义务的主要内容和功能上,环境法律义务可以划分为预防义务、填补义务、改善义务、合作义务。[1]

(1) 预防义务。预防义务即预防为主或预防优先义务,是指要把预防环境问题的发生作为首务,而不是在环境污染和生态破坏之后再去治理。较为优良的环境治理之策要谋事在先,在事前即采取有效措施,尽可能避免、消除或减少对环境带来的不利影响,做到防患于未然。预防义务既包括损害预防义务,也包括风险预防义务。损害预防义务以科学知识对某一环境危害有相当程度的确切认知为基础,而风险预防义务则常常涉及科学不确定性问题。环境保护法上的预防义务,是基于环境问题的复杂性、不可逆性、后果的严重性以及总结国内外防治环境污染和生态破坏的经验教训基础上提出来的,目前已经成为世界各国在环境管理和立法中的重要指导原则。

(2) 填补义务。填补义务,是对已有的环境污染和生态破坏提出的积极治理的义务要求。主要包括,对已经产生的环境污染和生态破坏,要采取综合措施进行积极治理和有效修复;对污染环境和破坏生态造成损害的,应依法承担侵权责任;对超过污染物排放标准或者超过重点污染物排放总量控制指标排放污染物的企事业单位和其他生产经营者,依法责令其采取限制生产、停产整治等措施。

(3) 改善义务。改善义务,也可以称之为"高水平的环境保护义务",是对改进和提高环境质量提出的义务要求。相对于对环境污染和生态破坏的预防和治理义务,改善义务是对法律主体提出的较高程度的环境保护义务。从人们需求发展的要求上看,仅把环境质量保持在维持人们免受环境污染和生态破坏造成的损害的健康水平,就如同人要吃饱、穿暖一样,是人们生活的基本需要。随着经济社会的发展进步以及人们文化生活水平的不断提高,人们不仅会对创造更多物质财富和精神财富以满足人民日益增长的美好生活需要提出要求,而且会对提供更多优质生态产品以满足人民日益增长的优美生态环境需要抱有更

---

[1] 曹炜:"环境法律义务探析",载《法学》2016 年第 2 期。

多企盼。改善义务，是环境法发展到较高阶段时，面对不断提高环境质量水平的要求而对不同主体施加的环境保护义务，其重要性将会随着人们需要的发展日益凸显。

（4）合作义务。合作义务，是基于责任共担、利益共享原则，就环境保护需要不同主体间的相互协调、相互协作、共同参与而对法律主体提出的义务要求。所谓责任共担、利益共享，是指把政府公众责任与社会各阶层共同的社会责任相结合，从竞争走向合作，树立人类共同利益意识，开展以整个人类的可持续发展为根本目的的人类实践，在合作共建中实现环境利益的增进，在合作共享中促进环境责任的公平负担。环境保护的合作义务不仅存在于不同主体之间，还存在于不同国家以及一国的不同区域之间。随着跨区域、跨流域等一些新型环境问题的出现，不同区域间的府际协作和联防联控将显得更为重要。

二、环境法律责任概述

作为最能体现环境法的制度刚性或者反映环境法律规范的强制效力的概念，环境法律责任是环境法学的基本范畴之一，也是环境立法中经常使用的一个重要法律术语。环境法律责任的认定和追究涉及对环境行为的法律评价，并进而要求其承担一定的不利法律后果问题，对于补救受损的环境权益、恢复破坏的环境法律秩序以及保障环境法律规范的有效实施，保证环境立法目的的实现具有重要意义。因此，环境法律责任向来都是环境法学研究和环境法律实践中的一个特别重要的问题。

（一）环境法律责任的概念

环境法律责任是指环境法主体因其不履行环境保护义务的违法行为或者基于法律的特别规定，而就一定的损害应当承担的不利法律后果。对这一概念的理解，应当注意以下几个方面：

1. 大多数、也是最为常见和最主要的承担环境法律责任的原因行为，都是违反环境法律、法规中的法定义务的行为。例如，因污染环境而造成的损害以及因不合理开发利用自然资源所导致的生态破坏而承担的责任，都是责任主体因违反"企业事业单位和其他生产经营者应当防止、减少环境污染和生态破坏"[1]以及"开发利用自然资源，应当合理开发，保护生物多样性，保障生态

---

[1] 参见《环境保护法》第6条第3款。

安全，依法制定有关生态保护和恢复治理方案并予以实施"[1]之规定的违法行为的不利后果。这样来看，环境法律责任与环境违法行为密切相关，进而言之，环境违法行为是承担环境法律责任的原因，而环境法律责任则是环境违法行为的必然结果。

2. 环境保护义务既包括法定环境义务，也包括约定环境义务，违反约定环境义务，也可导致环境法律责任。实践中，一些国家和地区为了实现特定的环境管理目标，常常利用多种环境合同的方式进行环境管理，并得到了广泛应用。例如，不同级别的环境行政管理机关之间签订的环境保护目标责任书、环境行政管理机关与管理相对人之间签订的自然资源行政合同和污染治理目标合同，以及企事业单位和其他生产经营者与居民之间签订的污染防止协议等环境民事合同等。[2] 显然，违法了合同约定的环境义务，也可能导致环境法律责任的产生。这也就是说，违反法定义务的违法行为不应当是引起环境法律责任的唯一原因，违反环境合同中的约定义务也是环境法律责任可以归责的原因。

3. 在环境法领域存在"合法致损"仍应承担法律责任的情况。也就是说在法律规定的某些特殊情况下，即使行为人的行为合法，但只要造成了环境污染和生态破坏、危害了他人的人身、财产权益，就要对其后果承担相应的法律责任。例如，行为人达标排放，但只要有环境损害后果的发生，就应当承担相应的环境民事责任。[3] 显然，这种对非违法行为法律责任的认定和追究，并非是由于违法行为这个前提，而是基于法律规定。因此，特定情况下法律的直接规定，也是环境民事责任产生的根据。当然，这时候必须要遵循"依法追究责任"的原则。

4. "损害担责"是新修订的《环境保护法》所确立的一项环境保护的重要原则。[4] 但这里的损害担责之"损害"的意思"是指有污染环境和破坏生态的

---

[1] 参见《环境保护法》第30条第1款。
[2] 例如，我国台湾地区"公害纠纷处理法"第30条第2款规定："公害源与所在地居民签订公害之管制协定，经法院公证且如未被企业遵守，受害人得不经调处程序，迳行取得强制执行名义。"可见，环境违约也可导致环境法律责任。
[3] 这一定也得到了司法实务的肯定。例如，2015年通过的《最高人民法院关于审理环境侵权责任纠纷案件适用法律若干问题的解释》第1条第1款规定："因污染环境造成损害，不论污染者有无过错，污染者应当承担侵权责任。污染者以排污符合国家或者地方污染物排放标准为由主张不承担责任的，人民法院不予支持。"
[4] 参见《环境保护法》第5条。

行为,即为损害,行为人就要承担责任,而非有了损害结果才担责"。[1] 从损害后果与环境法律责任的关系来看,一般来说,损害后果是承担环境法律责任的必要条件,依照此逻辑,无损害即无责任。但环境法律责任是一种特殊的法律责任,存在无损害后果也要承担责任的情形。以环境民事责任为例,通常有环境损害时需要承担责任,有时即使行为人的行为尚未造成环境损害结果,但只要存在造成环境损害之危险时,行为人也应当就此承担相应的环境民事责任。

(二) 环境法律责任的特征

环境法律责任是法律责任的一种,具有一般法律责任的共性特征,但也有其自身的一些特殊性,主要表现在:

1. 环境法律责任是一种综合性责任。环境法律责任的综合性,是由环境法自身综合性强的特点所决定的。环境法是一个典型的跨部门法的综合性法学学科,这使得环境法律责任不像行政法、民法、刑法等其他部门法的法律责任那样是一种特定的法律责任。相反,环境法律责任是兼容了多种特定法律责任的一种综合性的法律责任,主要由环境民事责任、环境行政责任以及环境刑事责任三种类型构成。[2] 当然,对有责主体应当追究何种责任,需要依据其违反的环境法律规范的性质和社会危害后果来加以确定。

2. 环境法律责任范围的扩大化。从环境伦理上看,环境法律责任范围的扩大化是与人的自由选择范围和选择能力密切相关的。随着人类选择范围的扩大和选择能力的提升所带来的影响自然的实践活动的重大飞跃,必然会对人与自然的关系造成更大的影响,因而人的责任也应随之扩大。从权利、责任、义务三者的统一关系看,如果说权利包含着利己动机,那么责任和义务则反映着公平和正义。公平和正义不仅要求权利的享有者承担起与其权利相应的社会责任,而且应当承担起这一权利所影响的自然界的责任,承担起因权利行使而引起的社会事务的责任。

从法律上看,为了保护环境,环境法为各环境法主体规定了广泛的环境保护义务。随着环境义务体系的建立,就必须要有一个相对完备的环境法律责任体系作为支撑,才能保证各义务主体能够切实履行其环境保护义务。因此,随着环境保护义务的扩大,环境法律责任范围也会随之扩大。另外,环境法律责

---

[1] 信春鹰主编:《中华人民共和国环境保护法释义》,法律出版社 2014 年版,第 20 页。
[2] 除此之外,还有学者提出了"专门环境法律责任"的概念和责任形式。参见吕忠梅:《环境法学》,法律出版社 2008 年版,第 172~176 页。

任范围的扩大也取决于环境法自身的特性,即环境法是"人与自然共同体规则",其调整的是"人—自然—人"的关系。在环境法律关系中,"人—自然与人—人"关系互为中介特性,况且与传统部门法视环境为纯粹客体不同,环境法还在某种意义上承认环境自身价值,所以环境法律责任在一定程度上还包括了人对环境的责任。[1]

3. 环境法律责任的严格化。环境污染与生态破坏作为一种严重的社会"公害",直接威胁着人类的生存和发展权益,也影响着人类社会的可持续发展,具有极大的社会危害性,因此必须对各种污染和破坏环境的行为施以重拳、给予严厉的法律制裁。[2] 环境法律责任趋于严格,可以从多方面表现出来。例如,环境民事责任适用"无过错归责原则"、合法排污致害仍应承担责任、在一些情况下不要求有损害结果也要求侵权人承担排除危害责任以及在环境民事责任归责中引入"因果关系推定"等,既便利了实务中对责任的认定,也体现了环境民事责任追诉的日趋严厉性。

环境刑事责任同样体现了环境法律责任严格化这一发展趋势。从理论上说,把刑法手段引入环境保护领域追究环境犯罪行为的刑事责任,这种做法本身就已经说明了环境法律责任的严厉性。那么鉴于环境问题的特殊性以及环境保护的必要性,需要采取比一般刑事责任更为严厉和广泛的制裁手段来实现环境保护的目的,就更能进一步说明环境法律责任的严厉性。例如,在环境刑事责任立法中,有些国家为了加大惩治公害犯罪的力度,突破了传统刑事责任理论的"无罪过即无犯罪"原则,在一些刑事立法中确立了"刑事无过失责任",这体现了环境法律责任不断严格化的发展趋势。[3] 又如,在环境刑法中扩大刑法的保护范围,将过去对人身和财产的保护扩大到对环境要素、环境权益的保护以及扩大刑罚的范围惩治危险犯等,这些刑事立法的发展变化都不同程度地适应了环境法律责任趋于严格化的趋势。

---

[1] 吕忠梅:《环境法学》,法律出版社 2008 年版,第 144 页。
[2] 这一点党和政府的态度日益鲜明。例如,十九大报告中指出:"实行最严格的生态环境保护制度,坚决制止和惩处破坏生态环境的行为",就释放了环境法律责任趋于严格化的政策信号。
[3] 我国 2011 年通过的《刑法修正案(八)》,修改了原《刑法》的第 338 条,确立了"污染环境罪",扩大了污染物的范围,降低了入罪的门槛,即只要向环境排放了"有害物质",而不仅限于原法的"向土地、水体、大气……排放",也不限于"危险废物";更不需要具备特定的严重后果,即"造成重大环境污染事故,致使公私财产遭受重大损失",或者"人身伤亡的严重后果",而只规定"严重污染环境",其行为就构成本罪,这意味着将污染环境犯罪界定为行为犯,加大了对污染环境犯罪行为的惩治力度,也体现了环境法律责任日趋严厉化。

另外，在法律制裁措施上提高了违法成本、加大了处罚额度，也从另外的方面表明环境法律责任日趋严厉。例如，美国、日本等国家，罚款和罚金都改变了以往的一次性处罚方式，把"天"甚至"小时"作为违法时间的计算单位，采用了按违法日甚至违法小时计算罚款和罚金的惩罚方式。我国《环境保护法》第59条规定："企业事业单位和其他生产经营者违法排放污染物，受到罚款处罚，被责令改正，拒不改正的，依法作出处罚决定的行政机关可以自责令改正之日的次日起，按照原处罚数额按日连续处罚。"该条所确立的"按日计罚制"，弥补了一般性处罚威慑力不足的缺陷。实践证明，按日计罚制度有效遏制了环境违法的高发态势，对排污企业起到了很好的震慑效果。

第二节 环境民事责任

环境民事责任是一般民事责任的一种特殊责任形式，既具有一般民事责任的共性，也具有其自身特点。因此，环境民事责任既适用民法的一般规定，又要优先适用环境法关于民事责任的特别规定。

一、环境民事责任的概念

环境民事责任，亦称环境侵权责任、环境侵害的民事责任或者无过错的民事责任，是指公民或法人因污染和破坏环境侵害了他人的人身财产权益所应当承担的不利民事法律后果。《环境保护法》第64条之规定，是关于因污染环境和破坏生态而承担侵权责任的法律依据。该条款规定："因污染环境和破坏生态造成损害的，应当依照《中华人民共和国侵权责任法》（以下简称《侵权责任法》）的有关规定承担侵权责任"。[1]

在这里需要注意的是，《侵权责任法》第八章专章规定了"环境污染责任"。例如，该法第65条规定："因污染环境造成损害的，污染者应当承担侵权责任。"第66条规定："因污染环境发生纠纷，污染者应当就法律规定的不承担责任或者减轻责任的情形及其行为与损害之间不存在因果关系承担举证责任。"第67条

---

[1] 有些学者认为，作为特殊侵权行为责任的环境民事责任，只指因污染环境致人损害应承担的责任，不包括因破坏环境致人损害而应承担的责任。其实，在一些关于自然保护的单行法中，也已经将因破坏环境致人损害的民事责任规定为特殊侵权行为责任。例如，2011年施行的《中华人民共和国水土保持法》（以下简称《水土保持法》）第58条规定："违反本法规定，造成水土流失危害的，依法承担民事责任"。显然，这里使用的是广义上的环境侵权责任。

规定："两个以上污染者污染环境，污染者承担责任的大小，根据污染物的种类、排放量等因素确定。"第 68 条规定："因第三人的过错污染环境造成损害的，被侵权人可以向污染者请求赔偿，也可以向第三人请求赔偿。污染者赔偿后，有权向第三人追偿。"但是，按照《环境保护法》第 64 条的规定，对破坏生态的行为造成环境损害的也适用《侵权责任法》第八章的相关规定。[1]

环境污染和生态破坏是既有联系又有区别的两个概念，基于污染环境和破坏生态都是对环境的损害，因此破坏生态行为给他人造成损害的，其也应按照《侵权责任法》的规定承担严格责任（无过错责任），并且应当就法律规定的不承担责任或者减轻责任的情形及其行为与损害之间不存在因果关系承担举证责任。[2]

需要说明的是，尽管环境侵害来源于人类环境利用行为造成的环境污染和自然破坏，但是依照法律规定直接从事开发利用自然资源行为所导致的环境侵害现象并不多见。这是因为公权力的干预使得人类能够保持对自然资源的合理开发利用以及在自然保护区内的不作为，并且根据"谁开发谁保护"原则设立的生态补偿制度和恢复原状措施也确保了开发利用行为人通过金钱或治理行为补偿生态价值的损害。因此，从各国环境侵害的实态看，它们主要表现为环境污染所导致的人身、财产损失以及造成生态价值逸失等侵害的纠纷。[3]

二、环境民事责任的特征

环境民事责任的特征，是指环境民事责任有不同于其他责任形式的特殊性，也是正确认识环境民事责任的基本出发点，主要包括以下几个方面：

1. 环境民事责任是一种特殊的侵权责任。这里面包含三层意思：一是环境民事责任是一种侵权责任，而不包括违约责任。二是环境民事责任是一种特殊的侵权责任。在民法上，侵权行为有一般侵权行为和特殊侵权行为之分。一般侵权行为，适用过错责任原则归责；在构成要件上，要同时满足主观上具有过错、行为的违法性、损害事实、违法行为与损害结果之间具有因果关系四个方

---

[1] 2015 年 6 月发布的，《最高人民法院关于审理环境侵权责任纠纷案件适用法律若干问题的解释》第 18 条也规定："本解释适用于审理因污染环境、破坏生态造成损害的民事案件但法律和司法解释对环境民事公益诉讼案件另有规定的除外。相邻污染侵害纠纷、劳动者在职业活动中因受污染损害发生的纠纷，不适用本解释。"

[2] 信春鹰主编：《中华人民共和国环境保护法释义》，法律出版社 2014 年版，第 224~225 页。

[3] 汪劲：《环境法学》，北京大学出版社 2006 年版，第 559 页。

面的要求；在举证责任方面，一般采用"谁主张、谁举证"的方式。特殊侵权行为，基于民法上的特别责任条款或特别法的规定，主要适用无过错责任和公平责任归责；在举证责任方面，采用"举证责任倒置"方式；在免责、减责方面，有严格限制。环境侵权，即属于由各国民法和环境法加以专门规定的一种特殊侵权行为。三是环境民事责任是一种间接的侵权责任。环境侵权之所以特殊，是因为环境侵权损害的发生是基于"被污染和破坏的环境"这一媒介的作用，这是环境民事责任区别于一般民事责任的一个显著特点。这意味着，并非任何侵害行为都能引起环境民事责任，只有行为对环境造成污染和破坏，并以被污染和破坏的环境为媒介对民事主体产生损害的，才是环境侵权，才能引起环境民事责任。正如有学者指出的，"环境侵权行为直接的表现形式是对环境的侵害，而后由于环境的生态作用而导致的人的权利侵害，故一般将环境侵权行为称为'环境侵害'"。[1] 我们认为，这种认识无疑是正确的，它揭示了环境侵权不同于一般侵权的本质特征，即环境侵害实质上是以空气、水、土壤、生物等环境要素为介质而导致的人身和财产损害，应当属于一种间接的环境民事侵权行为。

2. 环境民事责任是一种新型的民事责任。之所以说环境民事责任是一种新型的民事责任，是因为环境民事责任发生的根据不以对财产权、人身权的侵害为限，还包括对环境权益的侵害。传统上，各国立法仅将人身损害和财产损害视为环境侵权的损害后果，因此传统民事责任制度一般仅涉及财产权、人身权的损害赔偿问题。自 20 世纪 90 年代以来，生态环境本身所遭受的损害作为一种新型的损害，被一些国家的立法和国际公约所承认。[2] 这时，环境民事责任制度除以财产和人身损害为依据外，还以环境损害作为追究民事责任的依据。

尽管我国尚未明确规定环境权，更缺乏环境损害赔偿的民事责任制度，但是随着经济社会的不断发展进步，特别是人们对良好环境的利益需求的不断增加，法律应当因时而变，使环境权法律化、制度化，并对损害环境的行为追究民事赔偿责任，这是现代环境民事责任制度发展的必然趋势。

3. 环境民事责任的构成要件具有特殊性。不同于传统民事责任，环境民事

---

[1] 吕忠梅：《环境法学》，法律出版社 2008 年版，第 151～152 页。
[2] 例如，德国于 1991 年制定了《环境损害赔偿责任法》，环境赔偿责任的范围由传统民法只赔偿人身、财产损害扩大到对生态损害的赔偿。丹麦 1994 年的《环境损害赔偿法》所列举的损害也包括"环境损害"的类型。另外，1993 年的《欧洲理事会关于对环境有危险的活动造成损害的民事责任公约（洛迦诺公约）》，就确定了一个覆盖所有损害的环境民事责任体制。

责任在其构成要件上表现出特殊性,主要体现在:主观上的过错以及行为的违法性,不再是环境民事责任的构成要件。环境民事责任的认定,更加强调致害行为、损害结果以及两者之间的因果关系。

4. 环境民事责任主要是一种以补偿为目的的财产责任,但又不以此为限。环境侵权大都会给他人的人身、财产权益造成一定的损害,行为人需要对其造成的损害后果给予填补和救济,使其恢复到未受到损害的状态。因此,环境民事责任主要是一种财产责任形式,且多表现为对损失的赔偿。但是,因环境侵权行为而对民事主体的非财产性环境权益造成的损害,并非仅通过财产责任形式就能够消除危害后果并得以保全。因此,环境法除了规定赔偿损失等财产责任形式以外,还规定了停止侵害、排除妨碍、消除危险等非财产内容的责任形式。

5. 环境民事责任是一种体现"社会本位"价值观的责任。[1] 传统民法强调"个人为本",以民事主体的平等性和互换性为理论基石,强调对个人利益的绝对保护。但是,经济的发展以及利益的不断分化,不仅使人们之间的相互关系开始出现倾斜从而出现了强者和弱者之分,实际上这也导致了他们之间在争取各自利益过程中彼此抗衡的地位上的不平等,而且也面临着强势群体侵犯弱势群体环境利益的不公平性问题。事实上,在现代社会,个人尤其是经济实体为追逐一己之私利而严重损害社会公共利益的现象大量存在,不仅危害性极大,而且也在进一步加剧着环境不公平问题。这是环境民事责任产生不可忽视的社会背景。

另外,企事业单位和其他生产经营者的环境侵害行为还具有间接性、复杂性、社会价值的正当性甚至合法性特点,而且无论行为人是否有过错,也无论环境侵害行为是否合法和必要,客观上都会产生环境侵权的后果,问题的关键还在于此时也很难清楚地认定侵害行为与损害后果之间的因果关系。显然,环境侵害的这些特征已远远超出了传统侵权法的法理以及制度架构,在这种情况下如果仍然适用传统侵权法去规制环境侵害,以单纯的加害人与被害人之间的个别责任为主体,以违法行为与过失责任为归责要件,要求行为与损害之间具有直接的因果关系,要求原告承担举证责任,以及以损害赔偿为主要的救济形式,将会遇到极大的困难并难以妥善发挥其救济功能。[2]

---

〔1〕 蔡守秋主编:《环境资源法教程》,高等教育出版社2010年版,第395~396页。
〔2〕 吕忠梅:《环境法学》,法律出版社2008年版,第154页。

这时，民法开始运用社会法理检讨和矫正传统私法自治原则在现代社会中适用的缺陷，在坚持个人自由的同时也开始注重个人利益和社会整体利益的统一和平衡，并将大多数人的利益放在首位以防止为个人利益而损害社会整体利益的情况发生，从而实现了从个人本位向社会本位的转变。[1] 这种民法的社会化，不仅奠定了环境侵权民事救济的法理基础，也带来了环境民事立法的新发展。例如，鉴于环境侵权后果的严重性及侵权人和受害人在实力上的不平等，法律在环境民事责任中引入了无过错责任、因果关系推定、举证责任倒置等一系列对加害人要求甚严，而有利于受害人和社会整体利益的制度，这既是社会本位观的体现，也是利益平衡的结果。

6. 环境民事责任中利益衡量机制被广泛运用。由于许多环境污染的原因行为具有社会有用性，在确定加害人的责任及其所承担的责任形式时，利益衡量机制被广泛运用。它就是将受害人的利益与加害人行为的社会效益相比较，从而决定加害人的责任及责任形式。

三、环境民事责任的构成

在侵权法上，侵权责任的构成与归责原则密切相关。具体而言，责任构成要件是由归责原则所决定的。它是归责原则的具体体现，其目的在于实现归责原则的功能和价值。一定的归责原则决定着侵权行为的分类，也决定着责任构成要件、举证责任的负担、免责条件、损害赔偿的原则和方法、减轻责任的根据等。总之，归责原则是贯穿于整个侵权行为法之中，并对各个侵权法规范起着统率作用的立法指导方针。因此，研究环境民事责任的构成首先要明确环境民事责任的归责原则。

(一) 归责原则

1. 无过错责任原则的概念和特征。在民法上，过错责任是普遍适用的归责原则，也是我国以及世界各国民法在归责原则方面的通用制度。但是，将过错责任原则适用于环境侵权，却存在诸多缺陷和难以克服的困难。反之，实践中在环境侵权方面适用无过错责任原则，不仅有利于消除在诉讼上因难以确定致害人而导致的主观过错的混乱，而且有利于诉讼活动的顺利进行和保护受害者的权益、保护环境。因此，在环境侵权造成损害的追责方面，须实行无过错责

---

[1] 我们认为，"民法社会化"是民法适应社会发展和社会法律思想的一种因应策略，这并不会改变民法作为私法的本质属性。

任原则,即"在法律有特别规定的情况下,以已经发生的损害结果为价值判断标准,由与该损害结果有因果关系的行为人,不问其有无过错,都要承担侵权赔偿责任的归责原则"。[1]

在无过错责任原则的归责标准之下,确定责任之有无的标准不是过错,而是损害事实,有损害则有责任,无损害则无责任。之所以如此,就是因为实行无过错责任原则的要旨,是加重行为人的赔偿责任,使受害人的损失更易于得到补偿。例如,我国《侵权责任法》第65条规定:"因污染环境造成损害的,污染者应当承担侵权责任";又如,《中华人民共和国大气污染防治法》(以下简称《大气污染防治法》)第125条规定:"排放大气污染物造成损害的,应当依法承担侵权责任";再如,《中华人民共和国海洋环境保护法》(以下简称《海洋环境保护法》)第89条第1款规定:"造成海洋环境污染损害的责任者,应当排除危害,并赔偿损失……"可见,这些相关规定并没有把故意或过失作为承担环境民事责任的构成要件,它们都是无过错责任原则适用于环境侵权方面的法定的责任形式。目前,在环境民事责任中,用无过错责任制取代过错责任制,已经成为很多国家环境立法中的普遍做法,由此,无过错责任原则也就成了环境法上的通用原则。

无过错责任原则,具有以下几个方面的法律特征:[2]

(1) 不考虑双方当事人的过错。无过错责任完全不考虑双方当事人的过错,是就损害结果确定被告的责任,所以它是较为纯粹的客观归责。其实,在环境诉讼中,除少数事故性污染外,绝大多数污染损害都不是出于污染者的故意或过失,况且一些高度危险的严重污染危害环境的企业,即使采取了各种防治污染措施和安全对策,仍然不能完全消除对环境的污染和使他人遭到损害的危险。就是说,即使企业没有过错,也可能给他人造成损害。而在这种情况下,较为公平、也更为重要的显然是保护受害人的合法权益,消除危害、保护环境,而不是判断污染和破坏行为有无过错,即"行为导致了环境损害者原则上必须承担赔偿责任,即使该损害并非因故意或过失所导致"。

(2) 不能推定加害人有过错。有些环境致害行为自身并不具有非难性,很难用体现了法律对行为人的行为的否定性评价的过错概念来衡量。盖企业之经营、汽车之使用、商品之产销、原子能装置之持有,系现代社会必要的经济活

---

[1] 杨立新:《侵权法论》,人民法院出版社2004年版,第135~136页。
[2] 王利明、杨立新编著:《侵权行为法》,法律出版社1996年版,第39~41页。

动，本身是合法的，是社会所应允甚至是鼓励的行为，实无不法性之可言。不能用过错标准来衡量，因此不能推定行为人有过错。

（3）因果关系是决定责任的基本条件。在过错责任适用的情况下，过错不仅是责任的要件，而且也是决定责任的最终要件。也就是说，行为人是否承担责任，最终取决于他有无过错。在无过错责任的情况下，责任之有无，不取决于他是否有过错，而取决于损害结果与行为之间是否有因果关系。

（4）有法律的特别规定。无过错责任仅适用于法律有特别规定的情况，因此必须依法定化的方式对其适用的范围作出必要的限制，以免在法律无明文规定的情况下扩大适用范围，徒增对加害人的苛责，导致公平的丧失。从立法情况看，无过错责任原则的适用普遍基于各国的民法以及环境法上的特别规定。例如，《俄罗斯联邦民法典》第454条规定，其活动对周围有高度危险的组织和公民（交通运输组织、工厂企业、建筑工程部门、汽车占有人等），如果不能证明高度危险来源所造成的损害，是由于不可抗拒的力量或受害人的故意所致，应当赔偿所造成的损失。目前，将无过错责任或严格责任引入环境责任领域，是世界各国的一致做法。例如，日本的大气污染和水污染法律规定，污染者即使没有过错也应对其造成的任何人体健康损害承担民事责任。另外，很多欧洲国家环境民事责任立法的主要特点是，环境民事责任可以在无过错的条件下成立。如德国的《环境责任法》就规定了严格的民事责任制度。

（5）通常与保险制度、责任分担制度相关联，并通过这些制度加以实现。无过错责任是一种典型的社会化责任形式。从责任的基础来看，无过错责任的基本思想乃是在于对不幸损害之合理负担，以实现"分配正义"。无过错责任原则的这一特性，也使得它成为在侵权行为法上实现环境侵权损害赔偿社会化的必然选择。以责任保险和责任分担制度为基础，在一定条件下将风险和责任分散于社会，进而实现损害分配的社会化，既能够保证受害人得到及时赔偿，在一定程度上也减轻了致害人的经济负担，使侵权行为法损害填补功能更容易实现，有利于维护法律的公正、促进社会的稳定和经济的发展。

2. 无过错责任的例外。无过错责任的例外是指环境致害行为造成了环境危害，由于不可归责的理由，法律规定可以不承担民事赔偿责任的情况，也称免责条件或抗辩事由。关于无过错责任的例外情况，各国的民法以及环境法一般均有规定。因为免责条件实质上在一定程度上界定了承担民事责任的范围，因此正确把握无过错责任的免责条件，对提高环境保护监督管理部门和审判机关的办案质量具有重要意义。

我国《环境保护法》对免责条件未作具体规定，但在一些污染防治单行法中却有明确规定。例如，《中华人民共和国水污染防治法》（以下简称《水污染防治法》）[1] 第 96 条第 2~4 款规定："……由于不可抗力造成水污染损害的，排污方不承担赔偿责任；法律另有规定的除外。水污染损害是由受害人故意造成的，排污方不承担赔偿责任。水污染损害是由受害人重大过失造成的，可以减轻排污方的赔偿责任。水污染损害是由第三人造成的，排污方承担赔偿责任后，有权向第三人追偿。"另外，《海洋环境保护法》[2] 第 91 条规定："完全属于下列情形之一，经过及时采取合理措施，仍然不能避免对海洋环境造成污染损害的，造成污染损害的有关责任者免予承担责任：①战争；②不可抗拒的自然灾害；③负责灯塔或者其他助航设备的主管部门，在执行职责时的疏忽，或者其他过失行为。"根据相关立法，环境民事责任的免责条件主要包括：不可抗力和受害人自身责任两项内容。

（1）不可抗力。《侵权责任法》第 29 条规定："因不可抗力造成他人损害的，不承担责任。法律另有规定的，依照其规定。"不可抗力是指独立于人的行为之外，且不以人的主观意志为转移的客观情况，即在当时、当地的条件下，主观上无法预见，客观上也无法避免和克服的情况。不可抗力既包括地震、火山爆发、山崩、海啸、台风等自然现象，也包括诸如战争、一些特殊的军事行动等社会现象。既然在不可抗力面前人是无能为力的，那么要人们承担与其行为无关且无法控制的事故的后果，对责任的承担者来说显失公平、也难以发挥法律的调整作用。但是应当注意的是，不可抗力作为免责事由，是指只有在损害的后果完全是基于不可抗力引起的情况之下，才能表明被告的行为与损害之间无因果关系，才能因此而被免责。

根据我国环境法的规定，在发生不可抗力的情况下，排污单位采取合理措施后，仍不能避免损害时，排污单位才能够免除民事责任。由于环境污染损害多为"多因一果"所造成的，尤其是在自然灾害和人为因素混合造成的场所，需要正确依照免责条件严格加以分析判断，切不可认为在自然灾害引起的环境损害中，就一概可以免除排污单位的责任。[3] 我们认为，这是对不可抗力作为

---

[1] 新修订的《水污染防治法》于 2017 年 6 月 27 日第十二届全国人民代表大会常务委员会第二十八次会议审议通过，自 2018 年 1 月 1 日起施行。
[2] 该法根据 2017 年 11 月 4 日第十二届全国人民代表大会常务委员会第三十次会议关于修法的规定，第三次修正。
[3] 韩德培主编：《环境保护法教程》，法律出版社 2015 年版，第 363~364 页。

免责条件在环境法中加以适用的正确认识。

（2）受害人故意。《侵权责任法》第 27 条规定："损害是因受害人故意造成的，行为人不承担责任。"这就是说，受害人明知自己的行为会发生损害自己的结果，却希望或者放任此种损害结果发生，其后果应由受害人自己承担，从而免除行为人的责任。实践中，有的排污企业附近的"好事者"故意引用未经处理的污水灌溉，造成农田减产等自身损害后，靠向工厂索赔吃"赔偿饭"。这种情况，按照新修改的《水污染防治法》第 96 条之规定，排污单位则不予承担责任。损害是由受害人重大过失造成的，则可以减轻排污方的赔偿责任。

需要注意的是，关于"第三方"的原因引起损害的责任承担问题是否属于免责条件呢？这需要依据相关法律的规定做出判断。根据《侵权责任法》第 28 条之规定："损害是因第三人造成的，第三人应当承担侵权责任"。这可以理解为，如果损害完全是由于第三人的原因造成的，第三人应当承担全部损害的赔偿责任；如果第三人的过错是造成损害发生的部分原因，这时若能确定责任的大小，侵权人对受害人承担按份责任，如果不能确定具体份额或者具体侵权人时，行为人承担连带责任。可见，不存在因第三人造成损害免责的问题。

另外，《侵权责任法》第 68 条还规定："因第三人的过错污染环境造成损害的，被侵权人可以向污染者请求赔偿，也可以向第三人请求赔偿。污染者赔偿后，有权向第三人追偿。"《水污染防治法》第 96 条第 4 款也规定："水污染损害是由第三人造成的，排污方承担赔偿责任后，有权向第三人追偿。"这种规定尽管要求第三人承担污染损害的最终赔偿责任，但是为了保护受害人，法律又赋予了受害人向污染者索赔的权利。就此而言，第三人原因不再是环境民事责任的免责事由。

其实，这一点也得到了有关司法解释的肯定。例如，2015 年 6 月起施行的《最高人民法院关于审理环境侵权责任纠纷案件适用法律若干问题的解释》第 5 条规定，被侵权人根据《侵权责任法》第 68 条规定分别或者同时起诉污染者、第三人的，人民法院应予受理。被侵权人请求第三人承担赔偿责任的，人民法院应当根据第三人的过错程度确定其相应赔偿责任。污染者以第三人的过错污染环境造成损害为由主张不承担责任或者减轻责任的，人民法院不予支持。

还有一个值得注意的立法变化，也说明了第三人原因不再是免责事由。这就是修改后的《海洋环境保护法》关于免责条件的新规定：该法不仅在第 89 条第 2 款专门规定了"完全由于第三者的故意或者过失，造成海洋环境污染损害的，由第三者排除危害，并承担赔偿责任"，而且该法还有一个更为明显的变化，就是已经将第89条从第91条关于免责条款的规定中移出，这说明第三人原因造成的损害不再作为环境民事责任的免责条件在环境保护单行法上也得到了进一步确认。

（二）构成要件

环境民事责任的构成要件，是指环境民事责任行为人承担环境侵权民事责任的必备条件。这也就是说，环境侵权行为人实施了某种致人损害的行为以后，只有在符合一定的条件下才应承担责任，这些条件就是环境侵权责任的构成要件。环境民事责任的构成要件，是判断侵权行为人是否构成环境侵权，是否应当承担环境民事责任的标准和依据。

不同于传统民事责任的构成要件，环境民事责任在其构成要件上表现出一定的特殊性，即主观上的过错和行为的违法性不再是环境民事责任的必要条件。环境民事责任的成立，主要由致害行为、损害后果以及两者之间的因果关系这几个要件构成。总之，行为"违法性"要件之突破、"损害结果"要件之变更、"因果关系"要件理论之调整，是环境民事责任构成要件的主要特征。

1. 存在损害事实。损害事实是侵权行为的致害后果，也是构成环境民事责任的必要条件，是指侵害行为致使受害人所遭受的利益上的损失。传统上，各国立法仅将人身损害和财产损害作为环境侵权的损害后果。现在，生态环境损害作为一种新型的损害也被一些国家的立法所承认。较为典型的如，2004年3月10日，欧洲议会和欧洲委员会在布鲁塞尔通过的《关于预防和补救环境损害的环境责任指令》。该指令中的环境损害（Environmental Damage）是指对保护物种、自然栖息地、水和土地的损害（Damage to Protected Species and Natural Habitats）。自然资源也就是指保护物种、自然栖息地、水和土地（"Natural Resource" Means Protected Species and Natural Habitats, Water and Land）。也就是说，在欧盟，污染者不但要对因环境污染和破坏造成的有关人身和财产损害进行赔偿，还得为遭受污染和破坏的自然环境和自然资源损害进行赔偿。可以说，环境民事责任中的损害包括生态环境损害（Liability for Damage to Nature），这是环境民事责任区别于其他民事责任的显著特点。

需要注意的是，这里的损害事实应当既包括实质性损害，亦包括致害之危险。这也就是说，环境侵权的成立，"并不以实害发生为要件，只要其事实，经过科学之判断，测定其具有损害之危险盖然性，即可成立"。[1] 只不过这时在

---

[1] 邱聪智：《公害法原理》，三民书局股份有限公司1984年版，第10~11页。

责任的承担方式上意味着"造成环境危害的，有责任排除危害，造成实际损害的则对直接受到的损害赔偿损失"而已。在环境侵权责任中，损害事实在认定方面的松动，是由环境侵权行为的特殊性所决定的。例如，环境侵权损害后果的出现往往具有"时滞现象"，同时损害后果危害性强、不可不提前预判并加以防范。待到损害后果成为不争之事实，始得以民事救济，无疑是一种事后的消极应对措施。而消除将要发生的危害，做到防患于未然，显然才是积极有效地治本之策。因此，即使尚未造成实际损害、但已构成足够之危险或妨碍状态的，也应承担环境侵权的民事责任。

2. 存在环境致害行为。传统的民事责任以行为的"违法性"为必要条件。但是在环境法中，却不把侵权行为的违法性作为承担民事责任的必要条件，只要存在环境致害行为并发生了危害后果，即使是"合法"行为，也要就此后果承担民事责任。这是因为在个体不超标排放的情况下，环境污染危害也可能由于污染物总量超过环境容量而产生。这时候如果一味强调行为的"违法性"，实际上是忽视了环境侵害的特殊性，不利于追究环境侵害行为的责任，更不利于保护环境和维护公共利益。因此，环境法将环境侵害作为一类特殊侵权行为加以规定，注重环境保护法定义务的履行，强调环境侵害不以违法性为前提，而是以侵权损害的客观后果作为承担环境民事责任的要件。

3. 存在因果关系。侵权法上的因果关系是指侵权行为与损害后果之间具有引起与被引起的关系，这是任何侵权责任发生所必须具备的条件。在侵权责任的认定中，因果关系之所以重要，是因为如果说侵害后果的作用在于决定是否需要引起法律责任的话，那么因果关系的作用则在于决定由谁来承担这个责任。环境民事责任中的因果关系，主要是指环境致害行为与损害结果之间引起与被引起之间的客观联系。环境侵权案件中的因果关系是一个比较复杂的问题。由于环境侵权具有间接性特点，污染认定的科技关联性强、加之环境损害具有渐进性、缓发性、长期性的特点，因此要较为全面、精确地找出环境侵害中的因果关系，不仅十分困难，有时甚至是不可能的。

传统侵权法上的"近因原则"要求被告行为必须是原告所受损害的直接原因才能导致被告承担赔偿责任，这对环境侵权来说显然过于苛刻。在环境侵权中如果坚持严密科学的因果关系证明，追求客观存在的真实，很可能陷入科学争论和裁判难决的泥沼中，费时费力也很难得到精确的认定。其最终结果必然是大量的污染受害者得不到救济，而大多数环境侵权者却逍遥法外，从而出现环境责任难以落实，环境法律形同虚设的不良局面。[1] 正因为如此，在环境民事责任中一般并不要求去追求传统民事责任上的那种严密的、直接的、必然的因果关系的证明，而是放宽了因果关系方面的旁证，通过采用"因果关系推定"等新的理论[2]来解决环境侵权责任中因果关系难认定的问题。

第三节　环境行政责任

一、概念

环境行政责任，是指违反了环境保护法，实施破坏或者污染环境的单位或者个人所应承担的行政方面的法律责任。环境行政责任的主体可以是行政相对人，也可以是环境行政主体。环境保护法主要规定了环境行政相对人的环境行政责任。

二、特征

1. 行政责任的构成具有确定性。实施了违反环境保护法律行为的中国公民和法人以及在我国管辖领域内的外国公民、无国籍人以及他们的法人都是行政责任承担的主体。上述主体不管采取怎样的行为方式，只要实施了污染环境或者破坏生态的行为，都应承担行政责任。追究违法者的行政责任必须具备下列条件：其一，行为违法。如果行为人没有违法，就不能追究行政责任。而违法行为可以表现为作为，也可以表现不作为。其二，行为具有危害性，而且可能或已经产生的危害结果是由行为人的违法行为引起的。例如，运输烧碱的司机不慎将车开到路边沟里致使烧碱毁坏大量稻田。危害结果的大小是承担行政责任程度的依据。一般地说，危害结果越大，承担行政责任的程度越重。这个要件也有例外情况，有些行为不一定出现危害结果，只要存在这种行为就要承担法律责任；环境违法者如果造成财产损失，则应同时承担民事责任。危害结果不是由行为人的违法行为引起的，而是因不可抗拒的自然灾害、第三者的违法

---

[1] 蔡守秋主编：《环境资源法教程》，高等教育出版社2010年版，第400页。
[2] 目前，国内外关于环境侵权因果关系的学说主要有：盖然性理论、疫学因果说、优势证据说、比例规则说以及间接反证说等，虽然这些证明方法在内容上不尽相同，但大都贯彻了"因果关系推定"这一原则。这是由因果关系与环境侵权的特点所决定的。

行为或者是受害者的违法行为造成的，则行为人不承担法律责任。其三，行为人有过错，即行为人在实施污染或破坏生态环境行为时具有故意或过失的心理状态。在环境污染行为中，多为过失的心理状态。随着环境问题的日益严重，倾向于对这个要件作扩大解释，即不管有没有主观过错，只要客观上造成了污染或损失就要承担责任，这有利于保护受害者。

2. 行政制裁扩大化。对应负行政责任的单位和个人的惩罚措施被称为行政制裁，从我国环境立法实践的发展变化来看，行政制裁具有扩大化的倾向。首先，规定行政制裁的环境法律规范，已经由过去单一的一部法律发展为在环境保护所涉及的海洋、水、大气、噪声、固体废弃物等领域都有了专门的法律，形成了以《环境保护法》为核心的完整的环境法律体系。其次，从各法律规定的具体内容上看，关于行政制裁的规定由最初《环境保护法》的一条，增至现行关于环境行政责任的诸多规范条文，条款多了，篇幅长了。最后，行政制裁的形式扩大了。

三、构成要件

1. 行为违法。行为违法是指行为人实施了违反环境保护法的行为。

2. 行为人的过错。行为人的过错是指行为人主观上具有故意或过失，这是承担行政责任的必要条件。实践中，环境破坏行为多为故意，环境污染多表现为过失。

3. 行为的危害后果。根据我国环境保护法的规定，危害后果不是承担行政责任的必要条件。在此情况下，违法行为即使没有造成危害后果，也可能要承担行政责任。但在另一些场合，必须产生了危害后果才承担行政责任。

4. 违法行为与危害后果之间具有因果关系。即违法行为与危害后果之间必须存在内在的、必然的联系，而不是表面的、偶然的联系。当然，在不以危害后果为必要条件的场合，则不存在因果关系的问题。由此可见，行为违法和有过错，是行为人承担行政责任的必要条件；危害后果和违法行为与危害后果的因果关系，在法律明文规定的场合才成为行政责任构成的必要条件。

四、环境行政制裁

（一）环境行政处罚

1. 概念。环境行政处罚是指环境行政执法主体给予违反环境行政法律规范但尚未构成犯罪的公民、法人和其他组织的一种行政制裁。具有如下主要特征：

（1）行政处罚的主体是县级以上环境行政主管部门，其他依照法律规定行使环境监督管理权的行政部门，以及县级以上人民政府。应注意的是，这些行政主体只能实施环境法律规范规定的属于其监督管理范围内的行政处罚权，否则就是违法。如《中华人民共和国环境噪声污染防治法》（以下简称《环境噪声污染防治法》）第58条第1款第1项规定，"在城市市区噪声敏感建筑物集中区域内使用高音广播喇叭""由公安机关给予警告，可以并处罚款"。又如《中华人民共和国土地管理法》（以下简称《土地管理法》）第75条规定："……因开发土地造成土地荒漠化、盐渍化的，由县级以上人民政府自然资源主管部门、农业农村主管部门等按照职责责令限期改正或者治理，可以并处罚款……"如果环境行政主管部门行使了上述公安等其他权力部门的处罚权，则主体不合法，属违法行政。若拥有环境行政处罚权的行政机关依照法律或法规的授权规定，授权或委托符合法定条件的组织实施行政处罚权，则这些被授权的组织或被委托的组织也必须在法定范围内实施行政处罚权，否则其处罚无效。

（2）行政处罚的对象是环境行政管理的相对人，即实施了违反环境法律规范行为而导致污染、破坏环境或破坏了正常环境管理秩序的单位和个人。不能对行政管理相对人以外的人实施行政处罚。

（3）行政处罚的前提是管理相对人实施了违反环境法律规范的行为。也就是说，只有环境行政管理相对人实施了违反环境法律规范的行为，才能给予行政处罚，也只有环境法律规范规定必须或可以处罚的行为才可以处罚，法无明文不处罚。

2. 原则。环境行政处罚的原则，是指对于设定和实施环境行政处罚具有普遍指导意义的准则。一般而言，环境行政处罚应遵循如下原则：

（1）处罚法定原则，是指环境行政处罚必须依法进行。处罚法定原则意味着：首先，实施处罚的主体必须是法定的环境行政主体。行政机关种类众多，不同的行政主体有不同的职权范围，不同的行政主体只能在自己的职权范围内实施处罚。其次，处罚的依据是法定的。也即实施环境行政处罚必须有法律、法规、规章的明确规定，法律、法规、规章没有规定的行为不为违法行为，不受行政处罚。当然法律、法规和规章的效力等级是不一样的，它们可以设定的处罚种类、范围和幅度也是不相同的。法律可以设定各种行政处罚；行政法规可以设定除限制人身自由以外的行政处罚；地方性法规可以设定除限制人身自由和吊销企业营业执照以外的行政处罚；部门规章可以在法律、行政法规规定的给予行政处罚的行为、种类和幅度范围内作出具体规定；地方性规章可以在法律、法规规定的给予行政处罚的行为、种类、幅度范围内作出具体规定。最后，行政处罚的程序合法。处罚法定原则不仅要求实体合法，而且要求程序合法，实施环境行政处罚必须按照法律规定的步骤、方法和顺序进行。

（2）过罚相当原则，这一原则要求环境相对人实施了违反行政法规范的行为，就应受到环境行政处罚，而不能逃避行政处罚；所受处罚的轻重应与其违法行为的情节、性质、事实以及社会危害程度相一致，不能避重就轻。它也要求只有在相对人实施了违反行政法规范的行为时，环境行政主体才能给予处罚，否则就不能给予处罚；所给予的处罚应与相对人违法行为的事实、性质、情节以及社会危害程度相一致，而不能畸重畸轻。

（3）责任自负原则，即要求实施了违法行为的环境行政相对人亲自承担实施环境违法行为的行政法律责任，而不能由他人代为承担。它要求环境行政主体只能追究违法环境行政相对人的行政法律责任，而不罚及他人。

（4）一事不再罚原则，是指环境行政主体对环境违法行为人的同一个环境违法行为，不得给予两次以上罚款的行政处罚。

（5）法律救济原则，是指环境行政主体在对环境行政相对人实施行政处罚时，必须保证环境行政相对人有获得救济的权利，否则不得实施环境行政处罚。法律救济原则是保障环境行政处罚公正进行的有效手段。根据《中华人民共和国行政处罚法》（以下简称《行政处罚法》）的规定，环境行政相对人对于环境行政主体给予的行政处罚，依法享有陈述权、申辩权，对行政处罚不服的，有权依法申请环境行政复议或提起环境行政诉讼。公民、法人或其他组织因环境行政主体违法给予环境行政处罚受到损害的，有权依法提出赔偿要求。

（6）教育和惩罚相结合的原则，即环境行政主体在实施行政处罚时，不应以追究环境行政责任为唯一目的，而应坚持教育与处罚相结合，纠正违法行为，教育公民、法人或者其他组织自觉守法。

3. 种类。根据法律、行政法规和部门规章，环境行政处罚的种类有：①警告；②罚款；③责令停产整顿；④责令停产、停业、关闭；⑤暂扣、吊销许可证或者其他具有许可性质的证件；⑥没收违法所得、没收非法财物；⑦行政拘留；⑧法律、行政法规设定的其他行政处罚种类。同时，根据环境保护法律、行政法规和部门规章，责令改正或者限期改正违法行为的行政命令的具体形式有：①责令停止建设；②责令停止试生产；③责令停止生产或者使用；④责令限期建设配套设施；⑤责令重新安装使用；⑥责令限期拆除；⑦责令停止违法行为；⑧责令限期治理；⑨法律、法规或者规章设定的责令改正或者限期改正违法行为的行政命令的其他具体形式。

根据最高人民法院关于行政行为种类和规范行政案件案由的规定，行政命令不属于行政处罚。行政命令不适用行政处罚程序的规定。上述处罚形式亦可以根据性质划分为申诫罚、财产罚和行为罚等。

申诫罚是指环境行政主体对违法的环境行政相对人予以训诫、谴责，使其停止违法行为并避免重犯的行政处罚。申诫罚的罚则有警告、通报批评等。警告和通报批评的共同点在于都是对违法者通过书面形式予以谴责和告诫，但是它们也有区别：通报批评造成的影响比警告大，它通过报刊或政府文件在一定范围内公开、公布，警告则只是直接下达给被处罚人；警告可以单处也可以并处，而通报批评往往单独使用。

财产罚是指环境行政主体剥夺违反环境行政法规范的相对人的某种物质利益的行政处罚。财产罚的罚则很多，环境行政主体运用的罚则主要是罚款。罚款是运用最为广泛的一种财产罚。法律、法规和规章都可以规定罚款这一罚则、受罚款处罚的违法行为和实施罚款处罚的行政主体。但是，规章只能规定小数额的罚款处罚；在效力等级较高的行政法规范对财产罚已经作出了规定时，除有授权外，效力等级较低的行政法规范只能就此作出执行性规定，而不能加以扩大、缩小或改变为其他处罚。

行为罚是指环境行政主体限制和剥夺违法相对人某种行为能力或资格的处罚措施。它是我国现行的主要环境行政处罚形式，如责令停业或关闭。它是指作出限期治理决定的人民政府，对逾期未完成限期治理任务的环境行政相对人，责令其不得继续生产或经营的一种环境行政处罚方式。责令停业或关闭是一种最为严重的环境行政处罚方式，它意味着被处罚的环境行政相对人的从业资格将不复存在，不能再从事之前的生产经营项目。

4. 实施主体。根据《行政处罚法》和《环境保护法》的规定，环境行政处罚由以下主体实施：由县级以上环境保护主管部门在法定职权范围内实施环境行政处罚。经法律、行政法规、地方性法规授权的环境监察机构在授权范围内实施环境行政处罚。同时，环境保护主管部门可以在其法定职权范围内委托环境监察机构实施行政处罚。受委托的环境监察机构在委托范围内，以委托其处罚的环境保护主管部门名义实施行政处罚。委托处罚的环境保护主管部门，负责监督受委托的环境监察机构实施行政处罚的行为，并对该行为的后果承担法律责任。其中地方各级环境行政主管部门实施罚款处罚的权限，适用如下规定：①县级人民政府环境行政主管部门可处以 1 万元以下的罚款，超过 1 万元的罚款,报上级环境行政主管部门批准。②省辖市级人民政府环境行政主管部门可以处以 5 万元以下的罚款,超过 5 万元的罚款,报上级环境行政主管部门批准。③省、自治区、直辖市人民政府环境行政主管部门可处 20 万元以下罚款。此外,如果发现不属于环境保护主管部门管辖的案件,应当按照有关要求和时限移送有管辖权的机关处理。具体情形包括:涉嫌违法依法应当由人民政府实施责令停产整顿、责令停业、关闭的案件,环境保护主管部门应当立案调查,并提出处理建议报本级人民政府;涉嫌违法依法应当实施行政拘留的案件,移送公安机关;涉嫌违反党纪、政纪的案件,移送纪检、监察部门。涉嫌犯罪的案件,按照《行政执法机关移送涉嫌犯罪案件的规定》等有关规定移送司法机关,不得以行政处罚代替刑事处罚。

5. 适用。环境行政处罚适用是对行政法律规范规定的行政处罚的具体运用,也即环境行政主体在认定行政相对人行为违法的基础上,依法决定对行政相对人是否给予行政处罚和如何科以行政处罚的活动,它是将行政法律规范规定的行政处罚的原则、形式、具体方法等运用到各种具体违法案件的活动。

环境行政处罚适用应具备下列条件:

(1) 环境行政处罚适用的前提条件:作为环境管理相对人的公民、法人或其他组织的环境行政违法行为的客观存在。

(2) 环境行政处罚的主体条件,即处罚必须由享有法定的行政处罚权的适格主体实施。

(3) 环境行政处罚适用的对象条件:存在违反环境行政法律规范的相对人的存在,且该违法相对人须具备相应的法定责任能力。

(4) 环境行政处罚适用的时效条件:对违法相对人实施行政处罚,还需其违法行为未超过追究时效,超过法定追责时效的,不得对违法者适用行政处罚。《行政处罚法》第 29 条第 1 款规定:"违法行为在 2 年内未被发现的,不再给予行政处罚。法律另有规定的除外。"据此,我国行政处罚责任的一般追究时效为 2 年,其他法律可以规定特别追责时效。根据法律规定,时效从违法行为发生之日起计算;违法行为有连续或继续状态的,从行为终了之日起计算。

环境行政处罚的适用方法是将行政处罚运用于各种环境行政违法案件和违法者的各种方式或方法,也即环境行政处罚的裁量方法。环境行政主体在适用行政处罚过程中,应区别各种不同情况,采用不同的处罚方法。

(1) 不予处罚与免予处罚。不予处罚是指因有法律、法规所规定的事由存在,行政主体对某些形式上虽然违法但实质上不应承担违法责任的相对人,不适用行政处罚。一般来说，不予处罚的情节主要有：

第一，行为人不具有法定责任能力的。不具有法定责任能力的人包括不满 14 周岁的未成年人和不能辨认或者不能控制自己行为的精神病人；

第二，行为人由于生理缺陷的原因而致违法的，不予处罚。

第三，行为属正当防卫或紧急避险的；

第四，因不可抗力或意外事故而致违法的；

第五，违法行为已超过追诉时效的；

第六，违法行为轻微并及时纠正，没有造成危害结果的。

免予处罚是指行政主体依照法律、法规的规定，考虑有法定的特殊情况存在，对本应处罚的违法相对人免除其处罚。免予处罚的法定情节主要有：

第一，行为人的违法行为是因行政公务人员的过错造成的；

第二，因国家法律、法规和政策影响及其他因素而违法的。

（2）"应当"处罚与"可以"处罚。"应当"处罚，是指必然发生对违法者适用行政处罚或从轻、从重等的结果。在"应当"处罚情形中，具体包括三个方面：一是应当对违法者适用行政处罚；二是应当从轻、减轻或免予处罚；三是应当从重处罚。

"可以"处罚，是指对违法者或然产生行政处罚适用的结果。也即，可以予以行政处罚，也可以不予行政处罚，或者可以从轻、从重处罚，也可以不予从轻、从重处罚。但行政主体在行使这种自由裁量权时必须要建立在正当考虑的基础之上，根据违法行为的性质、各种情节等综合作出裁量，否则即滥用自由裁量权。从现行法律、法规的规范来看，"可以"处罚具体表现在下列三个方面：一是在处罚与不处罚间予以选择；二是在处罚幅度内予以选择，即在是否从轻或从重上予以选择；三是在几种处罚方式上进行选择。

（3）从轻、减轻处罚与从重处罚。从轻处罚是指行政主体在法定的处罚方式和处罚幅度内，对行政违法行为人选择适用较轻的方式或幅度较低的处罚。减轻处罚是指行政主体对违法相对人在法定的处罚幅度最低限以下适用行政处罚。

从轻、减轻处罚的适用情形主要有：

第一，已满 14 周岁不满 18 周岁的人有违法行为的；

第二，行为人主动消除或者减轻违法行为危害后果的；

第三，受他人胁迫有违法行为的；

第四，配合行政机关查处违法行为有立功表现的；

第五,其他依法从轻或者减轻行政处罚的。

从重处罚是从轻处罚的对称,它是指行政主体在法定的处罚方式和幅度内,对违法相对人在数种处罚方式中适用较严厉的处罚方式,或者在某一处罚方式允许的幅度内适用接近于上限或上限的处罚。违法者有下形情形之一的,可以从重处罚:

第一,行为造成较严重后果的;

第二,胁迫、诱骗他人或者教唆不满 18 岁的人违法的;

第三,对检举人、证人打击报复的;

第四,行为人多次违法不改的。

(4) 单处与并处。单处是指行政主体对违法相对人仅适用一种处罚方式。它是处罚适用的最简单的形式,单处可以是对法定的任何一种行政处罚方式的单独适用。

并处是指行政主体对相对方的某一违法行为依法同时适用两种或两种以上的行政处罚形式。并处必须在具备法定的条件下才能采用。不仅要有法律、法规明确规定,而且还须具备法定情节,否则不能采用并处。根据有关环境法律的规定,环境行政处罚中的并处包括:"可以"并处与"应当"并处两种情形。

6. 程序。

(1) 一般程序。

第一,立案。环境保护主管部门对涉嫌违反环境保护法律、法规和规章的违法行为,应当进行初步审查,并在 7 个工作日内决定是否立案。经审查,符合下列四项条件的,予以立案:其一,有涉嫌违反环境保护法律、法规和规章的行为;其二,依法应当或者可以给予行政处罚;其三,属于本机关管辖;其四,违法行为发生之日起到被发现之日止未超过 2 年,法律另有规定的除外。违法行为处于连续或继续状态的,从行为终了之日起计算。

第二,调查取证。调查人员有权采取下列措施:其一,进入有关场所进行检查、勘察、取样、录音、拍照、录像;其二,询问当事人及有关人员,要求其说明相关事项和提供有关材料;其三,查阅、复制生产记录、排污记录和其他有关材料。环境保护主管部门组织的环境监测等技术人员随同调查人员进行调查时,有权采取上述措施和进行监测、试验。环境行政处罚证据,主要有书证、物证、证人证言、视听资料和计算机数据、当事人陈述、监测报告和其他鉴定结论、现场检查(勘察)笔录等形式。证据应当符合法律、法规、规章和最高人民法院有关行政执法和行政诉讼证据的规定,并经查证属实才能作为认定事实的依据。有下列情形之一的，可以终结调查：其一，违法事实清楚、法律手续完备、证据充分的；其二，违法事实不成立的；其三，作为当事人的自然人死亡的；其四，作为当事人的法人或者其他组织终止，无法人或者其他组织承受其权利义务，又无其他关系人可以追查的；其五，发现不属于本机关管辖的；其六，其他依法应当终结调查的情形。终结调查的，案件调查机构应当提出已查明违法行为的事实、证据和初步处理意见，按照查处分离的原则送本机关处罚案件审查部门审查。

第三，案件审查。案件审查的主要内容包括：其一，本机关是否有管辖权；其二，违法事实是否清楚；其三，证据是否确凿；其四，调查取证是否符合法定程序；其五，是否超过行政处罚追诉时效；其六，适用依据和初步处理意见是否合法、适当。违法事实不清、证据不充分或者调查程序违法的，应当退回补充调查取证或者重新调查取证。

第四，告知和听证。在作出行政处罚决定前，应当告知当事人有关事实、理由、依据和当事人依法享有的陈述、申辩权利。在作出暂扣或吊销许可证、较大数额的罚款和没收等重大行政处罚决定之前，应当告知当事人有要求举行听证的权利。环境保护主管部门应当对当事人提出的事实、理由和证据进行复核。当事人提出的事实、理由或者证据成立的，应当予以采纳。不得因当事人的申辩而加重处罚。行政处罚听证按有关规定执行。

第五，处理决定。经过审查，分别作出如下处理：其一，违法事实成立，依法应当给予行政处罚的，根据其情节轻重及具体情况，作出行政处罚决定。其二，违法行为轻微，依法可以不予行政处罚的，不予行政处罚。其三，符合以下情形之一的，移送有权机关处理：①发现不属于环境保护主管部门管辖的案件，应当按照有关要求和时限移送有管辖权的机关处理。②涉嫌违法依法应当由人民政府实施责令停产整顿、责令停业、关闭的案件，环境保护主管部门应当立案调查，并提出处理建议报本级人民政府。③涉嫌违法依法应当实施行政拘留的案件，移送公安机关。④涉嫌违反党纪、政纪的案件，移送纪检、监察部门。⑤涉嫌犯罪的案件，按照《行政执法机关移送涉嫌犯罪案件的规定》等有关规定移送司法机关，不得以行政处罚代替刑事处罚。决定给予行政处罚的，应当制作《行政处罚决定书》。对同一当事人的两个或者两个以上环境违法行为，可以分别制作《行政处罚决定书》，也可以列入同一《行政处罚决定书》。

《行政处罚决定书》应当载明以下内容：其一，当事人的基本情况，包括当事人姓名或者名称、组织机构代码、营业执照号码、地址等；其二，违反法律、法规或者规章的事实和证据；其三，行政处罚的种类、依据和理由；其四，行政处罚的履行方式和期限；其五，不服行政处罚决定，申请行政复议或者提起行政诉讼的途径和期限；其六，作出行政处罚决定的环境保护主管部门名称和作出决定的日期，并且加盖作出行政处罚决定环境保护主管部门的印章。环境保护行政处罚案件应当自立案之日起的 3 个月内作出处理决定。案件办理过程中听证、公告、监测、鉴定、送达等时间不计入期限。《行政处罚决定书》应当送达当事人，并根据需要抄送与案件有关的单位和个人。送达行政处罚文书可以采取直接送达、留置送达、委托送达、邮寄送达、转交送达、公告送达、公证送达或者其他方式。送达行政处罚文书应当使用送达回证并存档。

（2）简易程序。违法事实确凿、情节轻微并有法定依据，对公民处以 50 元以下、对法人或者其他组织处以 1000 元以下罚款或者警告的行政处罚，可以适用简易程序，当场作出行政处罚决定。当场作出行政处罚决定时，环境执法人员不得少于两人，并应遵守下列简易程序：其一，执法人员应向当事人出示中国环境监察证或者其他行政执法证件；其二，现场查清当事人的违法事实，并依法取证；其三，向当事人说明违法的事实、行政处罚的理由和依据、拟给予的行政处罚，告知陈述、申辩权利；其四，听取当事人的陈述和申辩；其五，填写预定格式、编有号码、盖有环境保护主管部门印章的《行政处罚决定书》，由执法人员签名或者盖章，并将《行政处罚决定书》当场交付当事人；其六，告知当事人如对当场作出的行政处罚决定不服，可以依法申请行政复议或者提起行政诉讼。以上过程应当制作笔录。执法人员当场作出的行政处罚决定，应当在决定作出之日起 3 个工作日内报所属环境保护主管部门备案。

（3）执行程序。执行程序是指环境行政主体对受罚人执行已经发生法律效力的行政处罚决定的程序活动。环境行政处罚决定依法作出后，当事人应当在行政处罚决定的期限内予以履行。当事人如果对行政处罚决定不服申请行政复议或者提起行政诉讼的，在复议和诉讼期间，行政处罚决定不停止执行，法律另有规定的除外。当事人逾期不履行行政处罚决定的，作出行政处罚决定的环境行政主体可以采取下列措施：其一，到期不缴纳罚款的，每日按罚款数额的 3%加处罚款；其二，根据法律规定，将查封、扣押的财物拍卖或者将冻结的存款划拨抵缴罚款；其三，申请人民法院强制执行。

（二）环境行政处分

环境行政处分，是指环境行政公务人员的任免机关和行政监察机关根据有关法律对犯有违法失职行为但尚不构成犯罪的环境行政公务人员实施的一种行政制裁措施。

实施环境行政处分的机构，必须是公务员所在的具有行政隶属关系和行政处分权限的行政机关、上级主管机关或行政监察部门。受处分者是环境监督人员个人，对单位不能实施环境行政处分。行政处分是一种内部责任形式。行政处分是国家行政机关对其行政系统内部的公务员实施的一种惩戒，不涉及一般行政相对人。

有权给予环境行政处分的机关在追究环境行政处分责任时，应按照环境行政管理机关工作人员的违法行政行为的性质、情节和危害后果，给予适当的环境行政处分或免予环境行政处分。对于违反环境行政管理法律规范，使国家和人民利益遭受一定损失的，可分别给予警告、记过、记大过、降级处分。对于严重违反环境行政管理法律规范，使国家和人民利益遭受重大损失，不能继续留任现职的，可分别适用降职、撤职处分，无职可降或无职可撤的，也可给予降级处分。对于严重违反环境行政法律规范，屡教不改的，可给予开除处分。对于从违法环境行政行为中得到经济利益的，可给予没收、追缴违法所得或责令退赔的经济处罚。经济处罚可以和行政处分并用。对于违反环境行政管理法律规范，情节轻微的，可在批评教育后，免予行政处分。对于违反环境行政管理法律规范，情节严重构成犯罪的，在其承担刑事责任后，仍可给予一定的环境行政处分。

（三）环境行政处罚与环境行政处分的区别

环境行政处分和环境行政处罚虽然都是环境行政主体所作的制裁行为，但两者从根本上说是不同的行政制裁方式，其区别主要表现为：

1. 制裁的对象不同。环境行政处罚制裁的对象是违反环境行政法律规范的公民、法人或其他组织；环境行政处分的对象仅限于环境行政主体中的国家工作人员，即依法履行环境行政职责的执法人员。

2. 采取的形式不同。环境行政处罚的形式有：警告、罚款、责令改正、责令停业关闭、责令停产整治、责令停止建设等；行政处分的种类有警告、记过、记大过、降级、撤职和开除六种形式。

3. 行为的性质不同。环境行政处罚属于外部行政行为，以行政管辖关系为基础；环境行政处分属于内部行政行为，以行政隶属关系为前提。

4. 所依据的法律、法规不同。环境行政处罚依据的是有关污染防治和自然资源保护方面的法律、法规，如《环境保护法》《大气污染防治法》《中华人民共和国矿产资源法》（以下简称《矿产资源法》）等；环境行政处分则由有关行政机关工作人员或公务员的法律规范调整，如《中华人民共和国公务员法》《中华人民共和国监察法》等。

5. 救济途径不同。对环境行政处罚不服的，除法律、法规另有规定的，环境行政相对人可申请复议或提起行政诉讼；对于环境行政处分不服的，被处分的公务员只能向作出处分决定机关的上一级机关或监察部门申诉。

第四节　环境刑事责任

一、环境刑事责任的概念

环境刑事责任是指行为人因违反环境法律、法规的规定造成或者可能造成严重环境污染或破坏，或造成公私财产重大损失、人身伤亡的严重后果，依照刑法的规定构成犯罪依法所应承担的不利法律后果。环境刑事责任是环境法律责任的一部分，是环境法律责任中制裁最为严厉、最具强制力的法律责任形式，也是与环境犯罪这种特定的社会现象紧密衔接的特殊刑事法律责任，是刑事法律责任在环境保护领域的具体体现。

根据上述定义，要确定某种行为是否应承担刑事责任，必须根据《中华人民共和国刑法》（以下简称《刑法》）和《环境保护法》的规定，判断其是否在环境保护领域中具有社会危害性，是否属于依照《刑法》的规定应受到刑事惩罚的行为。社会危害性表现为造成了严重的环境污染或者生态破坏，造成或者可能造成公私财产重大损失或者人身伤亡严重后果。按照危害的表现，可以分为生态破坏的刑事责任和环境污染的刑事责任。生态破坏刑事责任主观方面多为故意，其危害主要表现为对自然资源的过度使用、浪费，严重损害生态系统，造成沙漠化荒漠化、物种灭绝、生物多样性锐减等。环境污染的刑事责任主观方面多为过失，其危害的主要表现为大气、水体、土壤等环境要素的严重污染，固体废物、危险废物严重污染环境或对环境造成严重威胁。

二、环境刑事责任的特征

环境刑事责任是环境法律责任中最严厉的一种责任承担方式，根据环境违法行为的社会危害严重程度，依据刑法作出刑事处罚，已达到对环境危害行为的震慑。因此，环境刑事责任与环境民事责任、行政责任有着很大不同，各有其自身的特征。

1. 环境刑事责任具有法定性，环境刑事责任是一种违法责任。所有要承担环境刑事责任的行为，必然是违反了环境资源法律规定的行为。环境侵权民事责任的承担不要求侵权行为的违法性，但环境刑事责任的承担必须是以违反《环境保护法》和《刑法》的规定为前提，这是两者的主要区别之一。

2. 环境刑事责任具有侵害环境要素的直接性和造成人身、财产损害的间接性。环境违法行为都是直接以环境要素为侵害对象，通过环境媒介对人身和财产造成严重损害或者构成严重损害的威胁。因此环境刑事责任的认定必须是以生态环境为直接侵害对象，造成或可能造成环境污染或破坏，并构成犯罪的行为。如果是以人身或财产为直接侵害对象构成犯罪的，并不是环境资源犯罪，其承担的是其他类型的刑事责任，而不是环境刑事责任。

3. 环境刑事责任的承担具有严厉性。根据《刑法》第六章第六节"破坏环境资源保护罪"和《刑法》第三章"刑罚"的规定，承担环境刑事责任的刑罚分为主刑和附加刑，其中主刑包括了管制、拘役、有期徒刑三种，附加刑包括了罚金、没收财产两种。尽管主刑中没有死刑和无期徒刑，但通过其他刑罚方式对破坏环境资源的犯罪行为的惩戒也是十分严厉的。

4. 环境刑事责任运用财产罚形式的广泛性。追究环境刑事责任的根本目的在于保护环境，恢复和改善遭受损害的生态环境。现实中承担环境刑事责任的主体多为单位，所以，一方面因实行"双罚制"对单位进行处罚时只能采取财产刑，将罚没的财产用于生态的修复；另一方面在对自然人环境犯罪追究刑事责任时应当考虑恢复生态环境的需要，在采取人身罚的同时适用财产罚。

三、环境刑事责任的构成要件

环境刑事责任的构成要件是《刑法》规定的构成环境犯罪的有机整体的各个要件。犯罪主体、犯罪客体、犯罪主观方面和犯罪客观方面四个要件在任何一个犯罪行为中都是缺一不可，相辅相成的。

（一）犯罪主体

环境犯罪主体是指实施污染环境或者破坏环境的行为，依法应当承担刑事责任的单位和个人。这是环境犯罪主体二元性的表现。单位作为环境犯罪主体，包括具有独立财产，能够单独承担法律责任的法人以及不具有法人资格的其他组织。个人作为环境刑事责任的主体，应当达到刑事责任年龄、具有刑事责任能力。在环境犯罪的实践中，自然人构成环境犯罪的多为破坏自然资源类的犯罪，如盗伐、滥伐林木罪。在环境职务犯罪中，有一类特殊的自然人主体，就是具有特殊身份的国家工作人员，他们在职务上对环境和资源保护负有特别的义务。单位构成环境犯罪的多为污染环境类的犯罪，如污染环境罪、擅自进口固体废物罪等。如果是单位犯罪，根据《刑法》的规定，对犯罪单位和有关责任人员实行"双罚制"。

（二）犯罪主观方面

环境犯罪的主观方面是指环境犯罪主体在实施犯罪行为时，对其危害后果所持的心理状态，包括故意和过失。故意分为两种：第一种是直接故意，是指行为人明知自己的行为会造成污染或破坏环境的危害后果，并且希望这种危害结果发生的心理状态；第二种是间接故意，是指行为人明知自己的行为会造成污染危害的结果，主观上放任这种结果发生的心理状态。过失也分为两种：第一种是疏忽大意的过失，是指行为人应当预见自己的行为会造成环境污染或破坏，因为疏忽大意而没有预见，以致发生危害结果；第二种是过于自信的过失，是指行为人已经预见自己的行为会造成污染或破坏环境的危害后果，但轻信能够避免，以致发生了危害后果。

任何一个环境犯罪的发生都是在行为人主观心理支配下实施的，如果没有主观上的故意或者过失，就不能构成犯罪，行为人不承担刑事责任。造成生态破坏危害结果的环境犯罪，主观方面多为故意，即犯罪主体明知自己违反环境资源保护的社会管理秩序，实施的是违法行为，但仍为之，如非法狩猎，杀害珍贵、濒危野生动物等。造成环境污染的环境犯罪，通常有两方面的危害结果：一是环境污染的结果，也就是造成环境要素的严重污染；二是作为媒介的环境要素受到污染后导致的财产损失和人身伤亡的结果。对前一种结果的发生，犯罪主体通常的主观心态是间接故意，即明知会发生这种结果而放任这种结果的发生，但不一定追求环境污染结果的发生；对后一种结果的发生，通常的主观心态是过失，即应当预见而没有预见或者虽然已经预见但轻信能够避免造成财产重大损失或人身伤亡的结果。根据我国《刑法》的相关规定，公私财产的严重损失和人身伤亡的严重后果是大多数构成污染类环境犯罪的必要条件，因此我国的环境污染类犯罪多为过失犯罪。

（三）犯罪客观方面

环境犯罪客观方面是指环境犯罪行为的客观外在表现，是犯罪行为人在有意识、有意志的心理支配下表现在外的事实特征，主要包括以下几方面：

犯罪行为。犯罪行为就是违反环境资源法律，并且触犯《刑法》的违法行为。这里表现的是行为的违法性，与民事责任行为违法性不为必要条件是不同的。环境犯罪有的罪名属于行为犯，即只要实施了犯罪行为，不论是否发生了危害结果，都要承担刑事责任。比如非法处置进口固体废物罪，只要行为人违反国家规定，将境外的固体废物进境倾倒、堆放、处置固体废物，即构成犯罪。

危害结果。环境犯罪行为发生后，会随之造成严重的环境污染、资源破坏，以及人身伤亡、财产重大损失等危害后果。破坏环境资源保护罪的大多数罪名中，危害后果都为必要的构成要件，如非法占用农用地罪、盗伐林木罪等，达到一定亩数、株数才构成犯罪。

犯罪行为与危害结果之间的因果关系。因果关系只认定直接的因果关系，不包括间接因果关系，即实施犯罪行为是导致危害结果发生的直接原因。当该罪名属于结果犯时，犯罪行为与危害结果之间的直接因果关系是构成犯罪的必要条件。实践中，由于环境犯罪的危害后果表现非常复杂，在认定因果关系时一定要慎重。

（四）犯罪客体

环境犯罪的客体是指刑法所保护的被环境犯罪行为侵害或者威胁的生态环境利益。环境犯罪的客体属于复杂客体，包括清洁、舒适的环境权益，合理开发利用环境资源的权益等，以及国家维护生态环境的社会管理秩序。因此《刑法》将破坏环境资源罪设置在了妨害社会管理秩序罪一章并不完全合适，随着环境保护意识的提高，环境权益客体的重要性远超出了社会管理秩序，环境犯罪的侵犯的首要客体是环境权益。

四、环境刑事责任的立法概况

环境刑事责任的产生和演变是在现代工业飞速发展的社会经济背景下进行的。人类社会经济的发展造成了环境污染和生态破坏，随着这些问题的加剧，各国开始通过刑事立法确认个人和单位的环境资源犯罪的行为，并确定了承担刑事法律责任的法律后果。1990年联合国第八届预防犯罪和犯罪待遇大会讨论通过了《刑法在保护自然和环境中的作用》的决议；1979年《关于国家责任的条款草案》和1991年《危害人类和平犯罪法典草案》两部联合国国际法委员会决议文件，把大规模污染大气层和海洋的行为、故意严重危害环境的行为，规定为侵犯国际社会安全和秩序的国际犯罪，适用或引渡或起诉的原则。1994年3月在美国亚特兰大召开的运用刑法手段保护环境国际专家研讨会，通过了环境犯罪的示范法律。[1]

我国 1997 年全面修订《刑法》时，在其第六章"妨碍社会管理秩序罪"第六节"破坏环境资源保护罪"专门设置了污染环境、破坏环境的各种罪名，并规定了相应的刑事责任。环境保护领域的基本法、单行法在"法律责任"部分也都明确规定了环境刑事责任。近些年，由于环境污染和生态破坏的刑事案件剧增，最高人民检察院最高人民法院多次出台相关司法解释以指导环境资源刑事案件审判。

(一)《刑法》有关环境刑事责任的规定

我国《刑法》第六章"妨碍社会管理秩序罪"第六节"环境资源犯罪"规定了 14 种罪名及其刑罚，即刑法第 338 条至第 346 条。

1. 污染环境罪。此罪是指违反国家规定，排放、倾倒或者处置有放射性的废物、含传染病病原体的废物、有毒物质或者其他有害物质，严重污染环境，触犯《刑法》构成犯罪的行为。根据《刑法》第 338 条，构成此罪处 3 年以下有期徒刑或者拘役，并处或者单处罚金；后果特别严重的，处 3 年以上 7 年以下有期徒刑，并处罚金。本罪的主观方面比较复杂，行为人对排放、倾倒或者处置污染物的违法行为的主观心态为故意，但对造成环境污染危害结果以及人身、财产损失的认知为过失。

2. 非法处置进口的固体废物罪。此罪是指违反国家规定，将境外的固体废物进境倾倒、堆放、处置的行为。根据《刑法》第 339 条第 1 款，构成此罪处 5 年以下有期徒刑或者拘役，并处罚金；造成重大环境污染事故，致使公私财产遭受重大损失或者严重危害人体健康的，处 5 年以上 10 年以下有期徒刑，并处罚金；后果特别严重的，处 10 年以上有期徒刑，并处罚金。本罪属行为犯，即只要行为人实施了倾倒、堆放、处置的行为，即构成此罪。

3. 擅自进口固体废物罪。此罪是指未经国务院有关主管部门许可，擅自进口固体废物用作原料，造成重大环境污染事故，致使公私财产遭受重大损失或者严重危害人体健康的行为。根据《刑法》第 339 条第 2 款，构成此罪处 5 年以下有期徒刑或者拘役，并处罚金；后果特别严重的，处 5 年以上 10 年以下有期徒刑，并处罚金。本罪属结果犯，即构成要件中必须有造成重大环境污染事故致使公私财产遭受重大损失或者严重危害人体健康的严重后果。

4. 非法捕捞水产品罪。此罪是指违反保护水产资源法规，在禁渔区、禁渔

---

[1] 胡德胜：《环境与资源保护法学》，郑州大学出版社 2010 年版，第 134 页。

期或者使用禁用的工具、方法捕捞水产品,情节严重的行为。根据《刑法》第340条,构成此罪处 3 年以下有期徒刑、拘役、管制或者罚金。本罪的主体既可以是自然人,也可以是单位。本罪的主观方面为故意。

5. 非法猎捕、杀害珍贵、濒危野生动物罪。此罪是指违反野生动物保护法规,未经有关部门批准,非法猎捕、杀害国家重点保护的珍贵、濒危野生动物的行为。根据《刑法》第 341 条第 1 款,构成此罪处 5 年以下有期徒刑或者拘役,并处罚金;情节严重的,处 5 年以上 10 年以下有期徒刑,并处罚金;情节特别严重的,处 10 年以上有期徒刑,并处罚金或者没收财产。本罪属于行为犯。本罪的主观方面为故意。

6. 非法收购、运输、出售珍贵、濒危野生动物及其制品罪。此罪是指违反野生动物保护法规,未经有关部门批准,非法收购、运输、出售国家重点保护的珍贵、濒危野生动物及其制品的行为。根据《刑法》第 341 条第 1 款,构成此罪处 5 年以下有期徒刑或者拘役,并处罚金;情节严重的,处 5 年以上 10 年以下有期徒刑,并处罚金;情节特别严重的,处 10 年以上有期徒刑,并处罚金或者没收财产。本罪属于行为犯。本罪的主观方面为故意。

7. 非法狩猎罪。此罪是指违反狩猎法规,在禁猎区、禁猎期或者使用禁用的工具、方法进行狩猎,破坏野生动物资源,情节严重的行为。根据《刑法》第 341 条第 2 款,构成此罪处 3 年以下有期徒刑、拘役、管制或者罚金。本罪属于结果犯。本罪的主观方面为故意。

8. 非法占用农用地罪。此罪是指违反土地管理法规,非法占用耕地、林地等农用地,改变被占用土地用途,数量较大,造成耕地、林地等农用地大量毁坏的行为。根据《刑法》第 342 条,构成此罪处 5 年以下有期徒刑或者拘役,并处或者单处罚金。

9. 非法采矿罪。此罪是指违反矿产资源法的规定,未取得采矿许可证擅自采矿,擅自进入国家规划矿区、对国民经济具有重要价值的矿区和他人矿区范围采矿,或者擅自开采国家规定实行保护性开采的特定矿种,情节严重的行为。根据《刑法》第 343 条第 1 款,构成此罪处 3 年以下有期徒刑、拘役或者管制,并处或者单处罚金;情节特别严重的,处 3 年以上 7 年以下有期徒刑,并处罚金。

10. 破坏性采矿罪。此罪是指违反矿产资源法的规定,采取破坏性的开采方法开采矿产资源,造成矿产资源被严重破坏的行为。根据《刑法》第 343 条第 2 款,构成此罪处 5 年以下有期徒刑或者拘役,并处罚金。

11. 非法采伐、毁坏珍贵树木或者国家重点保护植物罪。此罪是指违反国家规定，非法采伐、毁坏珍贵树木或者国家重点保护的其他植物的行为，或者非法收购、运输、加工、出售珍贵树木或者国家重点保护的其他植物及其制品的行为。根据《刑法》第344条第1款，构成此罪处3年以下有期徒刑、拘役或者管制，并处罚金；情节严重的，处3年以上7年以下有期徒刑，并处罚金。

12. 盗伐林木罪。此罪是指以非法占有为目的，盗伐国家、集体所有的森林或者他人所有的其他林木，数量较大，造成破坏森林资源的行为。根据《刑法》第345条第1款，构成此罪处3年以下有期徒刑、拘役或者管制，并处或者单处罚金；数量巨大的，处3年以上7年以下有期徒刑，并处罚金；数量特别巨大的，处7年以上有期徒刑，并处罚金。第345条第3款还规定，盗伐国家级自然保护区内的森林或者其他林木的，从重处罚。

13. 滥伐林木罪。此罪是指违反森林法的规定，未持有林业行政主管部门即法律规定的其他主管部门批准的合法采伐许可证，或者虽持有采伐许可证，但违背采伐证所规定的地点、数量、树种、方式而任意采伐本单位所有或管理的树木以及本人自留山上的森林或者其他林木，数量较大的行为。根据《刑法》第345条第2款，构成此罪处3年以下有期徒刑、拘役或者管制，并处或者单处罚金；数量巨大的，处3年以上7年以下有期徒刑，并处罚金。第345条第3款还规定，滥伐国家级自然保护区内的森林或者其他林木的，从重处罚。

14. 非法收购、运输盗伐、滥伐林木罪。此罪是指以牟利为目的，在林区非法收购、运输明知是盗伐、滥伐的林木，情节严重的行为。根据《刑法》第345条第3款，构成此罪处3年以下有期徒刑、拘役或者管制，并处或者单处罚金；情节特别严重的，处3年以上7年以下有期徒刑，并处罚金。通常可以根据收购的价格、地点来判断是否为非法收购，如黑市收购、超低价收购等。

(二)《刑法》有关环境职务犯罪的规定

环境职务犯罪是指国家工作人员在履行环境管理权和环境监察权的过程中，滥用职权、不履行或不正确履行职责，致使国家和人民利益遭受重大损失，应受刑法处罚的行为。我国《刑法》第九章"渎职罪"规定了国家机关工作人员滥用职权或者玩忽职守，致使公私财产、国家和人民利益遭受重大损失的37种渎职类罪名。其中滥用职权罪、玩忽职守罪与其他35个罪名为一般和特殊的关系，特殊罪名中有7个属于特殊的环境职务类犯罪。环境职务犯罪的罪名如下：

1. 滥用职权罪和玩忽职守罪。滥用职权罪是指国家机关工作人员故意逾越职权，不按或违反法律决定、处理其无权决定、处理的事项，或者违反规定处理公务，侵吞公共财产，致使国家和人民遭受重大财产损失等行为。玩忽职守罪是指国家机关工作人员严重不负责任，不履行或不认真履行自己的工作职责，致使公共财产、国家和人民利益遭受重大损失的行为。根据《刑法》第397条第1款，构成此罪处3年以下有期徒刑或者拘役；情节特别严重的，处3年以上7年以下有期徒刑。《刑法》另有规定的，依照规定。环境保护主管部门和其他负有环境监管职能的部门的工作人员，如果其行为符合上述情形，致使公私财产遭受重大损失的，不符合构成渎职类的特殊罪名要件时，可按滥用职权罪或玩忽职守罪论处。

2. 违法发放林木采伐许可证罪。此罪是指林业主管部门的工作人员违反森林法的规定，超过批准的年采伐限额发放林木采伐许可证或者违反规定滥发林木采伐许可证，情节严重，致使森林遭受严重破坏的行为。根据《刑法》第407条，构成此罪处3年以下有期徒刑或者拘役。

3. 环境监管失职罪。此罪是指负有环境保护监督管理职责的国家机关工作人员严重不负责任，导致发生重大环境污染事故，致使公私财产遭受重大损失或者造成人身伤亡的严重后果的行为。根据《刑法》第408条，构成此罪处3年以下有期徒刑或者拘役。

4. 非法批准征收、征用、占用土地罪。此罪是指国家机关工作人员徇私舞弊，违反土地管理法规，滥用职权，非法批准、征用、占用土地，情节严重的行为。根据《刑法》第410条，构成此罪处3年以下有期徒刑或者拘役；致使国家或者集体利益遭受特别重大损失的，处3年以上7年以下有期徒刑。

5. 非法低价出让国有土地使用权罪。此罪是指国家机关工作人员徇私舞弊，违反土地管理法规，滥用职权，非法低价出让国有土地使用权，情节严重的，根据《刑法》第410条，构成此罪处3年以下有期徒刑或者拘役；致使国家或者集体利益遭受特别重大损失的，处3年以上7年以下有期徒刑。此罪与非法批准征收、征用、占用土地罪，非法占用耕地罪共同构成刑法维护我国土地资源安全的罪责体系。

6. 动植物检疫徇私舞弊罪。此罪是指动植物检疫机关的检疫人员徇私舞弊，伪造检疫结果的行为。根据《刑法》第413条第1款，构成此罪，处5年以下有期徒刑或者拘役；造成严重后果的，处5年以上10年以下有期徒刑。

7. 动植物检疫失职罪。此罪是指动植物检疫机关的检疫人员严重不负责任，对应当检疫的检疫物不检疫，或者延误检疫出证、错误出证，致使国家利益遭受重大损失的行为。根据《刑法》第413条第2款，构成此罪，处3年以下有期徒刑或者拘役。

8. 失职造成珍贵文物损毁、流失罪。此罪是指国家机关工作人员严重不负责任，造成珍贵文物损毁或者流失，后果严重的行为。根据《刑法》第 419 条，构成此罪，处 3 年以下有期徒刑或者拘役。

（三）《环境保护法》及环境资源保护单行法关于环境刑事责任的规定

我国《环境保护法》是环境资源保护领域的基本法，对违反环境资源保护法律制度造成环境污染、生态破坏及人身、财产损失的行为，规定了十分严格的法律责任，包括民事责任、行政责任和刑事责任。环境刑事责任在《刑法》中已经明确作出了具体规定，因此我国《环境保护法》第 69 条规定："违反本法规定，构成犯罪的，依法追究刑事责任。"行为人的违法行为一旦涉及犯罪，即按照《刑法》的相关规定定罪量刑处罚。

环境资源保护领域的许多单行法规定的刑事责任均在"法律责任"一章，如《水污染防治法》第 101 条，违反本法规定，构成犯罪的，依法追究刑事责任。《大气污染防治法》第 127 条，违反本法规定，构成犯罪的，依法追究刑事责任。《中华人民共和国固体废物污染环境防治法》（以下简称《固体废物污染环境防治法》）《中华人民共和国水法》（以下简称《水法》）、《中华人民共和国野生动物保护法》（以下简称《野生动物保护法》）、《中华人民共和国森林法》（以下简称《森林法》）、《中华人民共和国渔业法》（以下简称《渔业法》）、《土地管理法》、《矿产资源法》等单行法，同样都有关于刑事责任的规定。

（四）两高关于环境资源刑事案件审判的司法解释

为进一步加强依法惩治有关环境污染犯罪，2016 年 12 月 23 日，最高人民法院会同最高人民检察院，在公安部、环保部等有关部门大力支持下，经深入调查研究、广泛征求意见，制定了新的《关于办理环境污染刑事案件适用法律若干问题的解释》（以下简称《解释》）[1]，对 2013 年 6 月最高人民法院与最高人民检察院联合发布对《关于办理环境污染刑事案件适用法律若干问题的解释》作了全面修改和完善。同时也是自 1997 年《刑法》施行以来最高司法机关就环境污染犯罪第三次出台专门司法解释，《解释》的发布，对于进一步提升依法惩治环境污染犯罪的成效，进一步加大环境司法保护力度，有效保护生态环境，

---

[1] 最高人民法院网："'两高'发布办理环境污染刑事案件司法解释"，载 http://www.court.gov.cn/zixun-xiangqing-33681.html，访问于 2016 年 12 月 6 日。

推进美丽中国建设，发挥了重要作用。

《解释》结合当前环境污染犯罪的特点和司法实践反映的问题，依照《刑法》《刑事诉讼法》相关规定，用 18 个条文对相关犯罪定罪量刑标准的具体把握等问题作了全面、系统的规定。主要包括以下十个方面的内容：

1. 明确了污染环境罪定罪量刑的具体标准。污染环境罪是环境污染犯罪的基本罪名，入罪要件为"严重污染环境"。何为"严重污染环境"，《解释》强化了如下四方面规定：一是细化重金属污染环境的入罪标准。依照第 1 条之规定，"排放、倾倒、处置含铅、汞、镉、铬、砷、铊、锑的污染物，超过国家或者地方污染物排放标准 3 倍以上"，或者"排放、倾倒、处置含镍、铜、锌、银、钒、锰、钴的污染物，超过国家或者地方污染物排放标准 10 倍以上的"，应当认定为"严重污染环境"。二是突出对自动监测数据造假行为的惩治。《解释》第 1 条第 7 项规定，重点排污单位篡改、伪造自动监测数据或者干扰自动监测设施，排放化学需氧量、氨氮、二氧化硫、氮氧化物等污染物的，应当认定为"严重污染环境"。三是将"违法减少防治污染设施运行支出 100 万元以上""违法所得 30 万元以上"增加规定为"严重污染环境"的情形。增设以上两项规定，让行为人得不偿失。四是将生态环境损害因素纳入考量范围。《解释》明确将"造成生态环境严重损害"规定为"严重污染环境"的情形之一，这是根据中共中央、国务院《生态文明体制改革总体方案》提出的"严格实行生态环境损害赔偿制度。强化生产者环境保护法律责任，大幅度提高违法成本"等要求增加的，以便于规定之间的衔接。

2. 明确了非法处置进口的固体废物罪、擅自进口固体废物罪、环境监管失职罪定罪量刑的具体标准。为统一法律适用，《解释》第 2 条、第 3 条对上述罪名所涉及的"致使公私财产遭受重大损失或者严重危害人体健康""致使公私财产遭受重大损失或者造成人身伤亡的严重后果""后果特别严重"等定罪量刑标准作了明确，体现了从严惩治环境污染犯罪的精神。

3. 明确了宽严相济刑事政策的具体适用。《解释》第 4 条规定了实施环境污染犯罪，但具有阻挠环境监督检查或者突发环境事件调查，尚不构成妨害公务等犯罪的四种情形的，应当从重处罚；《解释》第 5 条规定了实施环境污染犯罪行为，但可以适当从宽处理的情形，比如及时采取措施，防止损失扩大、消除污染，全部赔偿损失，积极修复生态环境等。

4. 明确了环境污染共同犯罪的处理规则。《解释》第 7 条重申了对环境污染犯罪的共同犯罪处理规则，规定明知他人无危险废物经营许可证，向其提供或者委托其收集、贮存、利用、处置危险废物,严重污染环境的,以共同犯罪论处。

5. 明确了环境污染犯罪竞合的处理原则。为进一步加大对环境污染相关犯罪的惩治力度,《解释》第 6 条、第 8 条明确规定了"从一重罪处断原则",即同时构成污染环境罪和非法经营罪、投放危险物质罪等相关犯罪的,依照处罚较重的规定定罪处罚。

6. 明确了环境影响评价造假的刑事责任追究问题。《解释》第 9 条规定,环境影响评价机构或其人员,故意提供虚假环境影响评价文件,情节严重的,或者严重不负责任,出具的环境影响评价文件存在重大失实,造成严重后果的,以提供虚假证明文件罪或者出具证明文件重大失实罪定罪处罚。

7. 明确了破坏环境质量监测系统的定性及有关问题。针对个别地方破坏环境质量监测系统,影响监测系统正常运行,欺骗公众,影响政府公信力,甚至误导环境决策,危害严重的情况,《解释》第 10 条规定,违反国家规定,针对环境质量监测系统实施修改参数或者监测数据的行为,干扰采样致使监测数据严重失真的行为等,或者强令、指使、授意他人实施如上行为的,以破坏计算机信息系统罪论处。从事环境监测设施维护、运营的人员特殊主体实施或者参与实施篡改、伪造自动监测数据、干扰自动监测设施、破坏环境质量监测系统等行为的,应当从重处罚。

8. 明确了单位实施环境污染相关犯罪的定罪量刑标准。《解释》第 11 条明确规定,对于单位实施环境污染相关犯罪的,适用与个人犯罪相同的定罪量刑标准。单位实施环境污染相关犯罪,往往具有更大的社会危害性,应当从严惩治。

9. 明确了"有毒物质"的范围和认定问题。《解释》第 15 条明确将危险废物、持久性有机污染物、含重金属的污染物,以及其他具有毒性、可能污染环境的物质都纳入"有毒物质"的范畴。《解释》第 13 条第 1 款细化了认定危险废物数量的途径、方法、依据等,如对国家危险废物名录所列的废物,可以依据涉案物质的来源、产生过程、被告人供述、证人证言以及经批准或者备案的环境影响评价文件等证据,结合环境保护主管部门、公安机关等出具的书面意见作出认定。

10. 明确了监测数据的证据资格。《解释》第 12 条明确,环境保护主管部门及其所属监测机构在行政执法过程中收集的监测数据,在刑事诉讼中可以作为证据使用。公安机关单独或者会同环境保护主管部门,提取污染物样品进行检测获取的数据，也可以在刑事诉讼中作为证据使用。这条规定促成了环境保护行政执法与刑事司法之间的有效衔接。

严重污染环境的行为在实践中的表现非常复杂，有些行为并未直接导致环境污染危害结果，但对所造成的严重污染后果却有着非常关键的作用，因此对这些违法行为同样要严惩。该《解释》比 2013 年司法解释更加细化，涉及的罪名除了前文已阐述的环境资源保护犯罪的 15 个罪名和环境职务犯罪的 8 个罪名外，还包括放火罪、决水罪、爆炸罪、投放危险物质罪、以危险方法危害公共安全罪、非法经营罪、提供虚假证明文件罪、出具证明文件重大失实罪、单位犯扰乱市场秩序罪、破坏计算机信息系统罪等 10 个相关罪名。这些罪名能够更加准确地对违法行为人的犯罪行为定罪处罚，体现了落实最严格的环境保护法律制度的初衷。

第二章 环境纠纷与环境诉讼

纠纷无时不有、无处不在，可谓社会存在之"常态"。作为一种社会现象，纠纷主要是指社会主体间的一种利益对抗状态。纠纷隐含着与社会既定的秩序和制度以及主流道德意识的不协调甚至是对立。因此，在任何情况下，国家、政府都应当致力于纠纷的解决。现代社会的发展，产生了很多不同于传统型纠纷的现代新型纠纷，环境纠纷是其典型。这些现代型纠纷具有复杂性、专业性和主体的多元化等特点，既给纠纷的解决带来了很多新的难题和挑战，同时也在考验着一个国家的纠纷解决能力。传统社会在纠纷解决问题上强调"无讼是求"，当私力救济作为一种普遍性社会现象在文明社会销声匿迹后，诉讼便成为了解决社会纠纷的重要手段。

20世纪中叶以来，随着环境问题的日趋严重以及社会主体环境意识的逐步觉醒，环境纠纷数量迅速增长。面对社会发展带来的这种新问题，人们开始重视并试图在实践中不断探索和尝试多种方式去解决环境纠纷，并逐步形成了多元化的环境纠纷解决机制。从世界各国的实践看，总体而言，环境纠纷的解决方式可以分为诉讼方式和非诉讼方式两类。其中，诉讼方式除了普通诉讼外，主要有美国的"公民诉讼"（Citizen suits）、法国和德国的"团体诉讼"以及日本的"代表人诉讼"等一些特殊的诉讼形式。在环境诉讼获得发展的同时，为了克服诉讼纠纷解决机制逐渐显露出的捉襟见肘、不敷使用的弊端，人们不得不别求它途以便寻求更符合实际、也更为有效的解决环境纠纷的方式。这样，许多国家也开展了以调解、谈判和仲裁等非诉讼方式解决环境纠纷的实践。

多元化的纠纷解决机制不仅是一个理论问题，更是一个具有重大现实意义的实践问题。在当代中国，积极探索环境纠纷解决的多样化、合理化机制，不仅是环境法治建设的基本要求，也是经济社会持续发展的迫切需要。

第一节 环境纠纷概述

一、环境纠纷的概念和特点

(一) 环境纠纷的概念

环境纠纷[1] （Environmental Dispute）作为现代社会的一种新型纠纷，主要是指环境法律关系主体之间在环境资源的开发、利用、保护和管理等活动中产生的有关其权利义务的争议。任何纠纷，从本质上看都无外乎利益的纷争。因此，环境纠纷的出现，亦表明环境法律关系主体间处于一种利益冲突或对抗的状态，是环境社会关系矛盾激化的体现。一般来说，环境纠纷主要涉及环境污染和其他公害纠纷以及自然资源纠纷两个方面。例如，前者一般包括大气污染纠纷、水污染纠纷、噪声污染纠纷、固体废物污染纠纷等。后者，依据自然资源种类的不同，可分为土地纠纷、水事纠纷、渔事纠纷、林事纠纷、草原纠纷等。

环境纠纷有广狭两义。广义的环境纠纷，泛指社会公众因环境问题而产生的争执，主要是基于环境资源的利用而产生的冲突和矛盾。从纠纷的法律性质看，可分为环境民事纠纷、环境行政纠纷和环境刑事纠纷。狭义的环境纠纷，仅指环境污染和其他公害纠纷，也就是社会成员之间因污染物和能量的排放或者光线干扰、阻挡通风、采光等引起的争议，[2] 即我们常说的环境污染侵权。这类纠纷在日本又被称为"公害纠纷"，是指因公害或发生公害所造成之民事纠纷，[3] 并由专门的公害纠纷处理法予以调整。[4]

环境纠纷具有涉事主体广泛性的特点，可以发生在任何环境法律关系主体之间。换句话说，环境纠纷既可能发生在环境民事法律关系中的公民之间、法

---

[1] 也有学者因为在生态、环境和资源的关系上更为强调实质上的"生态"概念，并采用了生态保护的概念来反应环境、资源领域的相关活动，因此使用了"生态纠纷"的概念，并认为生态纠纷涉及环境纠纷和自然资源纠纷两个方面。陈茂云、马骧聪：《生态法学》，陕西人民教育出版社 2000 年版，第 303 页。

[2] 王灿发主编：《环境纠纷处理的理论与实践》，中国政法大学出版社 2002 年版，第 3 页。

[3] 陈慈阳：《环境法总论》，中国政法大学出版社 2003 年版，第 302 页。

[4] 如日本的《公害纠纷处理法》规定的环境纠纷的行政处理（环境行政 ADR）。行政性 ADR，主要是指由国家行政机关或准行政机关所设或附设的专门机构处理环境纠纷的方式。在纠纷解决的过程中，注重国家行政主管部门的行政权力和专家的作用，主要用于特定类型纠纷的解决。

人之间、公民与法人等平等主体之间，也可能发生在环境行政法律关系中的管理主体和受制主体之间，甚至发生在国际环境法律关系中不同主权国家之间。实践中，因工厂排放行为引起的河流污染而导致多人损害的赔偿责任纠纷比较常见，造成的影响较为严重，解决起来也比较棘手，是环境纠纷解决机制需要关注的重点。环境纠纷的内容主要是当事人之间由于环境问题而引起的利益纷争，通常涉及环境污染和破坏的责任承担问题、环境损害赔偿问题、自然资源权属的确定，以及环境保护行政主管部门的具体行政行为是否合法、公正等问题。

（二）环境纠纷的特点

环境纠纷是一种较为典型的新的现代型纠纷，具有一些迥异于传统纠纷的特点，主要包括：

1. 环境纠纷案件涉众性强、主体具有不确定性。首先，环境致害主体不确定。与传统的致害主体比较明确的纠纷主体所不同的是，环境纠纷的主体往往难以确定。这主要是因为环境污染的原因多种多样，有时单一的污染和破坏行为并不构成环境侵害，而众多污染和破坏环境行为的共同作用才最终造成环境侵害、引起环境纠纷。这时，往往不易确定环境纠纷的致害人，而只能把一定范围内可能施加过污染破坏行为的数个"嫌疑人"确定为共同致害人，即在大多数情况下，环境纠纷的致害人是由众多的实施了污染和破坏行为的加害人组成，从而表现出加害主体的多元参与性。例如，导致水污染纠纷发生地的上游河段附近有工厂若干家，究竟是哪家工厂的排污行为造成了水污染，以及各自的污染排放行为对水污染危害的程度分别如何，有时很难准确判定。其次，受害人不确定。环境污染和破坏作为一种典型的社会性公害，其时空延展性常常使广域范围内不特定的多数人成为可能的受害者。尤其是在环境污染和破坏并未使任何人的人身和财产权益受到损害，而造成了公共环境资源破坏的情况下，环境纠纷的受害人不仅涉及当代人，甚至还可能包括后代人，这使得环境纠纷的受害人更加不确定。

2. 环境纠纷具有复杂多样性。首先，引起环境纠纷的原因行为具有复杂多样性。导致环境纠纷的原因行为既可以是环境污染行为，也可以是环境破坏行为；既可以是当事人的违法行为，也可以是当事人的合法行为；既可以是当事人的作为，又可以是当事人的不作为；既可以是加害人的故意或过失行为，又可以是受害人自身或第三人的行为；既可以是单个行为，又可以是多个行为；既可以是公民、法人及其他组织的行为，又可以是行政管理机关的行为。总之，环境纠纷可以发生在任何环境法律关系主体之间。环境法律关系主体行为方式的多样性，决定了引起环境纠纷原因行为的复杂多样性。其次，环境纠纷内容具有复杂多样性。环境纠纷的内容既涉及环境污染的责任承担、损害赔偿问题，又包括自然资源权属的确认以及不当开发利用所导致的损害赔偿、补偿问题；既有提出停止侵害、排除妨碍、消除危险、恢复原状等权利要求的，又有要求对具体的行政行为的合法性进行司法审查的；还有提起诉讼，要求环境保护行政机关履行法定职责的；等等。最后，环境纠纷当事人具有复杂多样性。环境法律关系的主体均可成为环境纠纷的当事人。环境纠纷当事人双方的力量对比不平衡。一般而言，污染源是具备一定经济实力的工厂、企业等，而受害者往往是普通居民，相对于污染源而言，受害者大多是弱势群体。

3. 环境纠纷具有广泛的社会性。环境纠纷量大、面广、所涉人数众多，利益冲突广泛而尖锐，导致环境纠纷具有非常强的社会性。环境作为全人类共同的生存条件，并不能为某个人或某国所私有或独占，具有明显的公益性。因此，环境保护有利于保护社会公共利益和保障基本人权，符合整个社会和全人类的共同愿望和要求，需要广泛的公众参与，需要共享共管、共享共建，是全体社会成员的共同责任，这也是环境纠纷社会性的体现。环境纠纷的社会性决定了一个公正、合理、便捷、节约、高效的多元化环境纠纷解决机制存在的必要性，以及在环境纠纷解决方面公法和私法等多种手段并举、相互协同配合、共同发挥作用的合理性。

4. 环境纠纷涉及广泛的利益冲突。利益主体和利益需求的多元化是产生纠纷的重要根源，而环境资源能满足人们需求的多样性和稀缺性的特点，必然使环境纠纷伴随着广泛的利益冲突。主要包括环境私益与环境公益之间的冲突；个人利益与社会利益之间的冲突；眼前利益与长远利益之间的冲突；局部利益与长远利益之间的冲突；经济利益与环境利益之间以及代内利益与代际利益之间的冲突等。环境纠纷的解决需要环境法在充分把握"利益共生"和"利益衡平"的原则的基础上，对不同利益冲突进行衡平与整合，从而最大限度地保护和促进一种最佳的综合利益的形成。环境纠纷所涉利益冲突的复杂多样性，不仅给传统的纠纷解决机制带来了挑战，也决定了在环境纠纷案件的解决中"利益衡量机制"被广泛采用的做法。

5. 环境纠纷处理的艰难性。

（1）环境纠纷的社会影响大，并伴生着复杂的利益冲突。这要求环境政策与法律合理地界分、确认不同的利益及其相互之间的关系，并通过对环境法律关系主体权力（利）义务的合理界定，以及利用相关方针、政策、原则和制度来指导利益的分配，从而促进不同利益之间的和谐与兼容。另外，环境纠纷处理难度大还表现在，环境纠纷的处理结果不仅对纠纷双方的既得利益产生影响，还涉及社会公共利益和国家责任。

（2）环境纠纷的处理专业性强，具有浓厚的科技关联性（Technology Complication）。这主要表现在：一是由于环境问题因果关系的证明极为困难，涉及医学、生物学等高科技知识的综合运用，且经常超越现有科技知识的极限，使得人们在环境纠纷的认定以及责任的承担方面难以作出准确的判断。二是环境纠纷的受害人一方收集证据、举证都比较困难。环境问题尤其是环境污染成因复杂、潜伏期长，危害一旦显现，影响面却非常广泛。所以，确认环境损害发生的原因及其发展过程是一项很困难的工作，往往涉及自然科学的多个领域，对专门的环境科学技术知识和环境法律政策知识要求很高。而环境纠纷的受害人一方往往是普通的民众，并不具备专门的环境专业知识，也并不一定了解污染物致害的机理，也无法掌握污染源的生产情况和排污情况，导致其收集证据、举证都相对比较困难。三是在环境纠纷的处理过程中，会涉及大量环境监测数据的调取、认定及环境标准的甄别等技术工作。需要专业技术人员的参与，相关领域专家的意见对环境纠纷的解决也会产生较大的影响。这一切，都加大了环境纠纷处理的难度。

（3）制度缺损和规范供给不足，也给环境纠纷的有效化解带来了一定制约。正如有学者指出的，"公害纠纷的存在本身不是问题，有问题的是既有的纠纷处理体系是否有化解纠纷的能力"。[1] 目前，我国环境纠纷之所以难处理，主要是有关环境纠纷处理的立法不健全，缺乏环境纠纷处理的程序、证据规则、损害赔偿的原则、范围以及具体的计算方法等。另外，环境污染危害鉴定和评估机构的法律地位不明确以及评估鉴定过程中技术支持系统的不完备，也是导致环境纠纷处理难的一个原因。尤其是现有的环境立法关于纠纷解决方式在法律规定方面的局限性问题，也在一定程度上加剧了环境纠纷解决的困难。例如，现行立法偏重于纠纷的诉讼解决方式，但非诉纠纷解决机制在立法及其运作方式上都很不完善，并且立法规定的几种纠纷解决方式之间相互冲突，难以协调，无法自我发展为一个有机体系等，都使得其化解纠纷时捉襟见肘。

（4）法律职业者的有限理性也使环境纠纷的解决面临一定的困境。环境案

---

[1] 叶俊荣：《环境政策与法律》，中国政法大学出版社 2003 年版，第 291 页。

件一般具有专业性强、影响面广、取证困难、类型新颖、存在决策风险（Dicision-makinguncertainty）等特点，因此环境案件的审理对审案法官、涉讼律师的综合素质要求很高。正因为如此，有日本学者称环境审判为"科学审判"，说的就是这个意思。美国学者哈罗德·J.伯尔曼（Harold J.Berman）在其著作《法律与革命》中就曾论及对法律从业者的基本要求问题，他说"法律职业者……应当都有在一种具有高级学问的独立的机构中接受专门的培训"的历练过程。目前，我国法院系统还比较缺乏专门的环境审判队伍，甚至没有专门的审判人员。绝大多数法官和律师都没有接受过专门、系统的环境法培训，缺乏审理或代理环境案件的业务知识，在一定程度上影响了环境案件的公正、合理的解决。

二、环境纠纷的分类

尽管环境纠纷复杂多样，但是为了认识的方便，我们可以从不同的角度对其进行分类。全面认识环境纠纷，对纠纷主体有针对性地选择不同的纠纷解决方式，从而更好地解决纠纷具有重要的指导意义。

1. 根据引发纠纷的原因，可以把环境纠纷分为环境污染纠纷和自然资源纠纷。所谓环境污染纠纷，是指由于企业、事业单位和其他生产经营者在生产经营活动中排放的污染物导致他人的人身、财产受到侵害，而产生的有关赔偿责任与赔偿金额的纠纷。[1] 自然资源纠纷，是指基于自然资源的开发、利用、保护和管理活动所产生的，有关自然资源权属争议及自然资源损害赔偿、补偿等方面的纠纷。环境污染纠纷主要表现为因环境侵权而产生的民事责任，而自然资源纠纷不只是解决平等主体当事人之间的民事纠纷，且更为强调国家、集体对其所有的自然资源的权利及其利益的保护。

2. 根据纠纷的法律性质，可以把环境纠纷分为环境民事纠纷、环境行政纠纷和环境刑事纠纷。环境民事纠纷，是指平等主体之间所产生的环境权益争议。环境行政纠纷，是指管理主体和受制主体之间在环境行政管理过程中所产生的权利义务争议。环境刑事纠纷，是指污染、破坏环境的行为已经触犯了刑法关于环境资源保护的规定，应受到刑事追究，从而在行为人和国家公诉机关之间产生的纠纷。

3. 根据纠纷所波及的范围和产生的影响，可以把环境纠纷分为国际环境纠

---

[1] 汪劲:《中国环境法原理》，北京大学出版社2000年版，第363页。

纷和国内环境纠纷。国内环境纠纷，还可以分为跨区域的环境纠纷和单一区域的环境纠纷。国际环境纠纷的解决需要适用国际环境法律规范，国内环境纠纷的解决则适用一国的国内环境法。按照法律的规定，跨区域的环境纠纷需要由有关地方人民政府协商解决，或者由上级人民政府协调解决，作出决定。单一区域的环境纠纷，可以通过调解、行政处理、诉讼等多种途径解决。

4. 根据纠纷的解决方式，可以把环境纠纷分为依靠诉讼途径解决的环境纠纷和依靠诉讼外方式解决的环境纠纷。诉讼方式主要包括法院判决和法院调解，诉讼外方式主要包括当事人和解、民间调解、仲裁、行政处理等。域外纠纷解决机制改革的新动向是国家官方的纠纷解决机制与民间的纠纷解决机制相互融合，相互渗透。显然，一个理性的社会，应当向社会公众提供多种可供选择的能够服务于环境纠纷解决的方案。多元化的环境纠纷解决方式的综合运用，不但是解决现代型纠纷的现实需要，从程序的选择权上来看，也是现代环境立法对当事人施以程序关怀的一个重要体现。[1] 这个问题，需要在今后的环境立法过程中引起高度关注。

5. 根据引发纠纷的行为是否超过了环境标准的限度，环境纠纷可以分为超标排污致人损害的环境纠纷和达标排污致人损害的环境纠纷。超标排污致人损害，是指当事人在利用环境资源的过程中，违反环境保护法律、法规的规定，超过污染物的排放标准，污染和破坏环境导致他人合法权益受损的情况。达标排污致人损害，是指当事人并未违反有关环境标准的规定排放污染，而造成他人合法权益受损的情况。过去无论在立法上还是在法律实践中，都存在着对环境行政违法和民事侵权之间的关系认识不清的问题。例如，普遍的看法是，只有在环境污染行为被认定为违反有关环境保护行政法规、规章的情况下，受害人才有权获得民事救济。如果排污行为未超过规定的污染物排放标准，即使受害人因此受到损害也不得请求民事赔偿。其实，排污行为是否超标与行为人是否应承担民事赔偿责任是两个不同的问题，前者属于公法法律关系，后者属于私法法律关系。可以说"合法致损"仍应承担环境侵权民事赔偿责任，是环境法律责任不同于一般法律责任的一个显著特点。

---

[1] 面对纠纷，对于一个社会来说可能重要的不是如何消灭或压制纠纷，而是如何建立一套良性互动、功能互补、程序衔接、彼此支持的纠纷解决机制去有效化解纠纷。对中国来说，认真研究新时期社会矛盾纠纷的产生原因、种类和特点，因地制宜地建立一套纠纷的解决机制来有效预防和成功化解纠纷，是考虑纠纷解决机制问题的一个应然出发点。总的原则是，要能够提供形式各异、多种多样的纠纷解决方式或路径以供当事人选择，并始终将诉讼作为当事人寻求纠纷解决的救济手段。

6. 根据纠纷所涉及的利益范围，可以把环境纠纷分为环境私益纠纷和环境公益纠纷。环境私益纠纷，是指行为人因污染、破坏环境对特定受害人的人身、财产权益造成损害而产生的纠纷。环境公益纠纷，是指污染破坏环境的行为仅对公共环境资源造成危害，尚未对他人的人身、财产权益造成危害，而在行为人与其他未受到环境污染和破坏行为直接危害的人之间、基于公共环境资源的保护和改善产生的纠纷。前者直接或间接地造成他人人身、财产权益的损害，后者涉及公共环境资源在代际间的公平分配问题，却影响着当代人和后代人的可持续发展。不同性质的环境利益损害，其纠纷解决的方式以及纠纷解决机制的功能也有所不同。

第二节 环境纠纷的非诉讼解决方式

在我国已有运用非诉讼方式处理环境纠纷的实践，[1]但由于在立法方面及运作方式上都不够完善，使得非诉讼纠纷解决方式在实践中往往不能充分发挥其功能，不利于环境纠纷的解决。因此，除了进一步完善现有的几种非诉讼解纷方式之外，还应当根据具体情况适当增加一些有利于纠纷解决、也较为灵活的其他的纠纷解决方式，注意协调好各种非讼解决纠纷方式之间的关系，不断建立和完善纠纷非诉讼处理机制，并积极推动立法使其与诉讼机制相互衔接和协调，使各类纠纷的解决有路径可走、有规则可循，以便在环境纠纷的解决中共同发挥作用。

一、非诉讼纠纷解决方式的概念

非诉讼纠纷解决方式，又称为替代性纠纷解决方式（Alternative Dispute Resolution，缩写为 ADR）或审判外纠纷解决方式，是指对诉讼外或审判外的解决纠纷的各种方法、程序和制度的总称。简而言之，除诉讼（审判）纠纷解决方

---

[1] 历史上，我国一直存在着替代性纠纷解决方式。例如，古代社会的调解制度就被认为是中国传统法文化的重要资源。近代以来，随着社会转型和西方法律制度、法律思想的引入，替代性纠纷解决方式在处理人们纠纷方面起了很重要的作用。改革开放以来，随着社会关系的变化，原来的纠纷解决机制已不适应新时期纠纷解决的需要，于是人们开始在理论和实践中尝试对我国原有的纠纷解决制度进行改革。目前，除诉讼之外，我国的纠纷解决机制还有法院调解、仲裁、人民调解、劳动争议处理机制、消费者纠纷处理机制、行政机关的纠纷处理机制、交通事故处理机制、医疗事故处理机制、环境污染处理机制和信访制度。其中，除诉讼和法院调解以外，其他的纠纷解决方式都是替代性纠纷解决方式。

式之外的所有纠纷解决方式，都可以统称为替代性纠纷解决方式。这里所谓的"替代方式"是相对诉讼而言的，是指对法院审判或判决的代替，泛指解决纠纷的各种非诉讼程序。因此，替代性纠纷解决方式的概念，主要强调的是与法院的诉讼程序的区别和联系，对其界定需要从替代性、选择性以及功能性等这几个方面加以全面把握：[1]

1. 替代性。替代性是指对法院审判或判决的代替。尽管 ADR 是一系列多样化的纠纷解决程序，但这些程序的共同之处却在于"替代"这一概念，即每一种 ADR 程序都是对法院判决的一种代替。换句话说，相对于通过诉讼得到的判决，在这一最后阶段之前的任何纠纷解决方式都可以被称为 ADR。例如，谈判、调解和仲裁都是比较典型的替代性纠纷解决方式，它们都不具有法院审判或者诉讼的性质。但需要强调的是，这种替代性（Alternative）并不意味着取代诉讼且根本上也不可能取代（Replace）诉讼。[2] 相反，替代性纠纷解决方式的存在和运作，是以法院和诉讼程序的存在以及当事人的诉讼权利和处分权为前提的。ADR 只能为当事人提供选择的可能性，而绝不能剥夺当事人的诉讼权利和处分权。

替代性纠纷解决方式具有替代性的特点，并不意味着一切替代性纠纷解决方式都属于"私力救济"的范围或者说是通过私力救济当事人的权利的。替代性纠纷解决方式，也需要以法律规定和社会规范为基础来解决纠纷。例如，谈判就是一种较为典型的以"私了"促成纠纷解决的替代性纠纷解决方式。但是在行政机关或者法院主持下的替代性纠纷解决方式，却体现了一种国家参与性，因而具有很强的公共行为的色彩。因此，替代性纠纷解决方式的替代性，并不等同于私力救济。根据其与审判和判决关系的远近以及强制性大小，其性质有所不同，分别属于"由第三者主持达成的自治性的'私了'，共同体内部的'半公了'，直至行政机关主持的或法院附设的'准司法'的性质"。[3] 据此，ADR 也可以分为合意性 ADR（民间性 ADR）、半强制性 ADR（行政性 ADR），以及强制性 ADR（司法性 ADR）三种类型。

---

[1] 范愉：《非诉讼纠纷解决机制研究》，中国人民大学出版社 2000 年版，第 11~14 页。
[2] 司法在社会中的地位具有不可替代性，ADR 的存在及发挥作用都必须、也只能是以司法权这个核心为前提。司法救济作为最基本、最重要的维权手段，必须是每一个社会主体都能够平等享有的公共资源。接受审判的权利，是不可剥夺并必须予以保证的公民之基本权利。换句话说，诉诸司法的权利是所有文明社会都承认的一项基本的权利。
[3] 范愉：《非诉讼纠纷解决机制研究》，中国人民大学出版社 2000 年版，第 11~12 页。

2. 选择性。选择性是指该替代性纠纷解决方式以当事人的自愿为前提，以当事人的自主性和自治性为基础。也就是说，不仅是否采用替代性纠纷解决方式以及采用何种替代性纠纷解决方式，均取决于当事人的自愿选择，而且能否对纠纷处理达成合意，也取决于当事人的自愿选择。进而言之，选择性赋予了当事人以在法院的审判和判决与各种非诉讼方式之间做出选择的权利。在此基础上，当事人可以对纠纷解决的方式、规范、程序和结果进行自主性选择。多种的选择机会不仅为当事人及时、便利地解决纠纷创造了条件，也在很大程度上分流了法院的压力。

替代性纠纷解决方式选择性的特点，既与民事纠纷的私权性密不可分，也与替代性纠纷解决方式的产生相关联。一方面，私权性意味着当事人不仅拥有对权利的实体上的处分权，而且也拥有程序上的处分权。因此，当事人选择以替代性的纠纷解决方式解决纠纷，是其对程序性权利的行使。当事人的这种选择应当得到法律的尊重。[1] 另一方面，现有的诉讼制度存在着许多固有的弊端，如费用高昂、程序繁琐、期间延迟等，使得它在现代社会已经越来越不能适应社会成员的纠纷解决需要，面临着越来越严峻的挑战。而当事人却希望出现一种新的、没有以上弊端的纠纷解决方式。这样，各种替代性纠纷解决方式就在纠纷解决的实践中应运而生了。因此，可以说替代性纠纷解决方式从一开始就不是要克服诉讼的这些弊端，而是为纠纷的解决提供了一种全新的选择。

3. 纠纷解决性。纠纷解决性是指纠纷解决方式不仅是 ADR 的首要功能，而且它以解决当事人双方的纠纷为根本目的。替代性纠纷解决方式存在的合理性尤其体现在它的功能，即解决纠纷的实际目标以及为达到这一目标之手段的多样化上。纠纷解决性这一功能使得 ADR 既区别于一般组织或行政机构的管理性、职能性活动，以及行政机关的附带性纠纷解决工作，也不同于如信访、申诉等纵向的、单方面的问题解决。作为在实践先行和侧重功能的基础之上发展起来的程序和手段，替代性纠纷解决方式最终致力于通过促成当事人的和解与妥协来达到解决纠纷之目的，这也就构成了它们能够与法院诉讼程序相互衔接和互补的共同基础。正是基于这一功能，各类非诉讼纠纷解决方式与诉讼方式日益成为当代社会中两种并行不悖、相互补充的重要社会机制，它们共同构成

---

[1] 国家对不同性质的纠纷解决的开放程度和自治程度是不同的。一般来说，在涉及刑事犯罪的纠纷解决中，是不允许当事人自行协商解决的。但是在民事领域，根据意思自治原则，只要不违反法律的强制性规定，当事人协议一般都会得到法律的认可。

了现代社会"多元化的纠纷解决机制"。[1]

人类社会总是充满了各种复杂的利益冲突,由于冲突的性质不同、形式各异且他们的激烈程度也不能一以概之,因此解决冲突和纠纷的手段和方法也不尽相同。随着社会的发展,新的利益冲突和新的纠纷类型会不断出现,针对这些纠纷的特点,人们也会在纠纷解决的实践中不断发现和创造出各种新的或更为有效的纠纷解决方式。纠纷解决是社会调整乃至社会存在的方式之一,纠纷解决机制则是由社会各种纠纷解决方式、制度所构成的有机体系。在人类社会发展的任何阶段,都有与之相适应的纠纷解决机制存在。社会越复杂,纠纷解决的方式、手段也越丰富,构建多元化的纠纷解决机制就越重要。[2]

近年来,在许多国家都兴起了以非诉讼程序解决环境纠纷的实践。之所以如此,主要是因为非诉讼程序在解决纠纷方面对诉讼起着补充替代、补偏救弊、分担压力等作用,从而减少了纠纷解决的成本和代价。由于非诉讼程序充分尊重当事人的意志,使得在纠纷的解决过程中当事人对程序的控制具有高度的自治权,从而使当事人可以根据法律的规定按照自身利益的需要选择相应的纠纷解决方式。同时,由于非诉讼程序具有灵活简便以及非对抗性、保密性、协商性等特点,使得纠纷的双方当事人更容易形成对话、达成共识。这不仅可以及时有效地化解纠纷,维持当事人之间的正常社会关系,而且有利于修复已经恶化的关系,并在新的基础上重新建立合作。

实践表明,在解决纠纷的过程中,许多 ADR 都能起到优于诉讼程序的作用,其不可比拟的强劲优势主要体现在以下几个方面:一是减轻法院的案件负担,免于承受昂贵的费用和诉讼迟延;二是增加社会参与纠纷解决过程;三是便利人民追求正义;四是提供更为有效的纠纷解决途径。正因为如此,非诉讼程序在解决环境纠纷中也同样显示出十分广阔的前景。

总而言之,替代性纠纷解决方式可以有效地对司法和诉讼补偏救弊,并具有特殊的优势,在现代社会中承担着纠纷解决、保障当事人的自治、协调社会关系和提供积极对话的渠道等作用,因此它的存在符合当代人自主、自律、平等协商的精神,具有不可限量的发展前景。在 ADR 被逐步纳入法制轨道后,作

---

[1] 多元化纠纷解决机制是相对于单一的纠纷解决方式而言的,其意义在于不把纠纷的解决单纯寄托于某一种程序,如诉讼,它不排除来自民间和社会的各种自发的或组织的力量在纠纷解决中的积极作用。它以人类社会价值和手段的多元化为基本理念,目的在于为人们提供多种选择的可能性。
[2] 范愉主编:《ADR 原理与实务》,厦门大学出版社 2002 年版,第 47 页。

为纠纷与利益冲突的调节器，它将与司法审判程序更好地协调和互补，在当代社会发挥更为积极的社会功能。[1]

二、环境纠纷非诉讼解决方式的类型

替代性纠纷解决方式作为解决传统纠纷的方式已有很长的历史，[2] 但作为解决诸如劳动纠纷、消费者纠纷、家事纠纷、医疗纠纷、交通事故纠纷、建筑纠纷、公害环境纠纷、知识产权纠纷、国际贸易纠纷等现代性的特定型纠纷的一种方式，却只有几十年的发展历程。[3] 环境纠纷的非诉讼解决方式是一个总括性的综合概念，是一系列多样化的纠纷解决程序的统称。目前，从我国法律的相关规定和实践上看，环境纠纷的非诉讼解决方式主要有：

（一）自行和解

自行和解（Settlement）又称谈判（交涉 Negotiation）或协商，是指双方当事人就有关纠纷自行达成一致意见，并自觉履行各自约定的义务。自行和解是一个两相情愿的过程，其特点是没有外界的介入和干预，完全依靠纠纷当事人协商妥协化解纠纷，因而这种途径是纠纷解决机制中最能够体现私人意思自治的方式，易于在纠纷当事人之间达成合意，往往能够达成一个比任何单方行为都要好的结果。但由于通过自行和解达成的协议对纠纷双方各自应履行的义务无任何公权力作保障，具有不确定性，因而可能会导致协商无果而终，从而增大重复解决纠纷的成本。因此，在实践中，通过该种方式解决的环境纠纷所占比例甚少。

作为一种纠纷解决方式，在环境纠纷的解决中，自行和解也有着不同于调解、仲裁和判决等其他纠纷解决方式的特征。其中最为根本的就是从谈判开始到最后作出决定都是由双方当事人自行磋商，并没有第三方的决策和参与。另外，在形式上和程序上也比较随意，具有通俗性和民间性。尽管如此，自行和

---

[1] 范愉主编：《ADR 原理与实务》，厦门大学出版社 2002 年版，第 45 页。
[2] 传统型 ADR，主要是以调解和仲裁为代表的从传统方式发展而来的替代性纠纷解决方式。传统型 ADR 并不是从传统社会中脱胎而来的，而是基于本国的现实情况，根据社会成员的法律意识和历史习惯，为适应特定历史时期纠纷解决的特点和要求而建立的。传统型 ADR 从建立之初即表现出巨大的优越性，即使是在现代社会，这类替代性纠纷解决方式仍然具有很强的生命力。现代型 ADR，主要是指那些与本国法律思想以及历史传统并没有直接的联系，而是基于解决现实中新型纠纷的实际需要所建立起来的替代性纠纷解决方式。
[3] 自 20 世纪 30 年代，美国在劳动争议处理中首次使用替代性纠纷解决方式以来，替代性纠纷解决方式作为解决现代型纠纷的一种方式逐步为世界各国所重视，并在 20 世纪后半叶得以迅猛发展。

解仍然是解决环境纠纷的行之有效的方式。一般来说，在侵权事实比较清楚、加害方承担责任主动诚恳、受害方也比较实事求是的情况下，双方当事人通过和解处理环境纠纷才较为适当。

我国《土地管理法》《水法》等自然资源法律都规定，权属争议可以由当事人协商解决。例如，1998 年修订后的《土地管理法》第 16 条第 1 款规定："土地所有权和使用权争议，由当事人协商解决；协商不成的，由人民政府处理。"另外，在诉讼阶段，和解仍然是可供当事人选择的纠纷解决方式。例如，《民事诉讼法》第 230 条规定："在执行中，双方当事人自行和解达成协议的，执行员应当将协议内容记入笔录，由双方当事人签名或者盖章。申请执行人因受欺诈、胁迫与被执行人达成和解协议的，人民法院可以根据当事人的申请，恢复对原生效法律文书的执行。"这为双方当事人通过自行和解的方式解决纠纷提供了法律依据。当然，纠纷双方自行和解还应符合法律的规定，遵守诚实信用的原则，和解协议应公平合理并不得违背社会的公共利益。

（二）调解解决

调解（Mediation and Conciliation），是指在第三方协助下进行的，当事人自主协商性的纠纷解决活动。在某种意义上，调解是谈判（交涉）的延伸。二者的区别在于中立第三方的参与。而其中的第三方，即调解人的作用也是区别于审判和仲裁的关键因素——调解人没有权力对争执的双方当事人施加外部的强制力。[1] 这一概念表明，调解具有以下几个方面的特征：

1. 调解是在中立第三方协助下进行的纠纷解决活动。实践中，第三方的协助往往较容易促成争议双方在某些问题上作出妥协、达成和解、解决纠纷。因此，第三方的参与对当事人之间纠纷的解决具有重要意义。担任调解人的可以是国家机关、社会组织、专门机构或者个人，但无论调解人的身份如何，都是作为中立第三方而不是以裁判者的身份参与调解过程的。

2. 调解以纠纷当事人的自愿为前提。促使当事人通过合意解决纠纷是调解的本质特征。调解是非强制性的纠纷解决程序，在整个调解进行的过程中都应当遵循当事人自愿的基本原则。即使在某些情况下，必须进行强制性调解，也不应当侵害调解的合意本质，因为调解协议的达成及其履行仍取决于当事人的自愿。

3. 调解具有程序的便利性和处理的灵活性。作为一种程序便捷的纠纷解决

---

[1] 范愉：《非诉讼纠纷解决机制研究》，中国人民大学出版社 2000 年版，第 177 页。

方式，调解程序是非正式化，无需像审判那样遵循严格的程序，当事人可以因需选择适用适当的程序。调解在纠纷处理方面也较为灵活，无论是在当事人的主张和事实的证明责任、还是适用的规范以及运作方式上，都可以在法律规定的程序范围内根据实际情况进行安排，具有很大的灵活性。

4. 调解协议具有契约性。其建立和生效本身不具有国家强制性，但是在司法或准司法机构主持下的调解，或者经过法院确认的调解协议，调解协议会从当事人之间的合同转变成为有约束力的法律文书，这使得调解又具有了一定的职权性。因此，调解协议具有能够得到法律保障的效力。

调解是一种传统的非诉讼纠纷解决方式，作为一种制度，在替代性纠纷解决机制中历史最为悠久。作为现代 ADR 的一种基本方式，调解在世界各国都得到了广泛应用。在我国，调解也是解决环境纠纷的一种主要方式。据不完全统计，目前我国有 75% 以上的环境纠纷是通过各种形式的调解解决的。[1] 调解制度在我国历史悠久，也是处理民事纠纷的传统方式，有着深厚的民间基础。而大量产生于生产和生活中的环境纠纷多属于民事纠纷，纠纷的解决具有可协商性。因此，大量的环境纠纷具有通过调解方式解决的可能性和现实性。调解的形式多样且在不断创新。但总体来说，调解可分为民间调解、行政调解、司法调解等不同的形式。[2] 在环境纠纷的处理过程中，民间调解、行政调解属于非诉讼调解形式，司法调解属于诉讼内调解。

1. 民间调解。民间调解是相对于各种机关的有权调解而言的，指在非司法性和非行政性的民间组织、团体或个人主持下对纠纷进行的调解。民间调解在纠纷解决中具有预见早、行动快，调解人与当事人之间具有特定的地域或社区性联系的特点，往往能够以较为低廉的费用、及时化解各种矛盾，在解决日常的民间纠纷中具有明显优势，被称为纠纷解决的"第一道防线"。

民间调解在解决产业型公害纠纷和生活型公害纠纷中的作用有所不同。实践中，民间调解在解决发生在毗邻而居的居民之间因生活垃圾、生活污水处理

---

[1] 吕忠梅：《环境法新视野》，中国政法大学出版社 2000 年版，第 295 页。
[2] 也有学者以功能性为标准，将调解划分为判断型调解、交涉型调解、教化型调解和治疗型调解。其中，判断型调解是指，以发现在法律上正确的解决方案为目标，并以此为中心寻求合意推进纠纷解决的调解；交涉型调解是指，当事人双方在估量可能的解决结果以及解决成本的基础上寻求对自己最有利的解决方案的调解；教化型调解是指以发现调解自身特有的正义或所谓另一种正确的解决作为主要任务，以谋求纠纷圆满解决的调解；治疗型调解是指以调整、恢复人际关系为主要宗旨的调解。参见［日］棚濑孝雄著，王亚新译：《纠纷的解决与审判制度》，中国政法大学出版社 2004 年版，第 54~69 页。

以及噪声等日常生活问题而产生的生活型公害纠纷方面更为见长、作用也更为明显。例如，美国于 20 世纪 60 年代，在政府的资助下设立的"近邻司法中心"（Neighborhood Justice Center），主要运用调解来解决邻居之间的噪音纠纷、饲养宠物导致的公共环境卫生纠纷等，取得了良好的效果。

相对于生活型公害纠纷，产业型公害纠纷要复杂得多。比如，产业型公害纠纷不仅受害人人数众多、纠纷双方当事人地位悬殊、利益关系复杂并往往涉及社会公共利益，而且解决起来未必比诉讼程序更为低廉、便捷。因此，传统的 ADR 理论认为民间调解并不适用于解决产业型公害。但是，自 20 世纪 80 年代后期以来，民间调解在解决产业公害纠纷方面的作用已得到了认可，其影响不亚于日本的环境纠纷行政处理程序。例如，早在 20 世纪 70 年代，美国的环境纠纷调解程序（Environmental Mediation，Mediation of Environmental Issues）就被运用于调解解决产业公害。到了 80 年代末，美国已经发展并形成了一支强大的专业调解队伍，并有众多独立的专门从事调解业务的事务所，调解已经开始制度化地正式运用于处理产业公害。[1] 不过，这并不意味着环境纠纷的民间调解能够适用于所有的产业公害纠纷的解决。大多数情况下，如果纠纷双方的立场过于尖锐，民间调解的功能就会受到制约，从而难以发挥其积极作用。

调解协议的效力问题是民间调解制度能否持续发展的关键，当然也是民间调解能否在处理环境纠纷方面得到健康发展的关键。在我国，一般来说由于民间调解属于一种群众自治性的替代性纠纷解决方式，所以民间调解不具有法律效力。当事人未达成协议或达成协议后反悔的，任何一方都可以请求环境保护部门处理或向法院起诉，这使得民间调解制度本身缺乏权威性。调解协议的效力不足不仅降低了公民利用调解解决纠纷的意愿，而且也有资源浪费之嫌。因此，赋予调解协议以拘束力和执行力，是进一步加强民间调解制度首先要解决好的一个问题，好在情况有了一定程度的改观。2012 年修改的《民事诉讼法》对于"确认调解协议案件"的审理，在第 195 条中规定："人民法院受理申请后，经审查，符合法律规定，裁定调解协议有效，一方当事人拒绝履行或者未全部履行的，对方当事人可以向人民法院申请执行……"显然，该法促进了"第一道防线"与"最后一道防线"的有效衔接，为建立起人民调解制度和诉讼程序协调发展的良性机制创造了条件。

2. 行政调解。行政调解，是指行政管理机关依照法律规定的程序和方法，

---

[1] 齐树洁、林建文主编：《环境纠纷解决机制研究》，厦门大学出版社 2005 年版，第 470~471 页。

以第三人的身份居间对当事人之间的纠纷进行的调解。行政机关的调解包括两个方面：一是行政机关在日常管理或指导工作中附带性的纠纷解决；二是行政机关为解决特定纠纷设立的专门性纠纷解决机构或行政性非诉讼程序，这是当代重要的 ADR 形式。在附带性纠纷解决中，行政机关一般只依据当事人的申请主持和开展调解并以此促成纠纷的和解。在专门性行政非诉讼程序中，行政机关可以根据法律规定采取裁决或决定的方式处理解纷，当事人对处理结果不服的，可以提起行政复议或向人民法院提起诉讼。实践中，多数情况可以通过调解结案。

对环境与资源方面的行政调解，我国法律作了原则性的规定。由于行政机关对环境资源状况比较了解，且本身负有环境资源监督管理职责，对环境保护政策法规及其执行实施情况熟悉，同时行政机关处理环境纠纷具有其他纠纷解决途径所不具备的专业性和技术性方面的独特优势，所以行政调解有利于及时、正确、有效地解决纠纷。加之，行政机关的调解具有权威性、高效率和低成本的优点，因此在实践中具有重要的价值。

3. 司法调解。司法调解也称法院调解或诉讼中调解，是指在审判过程中，由法官主持对当事人之间的纠纷进行的调解。如果在法院主持的调解下，双方当事人自愿平等协商达成调解协议，且调解协议经法院审查，确认并送达当事人签署后即产生同判决书一样的法律效力，一方当事人不履行调解协议的，另一方当事人可以请求法院强制执行。法院调解，是我国民事诉讼的一项基本原则。例如，我国《民事诉讼法》第 9 条规定："人民法院审理民事案件，应当根据自愿和合法的原则进行调解；调解不成的，应当及时判决。"另外，该法第 93 条还规定："人民法院审理民事案件，根据当事人自愿的原则，在事实清楚的基础上，分清是非，进行调解。"关于调解的效力，该法第 97 条规定："调解达成协议，人民法院应当制作调解书。调解书应当写明诉讼请求、案件的事实和调解结果。调解书由审判人员、书记员署名，加盖人民法院印章，送达双方当事人。调解书经双方当事人签收后，即具有法律效力。"实践证明，我国民事诉讼法以调解为原则的做法，不仅符合审判实践的现实需要，而且契合当代各国的民事司法改革实践。

严格地说，法院调解并不属于非诉讼纠纷解决方式的范畴，而是法院审理民事案件的一种结案方式。而法院附设调解（Court-annexed Mediation）则不同于法院调解，是指调解机关设立在法院的一种调解制度。它与诉讼程序严格区别开来，并按照自身的运作规律和特有的方式进行，因此本质上仍然是一种替代性纠纷解决方式。[1] 作为近年来颇受重视的一种制度,如美国的法院附设调解,其重要性就在于,尽管纠纷已经被诉诸法院,但仍有可能将其在诉讼程序之外解决。这种设计有利于调解功能和特长的发挥,而且不致影响诉讼程序中特有的对抗性和规范确认功能,因而具有相当的合理性。

在我国,为了保证人民法院正确调解民事案件,及时解决纠纷,自 2008 年 12 月 31 日起实行的《最高人民法院关于人民法院民事调解工作若干问题的规定》设立了三种法院附设非诉讼纠纷解决制度:[2] 一是协助调解人制度,即法院可以邀请与当事人有特定关系或者与案件有一定联系的企事业单位、社会团体或者其他组织和具有专门知识、特定社会经验、与当事人有特定社会关系并有利于促成调解的个人协助调解工作。二是独立调解人制度,即经各方当事人同意,人民法院可以委托符合协助调解人资格的单位和个人对案件进行调解。达成调解协议后,法院应当依法予以确认。三是和解协调人制度,即当事人在和解过程中申请法院对其和解活动进行协调,法院可以委派审判辅助人员或者邀请、委托有关单位和个人从事协调活动。此外,该规定还设立了调解协议的司法确认制度。该制度的建立,解决了我国法院附设 ADR 制度的瓶颈问题,对构建我国多元化的纠纷解决机制,促进环境纠纷的解决将发挥重要的作用。

(三) 行政处理

纠纷的行政处理(Administrative Settlement),又称行政性 ADR,它是指行政主体为实现相应法律、法规、规章确定的行政管理目标和任务,应行政相对人申请或依职权依法处理涉及特定行政相对人某种权利义务事项的具体行政行为。[3] 作为行政机关解决纠纷的一种活动,纠纷的行政处理主要是行政司法性质的活动,即行政机关作为行政或者民事争议双方之外的第三者,按照准司法程序处理特定案件、裁决特定争议的活动。它和当事人协商和解、民间调解、仲裁以及诉讼共同构成了多元化的纠纷解决机制。当前,面对经济社会发展带来的大量多发的现代型纠纷,一个重要途径和必由之路就是合理利用多种权力资源,特别是扩大行政机关的纠纷解决功能,以克服我国在社会转型期大规模创建规则、秩序时容易出现的顾此失彼的问题,提高纠纷解决和社会调整的效

---

[1] 沈恒斌主编:《多元化纠纷解决机制原理与实务》,厦门大学出版社 2005 年版,第 128 页。
[2] 蒋惠岭:"法院附设 ADR 对我国司法制度的新发展",载《人民法院报》2005 年 1 月 10 日,第 B1 版。
[3] 姜明安主编:《行政法与行政诉讼法》,北京大学出版社、高等教育出版社 1999 年版,第 175 页。

率和效益。[1] 实践证明，纠纷的行政处理作为现代政府提供的一种公共服务和公共产品，其目的在于通过多种手段，快速、便捷地解决纠纷，有利于节省社会资源，维护社会稳定，促进社会和谐。

纠纷的行政处理，也是解决环境纠纷的重要方式。在日本，公害纠纷的行政处理程序与司法救济具有同等的重要性。公害纠纷行政处理制度存在的意义，就在于发挥行政的长处以弥补司法救济的缺陷。1970年，日本颁布了《公害纠纷处理法》。该法建立了"公害纠纷行政处理制度"，旨在通过当事人之间的互让和行政机关的适当指导以谋求用低廉的费用对公害引起的纠纷给予迅速且正确的解决。为此，国家专门设立公害调整委员会、都道府县设立公害审查会，对涉及《公害对策基本法》第2条规定的典型公害引起的纠纷进行斡旋、调解、仲裁及裁定。日本的公害纠纷处理制度后来为包括韩国和我国台湾地区在内的许多亚洲国家或地区所效仿，这些行政处理程序在处理公害纠纷中实际地发挥着作用，并起着越来越重要的作用。[2]

近年来，尽管我国的环境立法发展很快，但问题在于这些立法都较多考虑的是环境保护的行政管理问题，而较少涉及环境纠纷的处理，使得我国环境纠纷处理方面的法律制度没有得到相应的加强。目前，根据我国环境法律、法规的有关规定和环境保护工作的实践，环境纠纷行政处理主要包括环境行政复议、环境行政裁决和环境行政调解三种形式。其中，环境行政复议主要是为了纠正行政机关作出的违法或者不当的具体行政行为，以保护行政相对人的合法权益。环境行政调解是行政机关在行使行政管理权时附带行使的纠纷解决职能，而环境行政裁决则是行政机关依职权对纠纷的解决，通常被认为具有准司法的性质。

1. 环境行政复议。环境纠纷解决中的行政复议是指公民、法人或其他组织认为环境行政机关的具体行政行为侵犯其合法权益，依法向有关行政机关提出复议申请，由该机关对有争议的具体行政行为进行合法性、适当性审查，并在法定期限内作出决定的环境行政活动。

行政复议制度作为一种重要的行政程序，具有解决纠纷的基本功能。处理环境纠纷，行政复议也是可供选择的解决途径。例如，在环境纠纷处理过程中，

---

[1] 范愉：《非诉讼纠纷解决机制研究》，中国人民大学出版社2000年版，第655页。
[2] 目前，行政性ADR这种特定的纠纷解决机制在许多国家和地区的经济和社会生活中起着越来越重要的作用，成为现代市场经济国家加强国家宏观调控和政府对经济进行间接干预的重要手段。其中，以英国和美国的行政裁判制度为典型。其所裁处的对象既包括行政争议也包括民事纠纷，且更注意采用司法程序和尊重当事人的权利。

环境保护行政相对人认为针对其的行政处罚侵犯其合法权益的，可以自知道该行政处罚之日起 60 日内，向作出行政处罚决定的环境保护行政主管部门的本级人民政府或向其上一级行政主管部门申请行政复议。经复议，认为环境保护行政主管部门作出的行政处罚决定违法或者显失公平的，复议机关可以依法撤销或者变更该决定。相对人对行政复议决定不服的，也可以依照《中华人民共和国行政诉讼法》（以下简称《行政诉讼法》）的规定，在 15 日内向人民法院提起行政诉讼，但是法律规定行政复议决定为最终裁决的除外。

在自然资源纠纷方面，行政复议也是解决行政纠纷的一个重要途径。例如，根据《中华人民共和国行政复议法》（以下简称《行政复议法》）的规定，公民、法人或者其他组织对行政机关作出的关于确认土地、矿产、水流、森林、山岭、草原、荒地、滩涂、海域等自然资源的所有权或者使用权的决定不服的，可以依法申请行政复议；认为行政机关的具体行政行为侵犯其已经依法取得的土地、矿产、水流、森林、山岭、草原、荒地、滩涂、海域等自然资源的所有权或者使用权的，应当先申请行政复议，对行政复议决定不服的，可以依法向人民法院提起行政诉讼。

2. 环境行政裁决。环境行政裁决又称环境行政决定，是指环境行政管理机关依照有关法律的规定，对当事人之间发生的与环境管理相关的特定民事纠纷进行审理并作出具有法律效力的行政决定的行政行为。行政裁决属于行政机关的具体行政行为，是可诉的行政行为，即当事人对环境行政裁决不服的，可以依照《行政诉讼法》的规定向法院提起行政诉讼。实践中，环境行政主管机关在受理环境纠纷之后，往往都是先进行行政调解，调解不成的，便以行政处理决定书（裁定书）等形式对纠纷作出处理。

在自然资源的权属争议方面，我国环境法作了行政处理前置的规定。也就是说，由自然资源管理机关对涉及自然资源权属的争议作出行政处理决定是提起诉讼的必经程序。如《森林法》第 17 条第 1、2、3 款规定：单位之间发生的林木、林地所有权和使用权争议，由县级以上人民政府依法处理。个人之间、个人与单位之间发生的林木所有权和林地使用权争议由当地县级或者乡级人民政府依法处理。当事人对人民政府的处理决定不服的，可以在接到通知之日起 1 个月内，向人民法院起诉。

值得注意的是，从关于自然资源权属争议行政处理的相关规定中可以看出，立法并未明确回答有关对自然资源权属争议的行政处理决定的法律效力问题。在司法实践中，一般把行政机关这种行为视为具有法律效力的具体行政行为，属于行政裁决的范畴。当事人对行政机关的行政处理决定不服的，可以向人民法院提起行政诉讼。

然而，2001年10月27日通过的《海域使用管理法》中的相关立法条款却作出了不同的规定。例如，该法第31条第1款规定，因海域使用权发生争议，当事人协商解决不成的，由县级以上人民政府海洋行政主管部门调解；当事人也可以直接向人民法院提起诉讼。由此可以看出，有关海域使用权的权属争议，行政机关是进行"调解"而非裁决，其结果是导致该种行政处理决定不具有法律效力。显然，这一规定与其他自然资源法律的相关规定不协调。

从国外的情况来看，以行政裁决方式处理环境纠纷具有可取之处。国外的环境处理制度，并没有把行政处理单一理解为行政调解，而是将行政调解、行政裁决相互衔接、补充或者供选择适用，共同为环境纠纷提供系统、方便的解决途径，所以才在环境纠纷的解决中发挥了很好的作用。

3. 环境行政调解。环境行政调解是指环境行政管理机关依照法律的规定，以第三人的身份居间对环境民事纠纷进行调解的活动。环境行政调解不具有法律效力，纠纷双方当事人对调解协议反悔的，均可以向法院提起诉讼。行政机关主持的调解行为是非可诉的行为，当事人不得以该行政机关为被告向法院提起行政诉讼。关于环境纠纷的行政调解处理，我国法律有明确规定。如《水污染防治法》第97条规定："因水污染引起的损害赔偿责任和赔偿金额的纠纷，可以根据当事人的请求，由环境保护主管部门或者海事管理机构、渔业主管部门按照职责分工调解处理；调解不成的，当事人可以向人民法院提起诉讼。当事人也可以直接向人民法院提起诉讼。"

过去，在实践中对于我国环境保护法律关于环境污染纠纷行政处理的法律效力问题存在较多争议，这与我国早期的环境立法对环境纠纷行政处理的法律性质未予以明确有关。例如，行政机关对环境纠纷所作出的行政处理决定到底是属于可诉的行政裁决行为还是不可诉的行政调解行为，立法规定不明确，导致了法律适用上的混乱。较为典型的，如1989年《环境保护法》（已修改）第41条第2款规定："赔偿责任和赔偿金额的纠纷，可以根据当事人的请求，由环境保护行政主管部门或者其他依照法律规定行使环境监督管理权的部门处理；当事人对处理决定不服的，可以向人民法院起诉。当事人也可以直接向人民法院起诉。"[1] 关于该规定，一种意见认为，环境保护主管机关依环境纠纷当事人的申请所作出的行政处理决定属于行政调解，当事人对处理决定不服的，只能以另一方当事人为被告提起民事诉讼。另一种意见认为，环境保护主管机关根据环境纠纷当事人的申请，就具体的环境污染纠纷的损害事实、侵害责任的认定以及赔偿金额的确定所作出的行政处理决定已涉及当事人具体的权利义务关系，是行政机关的行政裁决行为，属于可诉的具体行政行为。因此，当事人对行政处理决定不服的，可以以作出该行政处理决定的行政机关为被告，向法院提起行政诉讼。

针对 1989 年《环境保护法》第 41 条第 2 款及其他单行污染防治法中规定的"行政处理"的法律性质不明所发生的争议问题，1991 年 11 月 26 日，国家环境保护局向全国人大法律工作委员会发出了《关于如何正确理解和执行〈环境保护法〉第 41 条第 2 款的请示》。1992 年 1 月 31 日，全国人大法制工作委员会在《关于正确理解和执行〈环境保护法〉第 41 条第 2 款的答复》（以下简称《答复》）中明确指出，《环境保护法》中的"处理"性质上属于调解，而不是行政裁决。当事人不服的，可以向人民法院提起民事诉讼，不能以作出处理决定的环境保护行政主管部门为被告提起行政诉讼。[2]

这种观点在随后颁布的几部环境法律中得到进一步认可，如 1995 年《固体废物污染环境防治法》第 71 条第 2 款第一次把"处理"一词改成了"调解处理"，进一步明确了环境纠纷行政处理的调解性质。当事人对处理决定不服的，可以向人民法院起诉；当事人也可以直接向人民法院起诉。另外，1996 年《噪声污染防治法》第 61 条第 2 款、2000 年《大气污染防治法》第 62 条第 2 款，均将原来的"处理"改成了"调解处理"。而 1999 年的《海洋环境保护法》则直接删除了 1982 年原第 42 条关于"因海洋环境污染受到损害的单位和个人，有权要求造成损害的一方赔偿损失。赔偿责任和金额纠纷，可以由有关主管部门处理"的规定。2004 年《固体废物污染环境防治法》第 84 条第 2 款同样作了"调解处理"的规定。

其实，从环境纠纷行政 ADR 的角度看，我国环境资源法律中有关环境纠纷

---

[1] 关于解决环境侵权纠纷的途径，2014 年修订后的环境保护法删除了 1989 年环境保护法第 41 条第 2 款的规定，要求直接适用侵权责任的相关规定。例如，《环境保护法》第 64 条规定："因污染环境和破坏生态造成损害的，应当依照《中华人民共和国侵权责任法》的有关规定承担侵权责任。"

[2] 国家环境保护局政策法规司编：《中国环境保护法规全书（1982-1997）》，化学工业出版社 1997 年版，第 274 页。

行政处理方面的法律规定还存在诸多的问题。例如，有关环境污染纠纷的行政处理决定和自然资源权属争议的行政处理决定的法律效力问题，现行立法和司法实践中都存在着立法不协调和适用不统一的状况。前者基本上属于不可诉的行政调解行为，后者则属于具有法律效力的行政裁决行为，且被规定为提起诉讼的前置程序。又如，自 1992 年全国人大法工委办公厅批复国家环境保护局的《答复》公布后，由于对这个《答复》理解的偏差，导致理论界和环境管理部门存在将"行政裁决"与"行政调解"这两种主要的环境纠纷的行政处理方式混为一谈之嫌。其实，这个《答复》只说明了一个问题，即"根据当事人的请求，对因环境污染损害引起的赔偿责任和赔偿金额的纠纷所作的处理，当事人不服的，可以向人民法院提起民事诉讼，不能以作出处理决定的环境保护行政主管部门为被告提起行政诉讼"，而并未影响环保行政主管部门依照我国《环境保护法》作出行政处理决定的法定职权的规定。

实践证明，对一些污染严重，有损社会公共利益的环境纠纷很难通过调解使当事人双方达成调解协议，在行政调解未果的情况下及时作出行政处理决定，是一种行之有效的方法。反之，当出现了这种情况，如果环境管理机关完全屈从于当事人的意志而只调不决或任凭当事人非调即讼，这不仅会造成公共行政资源的巨大浪费、弱化行政机关的环境监督管理职责，而且对环境纠纷的解决也毫无助益甚至会扩大事态的发展，危及社会的公共利益。这种袖手旁观式的做法，显然是与环境监督管理部门所承担的公共职责背道而驰的。这些问题导致了我国环境纠纷行政处理的法律制度和体系的混乱和冲突，而且在实践中也产生了许多实际问题，不利于环境纠纷的有效、及时和公正地解决。有鉴于此，我们认为，环境纠纷的行政裁决具有合理性，理应依法确立其在我国环境 ADR 机制之中的地位。

(四) 仲裁解决

仲裁（Arbitration）有居中公断之意，是指纠纷双方当事人根据达成的仲裁协议自愿将争议交与第三方，并由第三方作出有约束力的裁决的纠纷解决方法。对这一概念的全面理解至少应包括以下几个方面：一是仲裁首先是一种争议解决方法；二是当事人必须有将争议交付仲裁的合意；三是由中立第三方就案件作出裁判；四是仲裁是一种第三者裁判能最终解决争议的一种方式。

仲裁在国际环境侵权案中被广泛运用，如特雷尔冶炼厂案和拉努湖案就是采用仲裁方式解决国际环境纠纷的典型案例。这一做法也得到了不少国际公约或条约的认可，如《控制危险废物越境转移及其处置的巴塞尔公约》在附件 6

中就把仲裁单独作为一个附件，专门用了10个条文加以规定。

日本的《公害纠纷处理法》规定的四种公害纠纷处理的形式有斡旋、调解、仲裁和裁定。其中仲裁被作为一种迅速、公正地解决公害纠纷的重要形式。在我国台湾地区的"公害纠纷处理法"中，仲裁也被作为处理环境污染纠纷的一种方式。除此之外，还有很多国家或地区都规定环境纠纷亦在可仲裁事项范围内，双方在环境纠纷发生之前或之后都可以约定将其纠纷交由仲裁机构作出裁决。甚至有的国家还专门设立了处理环境纠纷的民间仲裁机构，如巴西于2001年10月在里约热内卢建立了由一些环保领域的律师和专家组成的民间性的环境仲裁院，以期为巴西的环境纠纷提供一个快捷方便的解决手段。

到目前为止，在运用仲裁方式解决环境纠纷方面，我国既无专门的环境仲裁机构，亦无专门的环境仲裁法规，全国也没有正式实行环境仲裁制度。即便是在我国环境资源立法中，无论是环境基本法还是环境单行法，都没有明确把仲裁作为一种解决纠纷的法定途径。只有《中国海事仲裁委员会仲裁规则》第3条规定，海洋环境污染损害的争议可以由该海事仲裁委员会通过仲裁加以解决。这也就是说，有明确规定的环境仲裁只适用于海洋污染损害赔偿纠纷案件。

但是，在其他方面环境污染纠纷的处理上是否适用仲裁，《中华人民共和国仲裁法》（以下简称《仲裁法》）对此未作明确规定。例如，我国《仲裁法》第2条和第3条，对可仲裁事项的范围作了规定，其中第2条从积极角度规定了具有可仲裁性的纠纷范围，即"平等主体的公民、法人和其它组织之间发生的合同纠纷和其它财产权益纠纷，可以仲裁"。第3条则从消极角度规定了被排除在仲裁范围外的纠纷，即"下列纠纷不能仲裁：①婚姻、收养、监护、扶养、继承纠纷；②依法应当由行政机关处理的行政争议"。

不过，虽然我国尚未正式实行环境纠纷仲裁制度，但是从目前的仲裁法来看，环境仲裁虽未被明确承认，但也没有被法律所禁止。而私法奉行"法不禁止即自由"的原则。由此可见，因环境污染损害而发生的环境纠纷，只要环境纠纷当事人之间达成解决纠纷的仲裁协议，就满足提交仲裁机构仲裁的条件。但从我国目前各地仲裁委员会的实践来看，还尚未把环境纠纷纳入其受案范围。

第三节　环境诉讼

环境诉讼，是指环境纠纷当事人将其在保护和改善生活环境和生态环境、防治污染和其他公害的过程中所产生的纠纷向人民法院提起诉讼，并由人民法院依法对其作出判决，解决其争议的活动。环境诉讼不仅是解决环境纠纷的一条重要途径，而且是解决环境纠纷最规范、最权威、最终极的救济手段。尽管近年来各种诉讼外解决环境纠纷的方式大量出现，如协商、调解、仲裁、行政处理等纠纷解决方式都成了解决环境纠纷的重要途径，并且在现代社会中所占比例越来越大，但是就诉讼方式本身以及环境纠纷的特殊性而言，诉讼在环境纠纷解决中仍占据着难以比拟和不可撼动的优势地位。之所以这样说主要是因为：

作为环境纠纷解决的终局性救济手段，诉讼一般是以国家强制力为保障，通过严格遵守预设的诉讼程序，由具备法律专业知识和具有司法审判经验的法官根据法律、结合纠纷的事实作出具有拘束力的判决来解决纠纷，因而相对于其他纠纷解决方式，诉讼具有更大的权威性、正统性和公正性。另外，环境诉讼的政策形成功能[1]以及特殊的诉讼机制，如环境诉讼通过对当事人诉讼资格的扩张、举证责任倒置、诉讼时效延长以及扩大损害赔偿的范围等方式既可以加大对受害人的保护、鼓励受害人提起诉讼解决纠纷，也有利于救济受损的环境公共利益，督促环境保护行政机关履职尽责。显然，这些方面都是诉讼方式在解决环境纠纷方面相对其他的纠纷解决方式具有一定优势地位的体现。

环境诉讼制度产生的基础，是国家宪法和法律对环境权益的保护。它既不同于一般的民事诉讼，又不同于一般的行政诉讼或刑事诉讼，但其与民事诉讼、行政诉讼以及刑事诉讼又有着不可分割的联系，这主要是由环境权的特点所决定的。环境权需要运用行政、民事和刑事等法律手段来加以保护，因而环境纠纷呈现出多种属性，解决环境纠纷的诉讼形式同样也就表现出多样性，以致民事、行政和刑事诉讼的程序在环境纠纷的解决中均有所体现。

不过，尽管环境诉讼对于环境纠纷的最终解决具有积极意义，但由于我国传统的环境纠纷诉讼制度是在缺乏应有的环境保护意识和无视环境资源生态功能价值的基础上发展起来的，因此随着环境问题愈益严重，传统的环境纠纷诉讼制度在纠纷解决方面也暴露出了很多问题和缺陷。究其原因，主要是我国的环境程序立法不健全，尤其是缺乏针对环境纠纷案件的专业性、复杂性和特殊

---

[1] 较之以个别纠纷之解决，环境诉讼的任务还在于通过具体纠纷的解决，建立一套旨在影响当下案件当事人和其他人未来行为的规则，即它通过解决具体环境纠纷，还隐含着对各种与环境公益有关的间接社会关系的调整，为全体社会确立有关环境公益的行为指南，确认环境公益的价值，甚至可以影响当地社会环境、经济政策的制定和执行，并推动既有环境法律发展的重要功能。正因为如此，有时环境诉讼也被称为"政策形成型诉讼"。

目前，我国还没有专门的环境诉讼的程序规则，仅在环境基本法和环境单行法中有一些粗略的诉讼程序的规定。按照特别法先于普通法适用的原则，对于环境法有特殊规定的诉讼程序如举证责任、诉讼时效、起诉人资格等，适用环境法的特别规定；环境法没有规定的，则适用一般诉讼程序。

一、环境民事诉讼

（一）环境民事诉讼的概念和特征

环境民事诉讼，是指人民法院对平等主体之间有关环境权利、义务的争议，依照民事诉讼程序进行审理和裁判的活动。环境民事诉讼是民事诉讼的一种，其适用的程序与一般民事诉讼程序基本相同，都需要严格依照《民事诉讼法》的规定进行诉讼。但由于引起诉讼的环境侵权行为与传统侵权行为相比有其特殊性，加之环境法在实体法上有许多不同于传统民法的特殊法律规范，如对所有权的限制、适用无过错责任原则等，所以环境民事诉讼也具有一些不同于一般民事诉讼的特殊诉讼程序规定。

1. 起诉资格放宽。在传统的民事诉讼理论和法律规定中，只有人身或财产权益直接受到侵害的个人才能提起民事诉讼，任何人不得对与自己无关的财产主张权利。如我国《民事诉讼法》第119条规定："起诉必须符合下列条件：①原告是与本案有直接利害关系的公民、法人和其他组织……"显然，我国的民事诉讼制度在起诉资格问题上对诉权作了相对严格的限制。但这种规定存在的问题在于，在环境保护领域，环境要素是人类共享的"公共财产"，为全体公民所共有，一般不能成为私人所有权的客体，任何人均不享有排他的独占权。这样一来，在许多情况下，个人、单位或团体很难成为其直接利害关系人。那么当有人污染或者破坏环境时，便也无人可以对环境致害行为提起诉讼，而环境保护是全民事业，有赖于广泛的公众参与。

由此看来，传统诉讼制度对起诉资格的限制与环境保护的要求是矛盾的。显然，在环境诉讼问题上，如果继续适用《民事诉讼法》关于原告只能是与案件有直接利害关系的人的规定，不仅不利于环境民事诉讼活动的顺利开展，甚至可以说，这种规定实际上也在一定程度上剥夺了广大公众通过诉讼参与环境保护的权利。无疑，在这种体制下，希望以提起民事诉讼的方式来达到保护自然生态环境的目的，只能是无果而终。因此，在环境法领域，必须放宽对起诉资格的限制，这已成为世界各国环境立法的总趋势。

为了解决这一问题，一些国家在长期的司法实践中，根据生态环境保护的客观需要规定了公益诉讼制度，放宽了环境诉讼中起诉人的资格，以保证公众参与环境保护的权利。例如，英国《污染控制法》规定："对于公害，任何人均可起诉。"美国的有关法律也规定，只要某人能说明，他有权使用或享受某些自然资源或他本人的生计依赖于这些资源，尽管资源的所有权不属于他，他也不是某一污染行为的直接受害人，但他仍可以以"保护公众利益"为由向排污者起诉。[1] 另外，集团诉讼作为一种典型的扩大诉权的诉讼形式，在环境民事诉讼中也得到了广泛的运用。集团诉讼意味着，只要是基于共享某一环境要素，或者是某一环境污染和破坏的受害者这一事实，该集团的其他人就都具有了提起"集团诉讼"的资格，可作为原告出庭。这种方法广泛地为各种环境保护团体或特殊利益集团用作保护公共环境利益，制止某些不当开发活动的重要手段。

在我国，2012 年修改的《民事诉讼法》和 2014 年修订的《环境保护法》也因应了环境保护的实际需要，先后规定了公益诉讼制度，有限地放宽了起诉者的资格。例如，《民事诉讼法》第 55 条第 1 款规定："对污染环境、侵害众多消费者合法权益等损害社会公共利益的行为，法律规定的机关[2] 和有关组织可以向人民法院提起诉讼。"另外，值得注意的是，2017 年 6 月 27 日，十二届全国人大常委会第二十八次会议又一次表决通过了《关于修改〈民事诉讼法〉和〈行政诉讼法〉的决定》。这次修改将检察机关提起公益诉讼明确写入了这两部法律。这标志着我国以立法形式正式确立了检察机关提起公益诉讼制度。如对《民事诉讼法》的修改主要是在原第 55 条的基础上增加一款，作为第 2 款，即"人民检察院在履行职责中发现破坏生态环境和资源保护、食品药品安全领域侵害众多消费者合法权益等损害社会公共利益的行为，在没有前款规定的机关和组织或者前款规定的机关和组织不提起诉讼的情况下，可以向人民法院提起诉讼。前款规定的机关或者组织提起诉讼的，人民检察院可以支持起诉"。

---

[1] 吕忠梅主编：《环境资源法》，中国政法大学出版社 1999 年版，第 279 页。
[2] 对于法律规定的机关提起环境公益诉讼，目前，我国仅有《海洋环境保护法》第 90 条第 2 款明确规定：对破坏海洋生态、海洋水产资源、海洋保护区，给国家造成重大损失的，由行使海洋环境监督管理权的部门代表国家对责任者提出损害赔偿要求。另外，值得关注的是，2017 年 12 月，中共中央办公厅、国务院办公厅印发了《生态环境损害赔偿制度改革方案》。《方案》要求，从 2018 年开始在全国试行生态环境损害赔偿制度。《方案》将"环境有价、损害担责"作为工作原则，并通过中央授权的方式，赋予省、市地级政府（包括直辖市所辖的区县级政府）作为本行政区域内生态环境损害赔偿权利人提起生态环境损害赔偿诉讼的资格，弥补了目前的环境民事公益诉讼制度中原告资格单一的不足。

关于社会组织作为适格原告提起的公益诉讼问题,《环境保护法》第 58 条规定:"对污染环境、破坏生态,损害社会公共利益的行为,符合下列条件的社会组织可以向人民法院提起诉讼:①依法在设区的市级以上人民政府民政部门登记;②专门从事环境保护公益活动连续 5 年以上且无违法记录。符合前款规定的社会组织向人民法院提起诉讼,人民法院应当依法受理。提起诉讼的社会组织不得通过诉讼牟取经济利益。"在有关社会组织的认定问题上,2015 年 1 月起施行的《最高人民法院关于审理环境民事公益诉讼案件适用法律若干问题的解释》第 2 条还进一步规定:依照法律、法规的规定,在设区的市级以上人民政府民政部门登记的社会团体、民办非企业单位以及基金会等,可以认定为《环境保护法》第 58 条规定的社会组织。

综上,根据法律的规定和相关司法解释,目前在我国能够提起环境公益诉讼的"机关"主要是指检察机关和行使环境与资源保护监督管理权的行政机关;能够提起环境公益诉讼的"有关组织"主要是指以环境保护为宗旨的非政府组织,既包括在民政部门登记注册的社会团体,也包括民办非企业单位以及基金会等。

2. 举证责任倒置。在诉讼中由谁负举证责任,往往会对案件的判决结果产生很大的影响。"谁主张、谁举证",是传统的民事诉讼的举证规则。按此规定,一般都要求受害人提出加害人有过错、有损害事实、加害行为与损害事实之间有因果关系等证据,否则将会承担败诉的后果。但是,这一要求如果运用于当事人地位悬殊、技术性较强、举证较为困难的环境诉讼,对经济上、技术上都处于劣势的受害人来说,无异于向其关闭了法院的大门,剥夺了他们的胜诉权,从而使受害人得不到应有的救济。因此,为了适应环境保护的需要,保证及时有效地制止污染和破坏环境的行为,保护受害人的合法权益,许多国家在实体法上规定无过错责任的同时,在程序法上采用了举证责任倒置原则,即本来由原告承担的举证责任,改为由被告承担或者原告只需提出污染存在且已造成危害的初步证据,诉讼即可成立;如果被告否认应承担民事责任,则必须提出反证,证明其行为不可能引起污染和破坏环境的损害后果。如美国密歇根州 1970 年《环境保护法》就规定,原告只需提出初步证据,证明污染者已经做出或很可能做出污染行为,案件即可成立;若被告否认有污染行为和危害后果,则必须提出反证。日本在处理公害纠纷中,也采用了这一制度。

由于举证责任倒置原则在举证责任的分担上大大减轻了原告的举证负担,避免了使原告因"举证不能"而面临"败诉"的结果从而导致新的不公正,所以它既符合环境民事诉讼当事人的实际举证能力，又体现了法律公平、正义的本质。有鉴于此，我国有关立法和司法解释也对此作出了相应规定。例如，1992 年最高人民法院《关于适用〈中华人民共和国民事诉讼法〉若干问题的意见》第 74 条就曾规定，因环境污染引起的损害赔偿诉讼，对原告提出的侵权事实，被告否认的，由被告负举证责任。2001 年，《最高人民法院关于民事诉讼证据的若干规定》在第 4 条中又进一步规定，因环境污染引起的损害赔偿诉讼，由加害人就法律规定的免责事由及其行为与损害后果之间不存在因果关系承担举证责任。这一规定标志着，环境民事诉讼中的举证责任倒置原则在我国得到了不断完善。不仅如此，2004 年《固体废物污染环境防治法》也明确规定了环境诉讼中的举证责任倒置原则，如该法第 86 条规定："因固体废物污染环境引起的损害赔偿诉讼，由加害人就法律规定的免责事由及其行为与损害结果之间不存在因果关系承担举证责任。"

另外，2009 年颁布的《侵权责任法》在第八章环境污染责任中，又从侵权责任基本法的高度确认了举证责任倒置原则。例如，该法第 66 条规定："因污染环境发生纠纷，污染者应当就法律规定的不承担责任或者减轻责任的情形及其行为与损害之间不存在因果关系承担举证责任。"这些规定丰富了无过错责任原则，将以往只停留在学理层面和仅在最高人民法院司法解释中涉及的举证责任倒置原则具体化为法律规范，从程序法的角度要求被告免责必须具备法律规定的免责事由，并对其行为与损害结果之间不存在因果关系承担举证责任。这样的规定不仅使举证责任理论更完备、更具有可操作性，而且也能够更好地保护受害人的利益，明确排污单位的职责，促使其积极治理污染，更好地保护环境。

应当指出的是，举证责任倒置并不意味着对原告所有举证责任的免除，而只是将依传统的举证责任规则原本应由原告承担的部分举证责任转由被告承担，对于一些基本事实，如受到损害的事实等，原告仍有责任加以证明。例如，根据 2015 年 2 月 4 日起正式施行的《关于适用〈中华人民共和国民事诉讼法〉的解释》的规定，提起公益诉讼需有公益受损的初步证据。该《解释》第 284 条规定，有关机关和组织提起公益诉讼的，除了符合《民事诉讼法》第 55 条规定，还应当同时符合下列条件：有明确的被告；有具体的诉讼请求；有社会公共利益受到损害的初步证据；属于人民法院受理民事诉讼的范围和受诉人民法院管辖。

环境民事诉讼中的"举证责任倒置"原则，不仅直接适用于人民法院审理环境污染损害赔偿案件，同时也可用来指导环境保护行政主管部门调解、处理环境污染损害赔偿纠纷。

3. 因果关系推定。侵害行为与损害结果之间的因果关系，不仅是决定侵权行为人是否应承担损害赔偿责任的必要条件，而且也是诉讼中必须运用证据加以确定的对象。传统因果关系理论是因果关系的确定论，主张因果关系的客观性、必然性，而不主张因果关系的"推定"。也就是说，加害行为与损害事实之间的因果关系必须直接而确切地得到证明，否则加害人不承担赔偿责任。但是在环境污染损害领域，由于污染行为和损害结果之间以环境为中间介质，导致污染损害具有间接性的特点；且人们对很多污染因子的性质，在环境中迁移、转化的规律以及累积衍变等许多问题上还存在认识上的不确定性，又加大了直接证明的困难。同时，由于污染物在环境中具有潜伏性和累积性，使得环境侵害行为常常在实施了许多年之后，损害后果才会显现出来。这种环境污染损害所具有的缓发性和长期性的特点，同样给因果关系的认定带来了极大的不便。这时如果仍要坚持客观性和必然性的因果关系证明，不仅是困难的，甚至是不可能的。其结果只能是使诉讼陷入无休止的科学争论和裁判难决的泥沼之中，严重制约民事诉讼在解决环境污染损害纠纷中的作用。

为了避免过分强调直接的因果关系而导致的不可知论，从而避免诉讼活动的悬而不决，以便有效地通过诉讼途径保护环境、维护受害者的利益，自20世纪70年代起，一些国家采取了变通的做法，在环境污染侵权诉讼中开始放宽对因果关系的证明，即对环境侵权行为与损害结果之间不再要求有严格的和直接的因果关系证明。在不能用直接证据严格证明二者之间因果关系的情况下，采用"人为推定"的方法予以认定，这就是所谓的"因果关系推定"。

因果关系推定有其科学上、逻辑上的合理性和实践上的可操作性，即只要能通过"流行病统计学"等科学方法认定污染行为和损害后果之间存在或然的（非常可能的）因果关系，并且如果没有确凿的相反证据能够推翻这种推定，那么就确认这种因果关系存在。[1] 日本是最早采用推定方法确定侵权行为与损害结果之间因果关系的国家之一。早在1970年12月16日日本颁布实施的《关于危害人体健康的公害犯罪处罚法》中，就已明确规定了因果关系推定。如该法第5条规定，如果某人由于工厂或者企业的业务活动排放了可能危害人体健康的物质，并且其单独排放量已达到足以危害公众健康的程度，而公众的健康在该物质排放后受到了或者正在受到危害，此时便可推定此种危害是该排放者所

---

[1] 陈茂云、马骧聪：《生态法学》，陕西人民教育出版社2000年版，第323页。

排放的那种物质所引起的。此外，日本在水俣病、富山骨痛病、四日哮喘病等公害案件的审判中，因果关系的确定也均采用了这种推定方法。

虽然在我国的环境立法及其他有关立法中尚未明确规定因果关系推定制度，但在环境污染民事纠纷案件的司法实践中，已有不少个案运用了这一方法作为确认因果关系和证据采信的标准，并为理论界所公认，是有效确定排污行为与污染危害后果之间因果关系的科学方法。这预示着，在环境污染损害赔偿诉讼中实行因果关系推定原则已是一个必然的趋势。

4. 诉讼时效延长。在法理上，诉讼时效作为一种消灭时效，是权利人依诉讼程序向法院提出保护其合法权益的有效期间。时效期满，权利人的胜诉权即告消灭。超过诉讼时效的，权利人虽然仍享有程序意义上的起诉权，但由于实体意义上的胜诉权已归于消灭，所以其所主张的权利将不受法院裁判保护。因为诉讼时效期间直接影响着权利人的权利状况，因而该期间的计算以及长短对权利的保护具有重要意义。

一般来说，立法从保护权利人的合法权益以及有利于社会关系稳定的角度出发来规定诉讼时效，一般都不会太长。但出于对环境污染损害特殊性的考虑，为了更好地保护环境、救济污染损害的受害者，在环境民事诉讼中，立法采取了延长诉讼时效和特殊计算诉讼时效期间的方法。如《德国环境责任法》第17条规定："对于消灭时效，准用《德国民法典》关于侵权行为消灭时效的规定"，即"因侵权行为所发生的赔偿请求权，自受害人得知有损害事实和确定赔偿义务人时起，因3年内不行使而消灭；在不知的情形，自加害行为发生起，因30年内不行使而消灭。"我国《环境保护法》第66条规定："提起环境损害赔偿诉讼的时效期间为3年，[1] 从当事人知道或者应当知道其受到损害时起计算。"

从我国《环境保护法》的规定可以看出，环境民事诉讼时效主要有两个特点：

（1）较长的诉讼时效期间。按照《环境保护法》第66条的规定，环境民事诉讼时效为3年。之所以如此规定，主要是考虑到环境污染损害具有间接性、

---

[1] 2017年10月1日起施行的《民法总则》，对诉讼时效制度作出了重要调整，其中最重要的变化是将《民法通则》第135条规定的"向人民法院请求保护民事权利的诉讼时效期间为2年"调整为"向人民法院请求保护民事权利的诉讼时效期间为3年"。如《民法总则》第188条规定："向人民法院请求保护民事权利的诉讼时效期间为3年。法律另有规定的，依照其规定"。这样一来，环境民事诉讼中的时效期间与一般民事诉讼的时效期间保持了一致，已不存在所谓的一般时效与特殊时效的区分。

缓发性和不确定性的特点，以至于损害后果的显现乃至被确切认知都需要时间，只有规定较长的诉讼时效，才能有效地保护受害人的合法权益。

（2）特殊的时效计算方法。按照法律的规定，环境民事诉讼时效的起算点是从当事人知道或者应当知道"受到污染损害时"。之所以如此规定，主要是因为环境污染损害的时空延展性导致受损害人数众多、范围广泛、形式多样，有时损害后果也会因为受害者自身的个体差异而不同。况且，环境污染损害的后果往往是在漫长的潜伏期后形成，这时不仅很难准确确定受害人权利受损的时间，而且也很难确定真正的受害人的范围。因此，环境污染损害诉讼时效期间，一般应以弄清环境致害机理或得出环境污染损害后果的明确结论时起计算，而这种鉴定结论则应由专门机关作出。

环境民事诉讼的最长诉讼时效法律没有专门的规定，依照《中华人民共和国民法总则》（以下简称《民法总则》）的规定，最长诉讼时效为20年。这种规定对于传统侵权行为来说，可能是适当的。但对于一些特定的较长期限的污染侵害行为，如果也遵循这一规则，则可能会出现"损害尚未发生，时效已经消灭"的情形。例如，日本著名的四大公害案件之一的水俣病案件，从排放含有甲基汞的污染物到大量出现水俣病患者，几乎经历了半个世纪之久。显然，在这种情况下只有对环境侵权规定较长的诉讼时效，才能有效保护受害人的合法权益。对此，在环境民事诉讼中，人民法院应当依照《民法总则》第188条第2款关于"自权利受到损害之日起超过20年的，人民法院不予保护；有特殊情况的，人民法院可以根据权利人的申请决定延长"的规定，通过适当延长诉讼时效期间的做法，向受害人给予更为充分的法律救济。

（二）环境民事诉讼的种类

在我国，环境民事诉讼因纠纷各方讼争内容以及诉讼救济功能的不同，可以分为以下几类：

1. 停止侵害之诉。停止侵害之诉，是指受害人可以依法请求法院责令那些已经从事或正在从事环境污染破坏活动的行为人停止其活动的诉讼。这种责任形式主要是能及时制止侵害行为，防止扩大侵害后果。

2. 排除妨碍之诉。排除妨碍之诉，是指当不法行为人实施的侵害行为对他人权利的行使造成不利影响时，受害人有权请求排除危害而提起的诉讼。排除危害既可以要求不法行为人积极治理污染或恢复被破坏的环境，也可以限制其使用某些设备、工具或者禁止其从事某种行为等。这种责任形式主要是为了防止发生更为严重甚至是不可逆的环境损害后果。

3. 消除危险之诉。 消除危险之诉，是指在环境侵害行为尚未现实发生，但却潜伏着发生必然性的情况下，他人有权要求行为人采取有效措施（如使用锅炉必须采取消烟除尘措施、施工必须采取防止噪声措施等）消除危险而提起的诉讼。

停止侵害、排除妨碍和消除危险这三种责任形式的目的主要在于使已经发生或者将要发生的侵害归于消灭，由于性质相同、内容相近、功能相关，因此它们常常被结合使用，成为环境损害民事责任的最重要的一类责任形式。

应当注意的是，环境侵害之排除责任并非在任何条件下都可以适用。相反，较之以其他的责任形式，排除侵害责任的适用要受到更多限制，需要充分考虑利益的平衡。虽然侵害行为的持续性、反复性和损害的不可恢复性，是排除侵害的必要条件，但是利益衡量却是其最核心的思考方法。

之所以要这样做，主要是因为环境侵害的情况较为复杂，尤其是产业型环境侵害行为多是在正常的生产经营活动中造成的，不仅具有合法性、正当性，加之科学技术的局限性甚至难以避免。对于这种善与恶、福与祸兼而有之的活动，一律加以排除显然是不可能的。这就要求在作何取舍时必须进行利益衡量，将产生环境侵害的产业活动的社会价值或效益与其所造成的损害的不利影响作出利益比较和价值权衡，并对侵害行为的性质、形式、合理性、排除的可能性以及被侵害利益的性质和内容进行综合考虑，进而作出判断。为此，一些国家在完全禁止侵害和损害赔偿两种传统救济方式之外，又发展出了"部分排除侵害"[1] 和"代替排除侵害的损害赔偿"[2] 等更具调和性的救济方式，对受害人的排除侵害请求权加以一定限制，以协调产业发展与受害人保护之间的关系。[3]

目前，我国环境法律中尚没有对如何适用排除污染危害责任形式作出具体规定。在司法实践中，应由法官根据污染侵害的实际情况，通过对有关利益的比较衡量加以灵活运用，以便较好地兼顾受害人的保护、社会公平正义和经济发展。

---

[1] "部分排除侵害制度"的实施，可以通过设置污染防治设施以减轻污染侵害、减少企业运营时间以减少排污量、禁止行为人在某种特定的时间作业等规定，尽可能减少污染带来的损害。

[2] "代替排除侵害的损害赔偿制度"的实施，是指对于一些必要的不能完全予以禁止或者社会经济效益巨大，而危害又相对较小的侵害，主要通过以财产责任的形式对受害人予以补偿作为其承担一定的忍受义务的代价，但前提是要尽可能地采取措施把危害降到最小。

[3] 王明远：《环境侵权救济法律制度》，中国法制出版社 2001 年版，第 276 页。

4. 恢复原状之诉。恢复原状之诉，是指在环境侵权行为已造成生态环境质量的恶化、自然资源破坏或财产损失，且被损害的对象能够修复或恢复的情况下，提起的将损害恢复到受损前的原有状态的诉讼。对于环境侵权而言，这是最理想的责任承担方式。我国《固体废物污染环境防治法》第85条已经明确规定："造成固体废物污染环境的，应当排除危害，依法赔偿损失，并采取措施恢复环境原状。"

并非所有的环境侵权都可以适用恢复原状。环境侵权适用恢复原状至少须具备两个条件：一是须有恢复之可能，即被污染和破坏的环境在现有的经济技术条件下能够恢复到被侵害前的状态。二是须有恢复之必要，即恢复原状的代价须合理。如果受损的环境在现有技术条件下难以恢复，或者恢复原状的经济代价过于高昂，且明显不合理，则应采取其他责任方式来代替恢复原状。[1]

5. 损害赔偿之诉。损害赔偿之诉，是指在环境侵权行为已经造成了环境的污染和破坏以及他人人身、财产的损害，但又无法恢复原状的情况下，要求对损害予以财产补偿而提起的诉讼。损害赔偿，是一种广泛适用、也最为基本的环境民事责任形式。凡是污染和破坏环境造成他人人身伤害和财产损失的行为，受害人都可以向加害人提出经济赔偿的请求。

环境侵权损害，主要有财产损害、人身损害和环境损害三种类型。财产损害赔偿一般采用全部赔偿原则，其赔偿的范围包括直接损失和间接损失或者实际经济损失和可得利益损失两部分。人身损害一般只包括因人身受到伤害所引起的财产损失，不包括因人身伤害所引起的精神损害。[2] 至于对环境本身的损害赔偿问题，目前我国尚无明确的法律规定。从域外的情况看，此类问题一般需要国家通过专门立法或采取设立环境责任保险以及环境损害赔偿基金等相关制度予以解决。

从诉讼救济的功能上看，停止侵害之诉、排除妨碍之诉以及消除危险之诉，因重在防止生态环境损害的进一步扩大和事态的持续恶化，具有预防损害发生或者除去正在发生的侵害的功能，属于事前预防性救济措施，因而常被称为积

---

[1] 曹明德：《环境侵权法》，法律出版社2000年版，第218页。
[2] 2001年3月起施行的最高人民法院《关于确定民事侵权精神损害赔偿责任若干问题的解释》扩大了精神损害赔偿的范围，将对生命权、健康权、身体权、人格尊严权、人身自由权等权利的损害，以及违反社会公共利益、社会公德侵害他人隐私或者其他人格利益的情形也纳入精神损害赔偿的范围。至此，因污染导致人身损害时，受害人应当可以以健康权、生命权受到侵害为由，要求精神损害赔偿。

极的诉讼。相比较来说，损害赔偿之诉则重在填补已经造成的损害，是一种事后的补救措施，不能有效地发挥事前、事中的预防功能，所以是一种消极的诉讼活动。但不论怎样，这些功能各异的诉讼救济手段相互衔接、彼此配合，有利于形成源头预防、过程控制、损害赔偿、责任追究的环境诉讼救济制度体系。

二、环境行政诉讼

（一）环境行政诉讼的概念和特征

环境行政诉讼，是指环境行政管理相对人认为环境行政主体的具体行政行为侵犯其合法权益而向人民法院起诉，由人民法院就被诉具体行政行为进行合法性审查并作出裁判的活动。环境行政诉讼同其他一般行政诉讼没有原则性区别，其诉讼活动依照《行政诉讼法》的规定进行。环境行政诉讼具有如下特征：

1. 环境行政诉讼的原告和被告具有恒定性。在环境行政诉讼中原告只能是行政相对人，即法律、法规规定必须接受环境行政管理机关监督管理的单位或个人。被告一定是行使环境监督管理权，并作出具体行政行为的环境行政主体。

2. 环境行政诉讼的内容是解决行政争议。环境行政主体与环境行政相对人在环境行政管理过程中所发生的环境法上的权利、义务之争，是启动环境行政诉讼的根据，也是环境行政诉讼活动所要解决的内容。

3. 环境行政诉讼的核心是审查具体行政行为的合法性。法院对环境行政机关作出具体行政行为的合法性进行审查的具体内容主要包括：对行政机关职权的审查；对适用法律、法规的审查；对认定事实和证据的审查；对适用法律程序的审查。

4. 环境行政诉讼被告的范围具有广泛性。在其他各类行政诉讼中，作为被告的行政机关一般比较单一，而在环境行政诉讼中被告的范围则比较广泛。根据《环境保护法》第10条的规定可知，我国的环境监督管理部门主要包括环境行政主管部门和依照法律规定行使环境监督管理职责的部门两类。

其中，国家的环境保护部[1]和地方的环境保护厅、环境保护局等环境保护部门作为环境保护主管部门，对环境保护工作实施统一监督管理。除了各级环

---

[1] 原环境保护部，已于2018年3月更名为"生态环境部"。根据国务院机构改革方案，将原环保部的职责，国家发改委的应对气候变化和减排职责，国土资源部的监督防止地下水污染职责，水利部的编制水功能区划、排污口设置管理、流域水环境保护职责，农业部的监督指导农业面源污染治理职责，国家海洋局的海洋环境保护职责，国务院南水北调工程建设委员会办公室的南水北调工程项目区环境保护职责都进行了整合，统一组建生态环境部，作为国务院组成部门。

境保护主管部门外，其他有关部门，包括海洋行政主管部门、海事、渔政渔港监督、土地、矿产、林业、农业、水利、公安、工信等主管部门，以及军队环境保护部门也要依照环境法和有关法律的规定，对资源保护和环境污染防治等环境保护工作实施监督管理。他们在环境管理活动中作出具体行政行为，故而都有可能成为环境行政诉讼的被告。[1] 这是由环境法所调整的社会关系的广泛性、综合性以及现代行政行为与环境难以割裂的相互关系所决定的。

（二）环境行政诉讼的原告资格和受案范围

1. 环境行政诉讼的原告资格。以公共事务管理为内容，以公共利益为价值取向，是公权力的本质特征。正因为如此，在公共管理实践中，无论监督管理部门作为或不作为，都具有发生侵害公共利益的巨大可能性；而且其他社会组织和个人危害社会公共利益的行为，在一定意义上也可以说是因为公共权力部门疏于管理或管理不善造成的。所以，一旦公权力偏离或背离了公益之目的，就必须运用一切手段包括诉讼来予以补救。

从行政诉讼的角度来看，建立行政诉讼制度的目的和功能，不仅在于为个人的合法权益提供救济，而且还在于监督行政主体依法行政，特别是在环境行政诉讼中，原告提起行政诉讼，往往具有维护公共利益的目的和作用。因此，环境行政诉讼中的原告资格不应适用私法诉讼中的原告资格规定，而应适用比私法诉讼更为宽松的原告资格。

在环境行政诉讼实践中，美国最高法院对诉讼资格采取了比较宽松自由的认定标准，放松了对行政诉讼原告诉讼资格的限制。在这方面，最为典型的案例就是1972年的"塞尔拉俱乐部诉莫顿案"（Sierra Club v. Morton），它是最高法院审理的有关起诉权问题的第一起环境诉讼案。在该案中，原告塞尔拉俱乐部以赛尔拉·内华达山脉自然环境保护者的名义和环保团体的身份，以联邦内政部长莫顿为被告起诉，要求法院禁止内政部的国家森林署批准的在赛尔拉·内华达山脉修建一座大型滑雪场的计划。

莫顿案提出了一个新问题，即环境保护团体能否以保护公共环境利益为由，

---

[1] 1989年发布的《行政诉讼法》将行政诉讼的被告仅限定为行政机关及其工作人员，这是行政管理理念的产物。随着经济社会的发展以及法治环境的变化，特别是公共行政和公共治理理念的提出和实践，行政主体也由过去较为单一的行政机关向多元主体转变。由此，一些行使公共职能的组织也有可能成为行政诉讼的被告。例如，新《行政诉讼法》第2条就规定："公民、法人或者其他组织认为行政机关和行政机关工作人员的行政行为侵犯其合法权益，有权依照本法向人民法院提起诉讼。前款所称行政行为，包括法律、法规、规章授权的组织作出的行政行为。"

以团体的身份起诉政府？按照最高法院的观点，环保团体仅以保护公共环境利益的名义起诉是不够的，还必须提出其具体成员的利益受到了实际损害。哪怕这种损害是它的成员所享用的环境利益，如"美学的、自然保护的和娱乐的"，价值受到侵害就可以确立它的起诉权。[1] 这意味着，在环境行政诉讼中，只要有可证实的"事实上的损害"，就可以取得原告的起诉资格，而不论这种损害是多么的间接，几乎一切受到不利环境影响的人都可以作为原告对有关行政机关的决定向法院起诉，以达到保护审美权和环境权的目的。因此，当公众的审美和环境利益受到行政机关决定的损害时，公众就可以请求法院审查该项影响环境的行政决定。[2]

由此看来，在莫顿案中，只要能够举证证明环保团体的成员已受到了"事实上的损害"，即可具有环境利益人的诉讼资格，并且这种损害不必是物质损害或经济损害，仅仅是美学上的损害就足以成立。这正是赛尔拉俱乐部后来所做的，它对诉状作了相应的修改，再次起诉，并克服了起诉权障碍。显然，最高法院的观点实际上承认了环保团体获得起诉权的可能性。或者说，它对环保团体起诉权的限制仅仅是名义上的限制而已。

为了适应判例中放宽原告资格的趋势，美国在立法方面也作了相应的调整。[3]

（1）美国《国家环境政策法》要求所有的联邦机关在"一切对人类环境有重大影响的联邦行动"中都应充分考虑环境利益。据此，联邦机关的一切行动均须承担环境保护的国家义务，如果联邦机关没有遵守《国家环境政策法》所规定的环境影响评价程序，可以成为公民或公民团体提起司法审查之诉的理由，这就大大放宽了对原告起诉资格的要求。

（2）在环境诉讼法定原告资格方面，美国20世纪70年代以来的12部重要联邦环境资源法律都明文规定了公民的起诉资格，原则上承认任何公民为维护环境公益，均可如检察官和司法部长一般起诉不法行为，从而在它们各自特定

---

[1] 王曦：《美国环境法概论》，武汉大学出版社1992年版，第148~149页。
[2] 陈泉生：《环境法原理》，法律出版社1997年版，第294~295页。
[3] 美国环境行政诉讼原告资格的变迁经过了由法律上的权利（严格限制阶段）到利益范围（扩大起诉资格阶段），再到公民诉讼的确立（近乎废除原告适格理论阶段）三个时期。最初，当事人只有在法律上的权利受到侵害时才有起诉资格。后来确定了利益范围标准，即当事人的利益不需要是法律特别规定或特别加以保护的利益，只要有可能主张处于法律规定或调整的利益范围以内，当这种利益受到侵害时，就可以请求司法保护。该标准实际上扩大了当事人的起诉资格。再后来，美国成文法关于"公民诉讼"条款的确立，基本上为环境行政诉讼中原告资格扫除了原告适格理论这个障碍。

的调整范围内扫除了传统诉讼资格的障碍。[1] 例如，《美国联邦清洁空气法》（*Clean Air Act of 1970*）第 304 条 a 款首创了"公民诉讼"（Citizen Suit or Citizen Action）条款[2]，其中规定，任何人都可以以自己的名义对任何主体（包括美国政府、政府机关、公司和个人等）就该法规定的事项提起诉讼。该法还详细列举了可以进行司法审查的行政立法行为，为公民或公众团体就环境公益提起行政诉讼提供了有力保障。在美国的实践中，环境行政诉讼的对象，主要是行政机关的非自由裁量的行政行为。通过环境行政诉讼不仅可以督促联邦环保机关和各州执行其法定义务，加强环境管理，而且开辟了一条扩大社会公众参与环境行政管理、以私人力量制约公共权力的途径。

在我国，环境行政公益诉讼制度的正式破冰，源自 2017 年 6 月十二届全国人大常委会第二十八次会议表决通过的《全国人民代表大会常务委员会关于修改〈中华人民共和国民事诉讼法〉和〈中华人民共和国行政诉讼法〉的决定》。会议通过的对《行政诉讼法》的修改主要是在原法第 25 条增加一款，作为第 4 款，即"人民检察院在履行职责中发现生态环境和资源保护、食品药品安全、国有财产保护、国有土地使用权出让等领域负有监督管理职责的行政机关违法行使职权或者不作为，致使国家利益或者社会公共利益受到侵害的，应当向行政机关提出检察建议，督促其依法履行职责。行政机关不依法履行职责的，人民检察院依法向人民法院提起诉讼"。这标志着，在我国一直处于司法实践探索阶段的检察行政公益诉讼制度已经有了明确的法律依据。

2. 环境行政诉讼的受案范围。根据我国《行政诉讼法》第 11 条、第 12 条的规定以及环境法的相关规定，环境行政诉讼的受案范围应当包括如下几个方面：

（1）对环境行政机关所作出的罚款、吊销许可证、责令限期治理、没收财物等行政处罚行为不服的；

（2）对环境行政机关限制人身自由或对其财产进行查封、扣押、冻结等行政强制措施不服的；

---

[1] 王明远：《环境侵权救济法律制度》，中国法制出版社 2001 年版，第 106 页。

[2] 1970 年，美国《清洁空气法》规定的"公民诉讼"条款的主要内容有：①原告资格："任何人（Any Person）得提起诉讼"。②起诉对象及事由：一是对"私人企业""美国政府"或"其他各级政府"等污染源，违反污染防治义务而起诉；二是对"环境保护署署长"疏于执行法定义务而提起诉讼。③限制条件：在对环保署署长或其他起诉对象"已有积极遵行法定要求的行为"或"公民未履行 60 日前事先告知义务"时，则诉讼将不被允许。

（3）认为环境行政机关非法侵犯法律规定的经营自主权的；

（4）认为符合法定条件，向环境管理机关申请颁发许可证，有关部门拒绝颁发或不予答复的；

（5）申请环境管理机关履行保护环境、防治污染和其他公害以保护其人身权、财产权和环境权益的法定职责，有关机关拒绝履行或不予答复的；

（6）认为环境管理机关违法要求履行义务的；

（7）认为环境管理机关侵犯其他人身权、财产权的。

归纳起来，可以把环境行政诉讼分为以下三类：

（1）司法审查之诉。司法审查之诉，是指环境行政相对人认为环境管理机关的行政行为不合法或显失公平而要求法院进行审查的诉讼。法院经过审理，对行政行为的合法性及其是否有超越职权、滥用职权或显失公正的情况进行司法审查，然后作出维持、变更或撤销其行为的判决。

（2）履行职责之诉。要求履行职责之诉，是指环境行政相对人为要求环境行政管理机关及其工作人员履行其法定职责向法院提起的诉讼。

（3）行政侵权赔偿之诉。要求行政侵权赔偿之诉，是指公民、法人或其他组织的合法权益因行政机关及其工作人员作出的具体行政行为遭受损害时要求赔偿而向法院提起的诉讼。

由于行政诉讼的受案范围确定了被诉行政行为的范围，所以从法理上说，行政诉讼的受案范围不仅直接影响着行政案件的受案率，而且也是衡量一个国家民主化水平的标尺。受案范围的限制实质上是对公民寻求司法保护的权利的限制，并进一步限制了公民的人身权、财产权及其他权利或利益。鉴于我国对抽象行政行为监督的缺失，以及违法抽象行政行为较之具体行政行为实施后危害后果的严重性，有必要将抽象行政行为也纳入可诉的环境行政行为之列，这将是我国在环境行政诉讼受案范围方面进一步发展的趋势。

三、环境刑事诉讼

（一）环境刑事诉讼的概念和特征

环境刑事诉讼，是指国家检察机关为追究污染或破坏环境资源的犯罪行为人的刑事责任而向人民法院提起的诉讼。与环境民事诉讼和环境行政诉讼不同的是，环境刑事诉讼是对因污染和破坏环境资源造成严重危害后果，依法构成犯罪的行为人提起的请求科以刑罚的诉讼。目前，用刑罚手段来惩治危害环境资源的犯罪行为，已成为世界各国的普遍做法。作为惩罚环境资源犯罪的最有效的方式，环境刑事诉讼在环境资源保护中具有重要的意义。

环境刑事诉讼是刑事诉讼的一种，有其自身的特点，主要变现在：

1. 环境刑事诉讼，是国家司法机关行使国家刑罚处罚权的活动，该诉讼活动审理的是危害环境构成犯罪的刑事案件。

2. 环境刑事诉讼中依法应承担刑事责任、受到刑事制裁的主体，不仅包括具有刑事责任能力构成环境犯罪的自然人，而且也包括法人。

3. 环境刑事诉讼一般表现为公诉形式，它是检察机关以国家的名义提起的，其他任何组织和个人均无权提起。

4. 环境刑事诉讼的目的在于使环境犯罪行为人受到刑事制裁，保护环境和公众的健康，并预防其他人从事环境犯罪。

5. 为更有效地保护环境、遏制环境犯罪的发生，对危害环境的犯罪有加重处罚的趋势。

（二）环境刑事诉讼的种类

环境刑事诉讼可以依据不同的标准进行分类，根据我国《刑法》关于环境犯罪的规定，可以将环境刑事诉讼分为以下三类：

1. 污染型环境刑事诉讼。污染型环境刑事诉讼，是指个人或者单位因违反环境保护法、污染环境而需要追究其刑事责任所提起的刑事诉讼。污染环境罪在实践中较为常见，这说明因污染行为而被提起环境刑事诉讼的比例也较大。在实践中，因污染环境而被提起刑事诉讼的原因行为主要有：污染环境的行为，如违法排放、倾倒、处置有害物质，导致水、大气、土地、海洋等受到严重污染的行为；非法倾倒、堆放、处置进口固体废物，造成或可能造成重大环境污染事故的行为；擅自进口固体废物用作原料，造成重大环境污染事故的行为等。

2. 资源破坏型环境刑事诉讼。资源破坏型环境刑事诉讼，是指个人或者单位因违反环境保护法，破坏水产资源、野生动物、土地、矿产和森林资源，需要受到刑事追诉而提起的刑事诉讼。实践中，资源破坏型环境刑事诉讼的原因行为主要有：非法捕捞水产品，情节严重的行为；非法猎捕、杀害、收购、运输、出售国家重点保护珍贵、濒危野生动物的行为；非法狩猎，情节严重的行为；非法占用耕地、林地等农用地，改变被占用土地用途，数量较大，造成耕地、林地等农用地大量毁坏的行为；非法采矿和破坏性采矿的行为；非法采伐、毁坏珍贵树木的行为，盗伐林木以及滥伐林木的行为等。

3. 职务型环境刑事诉讼。职务型环境刑事诉讼，是指针对负有环境保护监督管理职责的国家机关工作人员严重不负责任，未依法履行环境监督管理职责，导致重大环境事故发生而提起的刑事诉讼。实践中，与环境资源管理有关，可能会受到刑事追诉的渎职行为主要有：违法发放林木采伐许可证的行为；环境监管失职的行为；非法批准征用、占用土地的行为；动植物检疫徇私舞弊的行为等。近年来，因环境监管失职而被提起刑事诉讼的案例并不鲜见。

（三）环境刑事诉讼的程序

环境刑事诉讼，是伴随着环境犯罪的出现而形成的一种特殊的诉讼形式。由于环境犯罪具有不同于其他一般刑事犯罪的特点，因此，一般来说，制定专门的环境刑事诉讼法或在刑事诉讼法中设立环境刑事诉讼专门规定，有利于司法机关依法及时、准确地对环境刑事案件进行审理、查明并惩罚犯罪，从而保护环境和人民的生命、财产安全。显然，程序方面的制度是否科学、完备，在很大程度上将制约或影响惩治环境犯罪的实际效果。

目前，世界上有很多国家的环境法中都规定了适用于环境犯罪的特殊刑事诉讼程序。例如，日本的《关于危害人体健康的公害犯罪制裁法》第 5 条（犯罪推定）规定："如果某人由于工厂或企业的业务活动排放了有害于人体健康的物质，致使公众的生命和健康受到了严重的危害，并且认为在发生严重危害的地域内正在发生由于该种物质的排放所造成的对公众的生命和健康的严重危害，此时便可推定此种危害纯系该排放者所排放的那种有害物质所致。"[1] 这是大陆法系国家首次以刑事立法方式规定犯罪推定的诉讼原则。再如，新加坡《公共环境卫生法》第 105 节（起诉权）规定："任何警察、公共卫生官员或者行政长官授权的公共官员可以对本法或者相关条例规定的犯罪进行起诉。"在英国，对环境公害犯罪（涉及 3 人以上权益的损害），受害者或非直接受害人均可以提起诉讼，除非特殊情况下，非直接受害人要征得检察官的同意后才能起诉；而环境私害犯罪（涉及不足 3 人权益的损害），除少数情况外，公民均可提起诉讼。

我国目前还没有针对环境犯罪的特殊诉讼程序的专门规定，追究环境犯罪基本上是依照《刑事诉讼法》的一般规定进行的。从理论上来说，由于环境刑事诉讼具有不同于一般刑事诉讼的特点和诉讼程序上的特殊要求，因此环境刑事诉讼活动的顺利进行自然离不开与之相适应的特殊程序规则的支持。显然，

---

[1] 日本新潟地方裁判所在对新潟水俣病的判决中，就使用了因果关系推定的方法来确定工厂排放含有有机汞废水的行为与水俣病之间是否存在因果关系。

为适应环境刑事诉讼程序发展的特殊需要,通过对部分普通刑事诉讼程序加以调整、改进,以增强惩治环境犯罪的实效性,将是我国环境刑事立法发展过程中必须要考虑的问题。

第三章 环境公益诉讼

第一节 环境公益诉讼概述

环境污染和生态破坏在对私益（个人财产和人身）造成损害的同时，也造成了公众环境权益的损害，环境公益诉讼就是针对公众环境权益损害的诉讼。我国环境污染和生态破坏问题突出，侵害公众环境权益的案件时有发生，公益诉讼制度刚刚确立，尚处于完善阶段，学习环境公益诉讼理论和基本法律制度，了解一些环境公益诉讼案例，对建设生态文明和美丽中国尤为必要。

一、环境公益诉讼的概念

（一）环境公益的界定

环境为人类生产和生活提供了物质基础，在供给人类资源产品的同时，提供了宝贵的生态系统服务功能，因此，环境利益可以界分为资源利益和生态利益。从利益属性上看，资源利益属于经济利益，可以通过权属制度进行分割，而生态利益表现出非排他性、共享性和不可分割的特点[1]。由于利益性质的不同，可将环境公益分为经济性环境公益和生态性环境公益，经济性环境公益是指环境要素能提供具有财产价值的产品（自然资源产品和环境容量产品）所蕴含的利益，生态性环境公益是指环境要素能提供不具有直接经济价值的生态产品所蕴含的利益[2]。环境污染和破坏一般会引起生态系统破坏，影响自然资源

---

[1] 史玉成："生态利益衡平：原理、进路与展开"，载《政法论坛（中国政法大学学报）》2014年第2期。

[2] 杨朝霞："论环境公益诉讼的权利基础和起诉顺位：兼谈自然资源物和环境权的理论要点"，载《法学论坛》2013年第3期。

产品和环境生态服务功能的供给，使经济性环境公益和生态性环境公益均不同程度受损。

环境法学者以环境对人的生态服务功能为依据，把与环境有关的人类利益分为三类：人格利益（人的生命与健康等人格利益同环境质量的好坏密切相关）、财产利益（人类生产、生活中大部分财产的获取、维持和实现均离不开良好的环境，环境的污染和破坏也可能导致财产受损）和环境利益（环境具有多种生态功能所蕴含的利益），人格利益和财产利益均为个体所有，本应属于私益的范畴，虽然从存在形态上看，体现为不确定多数人享有，但其保障方式通常采用总体性、一体化的处理方式，如代表人诉讼、集团诉讼等，利益归属本质上还应纳入私益的范畴。

综上而言，环境公益是指环境以其具有的生态服务功能满足人的多种需求所承载的公共性利益，是人们对环境"本身"的需求利益，具有公共性、非排他性和非竞争性等特征，表现为经济性环境公益和生态性环境公益。

（二）环境公益诉讼

公益诉讼起源于罗马法，是相对于私益诉讼而言的，与私益诉讼相比，公益诉讼的目的在于主持社会正义、实现社会公平、维护国家和社会公共利益。环境公益是一种实体上的利益而不是程序上的利益，所以环境公益诉讼的目的是保护实体利益而不是程序利益。王曦教授在《论环境公益诉讼制度的立法顺序》中明确指出，环境公益诉讼制度的最终目的是"维护国家和社会公共利益"。有观点认为，程序法学者将环境公益诉讼界定为保护不特定多数人利益的诉讼，环境法学者则认为环境公益诉讼仅指向预防或者修复环境生态损害，实质上二者具有内在一致性[1]。又由于环境公益诉讼发展和认识上的阶段性，以及对环境民事公益诉讼和环境行政公益诉讼的分类研究，较少有学者对环境公益诉讼的概念进行界定。

环境公益诉讼是指公民、企事业单位、社会团体依据法律的特别规定，在环境受到或可能受到污染和破坏的情形下，为保护环境公共利益不受损害，针对有关民事主体或行政机关而向法院提起诉讼的制度。从环境公益诉讼的主体资格来看，这一概念仅限于私主体，将检察院和环保行政部门排除在外，是不合适的。有人认为，所谓环境公益诉讼，是指公民、社会组织或团体、国家机关等以原告的身份，为维护国家、社会或者不特定多数人甚至全人类的环境利

---

[1] 肖建国："利益交错中的环境公益诉讼原理"，载《中国人民大学学报》2016年第2期。

益，而对侵害环境的行为提起诉讼的活动[1]。我国学者一般认为，环境公益诉讼是指特定的国家机关、相关团体和个人，对有关民事主体或行政机关侵犯环境公共利益的行为向法院提起诉讼，由法院依法追究行为人法律责任的制度。但从我国当前环境公益诉讼的法律规定和实践来看，公民个人尚无提起环境公益诉讼的主体资格。

二、环境公益诉讼的特征

1. 起诉主体的特定性。环境公益诉讼的主体只能是法律规定的国家机关和有关组织，并且对提起环境公益诉讼的社会组织在《环境保护法》第58条有明确的限制要求，法律没有规定的主体提起的诉讼，一般很难立案。尽管学者们在论述时普遍认为公民个人是环境公益诉讼的主体，但很难获得实践的支持。自我国环境公益诉讼制度建立以来，法律规定的环保组织和检察院在全国范围内提起了大量的环境公益诉讼案件，一些环保行政管理部门也提起了环境公益诉讼案件，但数量不多。因此，环境公益诉讼的起诉主体特定是相关法律规定的[2]。

2. 请求救济内容的预防性。在环境公益诉讼中，原告的诉讼请求不仅要求被告对所受损害进行简单的金钱赔偿或恢复原状，而且要求被告采取措施防范环境公益损害结果的发生，避免或减轻损害的出现或扩大，甚至要求国家修改或者变更有关政策和事业规模，禁止从事损害环境的生产、经营和建设活动。可见，环境公益诉讼的请求内容不仅要求对过去已发生的损害采取救济措施，还具有防止或减轻未来环境公益损害结果发生的意义。当事人不必以损害发生为起诉要件，只要被诉人的行为导致环境公益受损或者有威胁环境公益的可能性即可。所以，环境公益诉讼原告所提起的诉讼，可以针对已经发生的环境损害行为，也可以针对具有损害环境公共利益重大风险的行为。

3. 诉前程序的法定性。2015年7月和12月先后出台的《检察机关提起公益诉讼试点方案》和《人民检察院提起公益诉讼试点工作实施办法》，对检察机关提起公益诉讼的诉前程序作了明确要求，诉前程序先行适用具有法定性。

---

[1] 吴应甲：《中国环境公益诉讼主体多元化研究》，中国检察出版社2017年版，第29页。
[2] 最高人民检察院民事行政检察厅编写的《检察机关提起公益诉讼实践与探索》，在论述公益诉讼的特征时认为，公益诉讼的起诉主体具有广泛性，国家机关、社会组织和个人都有可能基于法律法规的授权而获得诉讼主体资格，但对于个人能否成为公益诉讼的主体，各国法律的认可度不同，理论上也存在不同观点。此处为根据法律规定和实践情况所持的观点。

行政公益诉讼诉前程序是指检察机关办理行政公益诉讼案件时必须履行的一种法定程序，其法定方式是提出检察建议，内容是依法督促行政机关纠正违法行政行为、履行法定职责。在现行制度设计中，诉前程序先行适用具有法定性，是检察机关提起公益诉讼的必经前置程序。在环境行政公益诉讼中，当负有环境监督管理职责的行政机关违法行使职权或者不作为，致使国家利益或者社会公共利益受到侵害时，检察机关要对其提出检察建议以督促其履行法定职责。行政机关应当在收到检察建议书后一个月内依法办理，并将办理情况及时书面回复检察机关。经过检察建议程序，检察机关要对行政机关的整改情况和国家利益、社会公共利益的维护情况进行调查，从而决定结案还是提起环境行政公益诉讼。

民事公益诉讼诉前程序是指检察院在履行职责中发现特定领域存在损害社会公共利益的行为，在提起民事公益诉讼之前，应当依法督促或者支持法律规定的对民事公益诉讼享有优先诉权的机关和有关组织起诉的制度安排[1]。在检察机关提起民事公益诉讼前，应依法督促法律规定的机关提起环境民事公益诉讼，建议辖区内符合法律规定条件的有关组织提起民事公益诉讼，法律规定的机关或者有关组织应当在收到《督促起诉意见书》或者《检察建议书》后一个月内依法办理，并将办理情况及时书面回复检察机关。督促起诉和支持起诉是检察院履行诉前程序的两种特定方式。监督起诉是检察院在民事诉讼中一般监督权的实现方式；支持起诉中，检察院可以主动支持起诉，也可以应被支持者之申请而支持起诉。经过诉前程序，法律规定的机关和有关组织没有提起民事公益诉讼，或者没有适格主体提起诉讼，社会公共利益仍处于受侵害状态的，人民检察院可以提起民事公益诉讼。

4. 裁判效力的延展性。公益诉讼的受益者是不特定人群，拥有原告资格的主体是不特定的，但向法院起诉的主体是有限的。当事人的主张由于具有公共利益的内容，针对同一环境公益问题的诉讼，法院的裁判结果不应局限于起诉的主体，而应该扩大到所有有原告资格的主体。法院对环境公益诉讼特定案件的处理结果对这些主体同样适用，既减少了当事人的诉讼成本，又节约了国家的司法资源。从另一方面来说，环境公益诉讼与环境私益诉讼系因同一宗或者同一系环境污染或破坏行为引发的，环境公益诉讼的先行进行对后续环境私益诉讼的进行具有类似中间确认判决的功能，客观上为环境私益诉讼发挥着支持

---

[1] 刘加良："检察院提起民事公益诉讼诉前程序研究"，载《政治与法律》2017年第5期。

功能。

三、环境公益诉讼的类型

针对环境公益诉讼的类型划分,理论界展开过激烈的讨论。吕忠梅教授曾认为,环境公益诉讼是一种特别的诉讼,从性质上看,不能再陷入传统诉讼制度理论的窠臼,环境民事公益诉讼与环境行政公益诉讼的二分法必然产生法理逻辑上的矛盾、遭遇现实的困境[1]。黄锡生教授对这种否定"二分法"的观点不予赞同,认为环境公益诉讼并非一种独立的诉讼类型,"利益归属主体"与"利益代表主体"的疏离为环境公益诉讼提供了诉讼法上的依据,环境公益诉讼的性质、功能定位及诉权基础决定了环境公益诉讼仍具有民事诉讼和行政诉讼的基本属性[2]。尽管如此,学者们对环境公益诉讼的研究也常常类型化为环境民事公益诉讼和环境行政公益诉讼。我国关于环境公益诉讼的法规和司法解释也区分了环境民事公益诉讼和环境行政公益诉讼。因此,一般认为,我国环境公益诉讼可分为环境民事公益诉讼和环境行政公益诉讼。前者通过纠正民事主体的违法污染环境或者破坏生态行为来达到最终目的,而后者是通过纠正行政机关或政府引起环境污染或者生态破坏的不当行政行为来达到最终目的。

也有以司法实践类型和起诉主体为标准,将环境公益诉讼划分为如下四类:检察院提起的环境公益诉讼案、社会公益组织(NGO)提起的环境公益诉讼案、公民作为原告提起的环境公益诉讼案、环境资源主管机关提起的环境公益诉讼。

四、环境公益诉讼的立法概况

我国的公益诉讼制度是通过顶层设计、实践探索总结经验、立法推广的过程逐步实现的,环境公益诉讼立法概莫能外。但行文上,一般都是按照效力等级的顺序列举陈述,这里从法律、司法解释到其他法律文件顺次介绍。

(一)法律

1.《民事诉讼法》。《民事诉讼法》最先在法律上确立环境民事公益诉讼制度。2012年,我国《民事诉讼法》修改,修改后的《民事诉讼法》第55条第1款规定"对污染环境、侵害众多消费者合法权益等损害社会公共利益的行为,法律规定的机关和有关组织可以向人民法院提起诉讼"。这条规定虽然没有使用

---

[1] 吕忠梅:"环境公益诉讼辨析",载《法商研究》2008年第6期。
[2] 黄锡生、谢玲:"环境公益诉讼制度的类型界分与功能定位",载《现代法学》2015年第6期。

"环境民事公益诉讼"的字眼,但从其表述来看,它无疑确立了环境公益诉讼制度中的环境民事公益诉讼制度。环境污染损害社会公共利益时的起诉主体不再仅限于与案件有直接利害关系的当事人,打破了以往对诉讼资格的严格限制,但因为没有对"法律规定的机关和有关组织"作出明确界定,环境民事公益诉讼实践中依然面临立案难的困境。环保法的修改和有关司法解释、规范性文件的出台打破了这种窘境。2017年6月,《民事诉讼法》再次修改,在第55条增加了以下内容作为第2款,"人民检察院在履行职责中发现破坏生态环境和资源保护、食品药品安全领域侵害众多消费者合法权益等损害社会公共利益的行为,在没有前款规定的机关和组织或者前款规定的机关和组织不提起诉讼的情况下,可以向人民法院提起诉讼。前款规定的机关或者组织提起诉讼的,人民检察院可以支持起诉"。这是检察机关提起环境公益诉讼试点经验的法律化,为国家机关提起环境民事公益诉讼提供了有力的法律支持。

2. 《环境保护法》。在2015年新修订的《环境保护法》实施之前,《环境保护法》没有关于环境公益诉讼的任何规定。1989年《环境保护法》在施行25年后迎来了重大修改,很多不适应当前经济和社会发展的条款被删除,针对目前环境污染防治和资源保护的现实需要增加了许多条款,亮点之一就是对环境公益诉讼的起诉主体有了明确规定。《环境保护法》第58条规定"对污染环境、破坏生态,损害社会公共利益的行为,符合下列条件的社会组织可以向人民法院提起诉讼:①依法在设区的市级以上人民政府民政部门登记;②专门从事环境保护公益活动连续5年以上且无违法记录。符合前款规定的社会组织向人民法院提起诉讼,人民法院应当依法受理。提起诉讼的社会组织不得通过诉讼牟取经济利益"。这一规定为社会组织提起公益诉讼打开了大门,实施当日就有符合条件的社会组织提起了诉讼,并在后来获得了胜诉(即北京市朝阳区自然之友环境研究所、福建省绿家园环境友好中心诉谢某某等四人破坏林地民事公益诉讼案)。《环境保护法》的修订对增强公众保护环境的意识,树立环境保护的公众参与理念,及时发现和制止环境违法行为,具有十分重要的意义和作用。国际上对诉讼主体的要求是由环境公益诉讼的性质和作用来决定的,由于专业性比较强,要求起诉主体对环境问题比较熟悉,要具有一定的专业性和诉讼能力以及比较好的社会公信力,或者说以专门从事环境保护工作为宗旨,致力于公益性的活动,不牟取经济利益的社会组织,才可以提起公益诉讼。

3. 《行政诉讼法》。在《民事诉讼法》和《环境保护法》修改后,我国的《行政诉讼法》也在2014年11月进行了第一次修改,虽然前两部法律对环境公益诉讼都有规定，但是修改后的《行政诉讼法》对公益诉讼没有涉及，在法律修改过程中，有不少学者建议增加公益诉讼条款，但由于时机不成熟最终未能确立行政公益诉讼制度。2014年《行政诉讼法》第12条在列举12类行政行为之后，在第2款规定"除前款规定外，人民法院受理法律、法规规定可以提起诉讼的其他行政案件"，表明《行政诉讼法》愿意兼容其他法律、法规关于环境行政公益诉讼制度的规定，其他法律、法规如果规定环境行政公益诉讼制度，将不会与《行政诉讼法》相冲突[1]。尽管这样，《行政诉讼法》关于公益诉讼的立法依然空白。

2017年6月，《行政诉讼法》迎来了第二次修改，虽然在第12条受案范围方面没有变化，但在第25条中明确增加了"人民检察院在履行职责中发现生态环境和资源保护、食品药品安全、国有财产保护、国有土地使用权出让等领域负有监督管理职责的行政机关违法行使职权或者不作为，致使国家利益或者社会公共利益受到侵害的，应当向行政机关提出检察建议，督促其依法履行职责。行政机关不依法履行职责的，人民检察院依法向人民法院提起诉讼"的条款。该条规定明确授权人民检察院提起环境行政公益诉讼，是对2015年7月以来最高人民检察院在13个省、自治区、直辖市开展为期2年的环境公益诉讼试点工作的肯定和经验总结。但本条规定并未授权其他机关或者组织、个人提起行政公益诉讼。

（二）司法解释

1.《最高人民法院关于审理环境民事公益诉讼案件适用法律若干问题的解释》。在《环境保护法》实施之时，最高人民法院在2015年1月6日及时公布了《最高人民法院关于审理环境民事公益诉讼案件适用法律若干问题的解释》（以下简称《民事公益诉讼司法解释》），对环境民事公益诉讼的法律依据、起诉条件、原告的主体资格条件、管辖、被告的责任承担形式、公益诉讼与行政执法的衔接、公益诉讼与私益诉讼的协调以及人民法院职权的行使等问题均作了规定。如将社会组织的原告资格作为首要内容予以解读，目前只有社会团体、民办非企业单位以及基金会三种类型的社会组织可以作为环境民事公益诉讼的

---

[1] 王曦："环境公益诉讼制度的立法顺序"，载《清华法学》2016年第6期。

原告[1]，但又未将社会组织限定在上述三种类型之内，而是保持了一定的开放性，今后如有新的行政法规或地方性法规拓展了社会组织的范围，这些社会组织也可以依法提起环境民事公益诉讼；并对《环境保护法》第 58 条对社会组织的限制性规定予以详细解读，使社会组织对自己的原告资格有了明确的判断依据，使法院对原告资格认定也有了明确的认识。该司法解释的颁布，基本解决了实践中制约环境民事公益诉讼开展的突出问题，规范了审理程序，有利于环境民事公益诉讼制度的功能得到充分发挥。

2.《最高人民法院、最高人民检察院关于检察公益诉讼案件适用法律若干问题的解释》。检察机关提起公益诉讼经历了顶层设计、法律授权、试点先行、立法保障、全面推进五个阶段，走出了一条具有中国特色的公益司法保护道路。2018 年 2 月，最高人民法院、最高人民检察院通过了《最高人民法院、最高人民检察院关于检察公益诉讼案件适用法律若干问题的解释》（以下简称《检察公益诉讼司法解释》）并于同年 3 月 2 日实施，这是 2017 年 6 月 27 日正式确立检察机关提起公益诉讼制度后，"两高"共同出台的首个司法解释。《检察公益诉讼司法解释》进一步明确了检察公益诉讼的任务与原则，规定法院、检察院办理公益诉讼案件主要任务是充分发挥司法审判、法律监督职能作用，维护宪法法律权威，维护社会公平正义，维护国家利益和社会公共利益，督促适格主体依法行使公益诉权，促进依法行政、严格执法。第 4 条中"人民检察院以公益诉讼起诉人身份提起公益诉讼，依照民事诉讼法、行政诉讼法享有相应的诉讼权利，履行相应的诉讼义务，但法律、司法解释另有规定的除外"的规定，合理、明确地界定了检察机关提起诉讼的身份。在民事公益诉讼和行政公益诉讼的基础上，增加了刑事附带民事公益诉讼这一新的案件类型，第 20 条规定"人民检察院对破坏生态环境和资源保护、食品药品安全领域侵害众多消费者合法权益等损害社会公共利益的犯罪行为提起刑事公诉时，可以向人民法院一并提起附带民事公益诉讼，由人民法院同一审判组织审理。人民检察院提起的刑事附带民事公益诉讼案件由审理刑事案件的人民法院管辖"。进一步完善了检察公益诉讼的诉前程序，细化了检察公益诉讼案件的受理条件和程序，一是落实立案登记制要求，规定检察院提起的诉讼符合《民事诉讼法》《行政诉讼法》及

---

[1] 根据《基金会管理条例》，在民政部登记的境外基金会代表机构仅依据境外基金会的授权开展活动，不具有法人资格，且不得在中国境内组织募捐、接受捐赠，因此不具备提起环境民事公益诉讼的原告资格。

《检察公益诉讼司法解释》规定的起诉条件的，法院应当登记立案；二是明确检察院提起公益诉讼的条件，包括诉前程序和应当提交的起诉材料等。《检察公益诉讼司法解释》明确了行政公益诉讼的裁判方式，强调检察院撤回起诉的，法院应当裁定准许；检察院变更诉讼请求，请求确认原行政行为违法的，法院应当判决确认违法。[1]

（三）其他法律文件

我国的环境公益诉讼是在探索中不断完善，边实践边总结，表现为立法指导实践、实践促进立法，这一过程中，其他法律文件也发挥了重要的作用。

1.《检察机关提起公益诉讼试点方案》和《全国人民代表大会常务委员会关于授权最高人民检察院在部分地区开展公益诉讼试点工作的决定》。在《环境保护法》生效6个月以后，为贯彻落实党的十八届四中全会关于探索建立检察机关提起公益诉讼制度的改革要求，最高人民检察院于2015年6月24日向全国人大常委会请求授权在部分地区开展公益诉讼改革试点工作，并于同年7月2日公布了《检察机关提起公益诉讼试点方案》（以下简称《试点方案》）。2015年7月1日，全国人大常委会表决通过了《全国人民代表大会常务委员会关于授权最高人民检察院在部分地区开展公益诉讼试点工作的决定》（以下简称《决定》），决定授权最高人民检察院在北京等13个省、自治区、直辖市开展提起公益诉讼改革试点。授权最高人民检察院在生态环境和资源保护、国有资产保护、国有土地使用权出让、食品药品安全等领域开展提起公益诉讼试点工作，为期2年，从2015年7月3日到2017年7月3日。试点期满后，对实践证明可行的，应当修改完善有关法律。

《试点方案》对检察机关提起民事公益诉讼和行政公益诉讼分别作了规定，民事公益诉讼的受案范围为"污染环境、食品药品安全领域侵害众多消费者合法权益等损害社会公共利益的行为"，行政公益诉讼的受案范围为"生态环境和资源保护、国有资产保护、国有土地使用权出让等领域负有监督管理职责的行政机关违法行使职权或者不作为，造成国家和社会公共利益受到侵害"的行为，试点期间，重点是对生态环境和资源保护领域的案件提起行政公益诉讼。检察机关以"公益诉讼人"的身份向人民法院提起民事和行政公益诉讼，并必须履行相应的诉前程序。

---

[1] 徐日丹、闫晶晶："两高出台司法解释规范检察公益诉讼案件办理——检察机关可对环境保护、食药安全领域刑事犯罪提起附带民事公益诉讼"，载《检察日报》2018年3月3日，第1版。

虽然试点期现在已经结束，但是这些法律性文件对我国环境公益诉讼的发展起了重要的指导作用，通过实践为法律的完善积累了经验。

2.《人民检察院提起公益诉讼试点工作实施办法》。根据《决定》和《试点方案》，最高人民检察院于 2015 年 12 月制定了《人民检察院提起公益诉讼试点工作实施办法》（以下简称《实施办法》），对检察机关提起民事和行政公益诉讼各项工作分别进行了细化和明确，以加强对国家和社会公共利益的保护，促进行政机关依法行政、严格执法。主要有以下十个方面的内容：案件来源、案件管辖、检察机关的调查核实权、案件的处理、诉讼请求、举证责任、反诉、调解以及和解、撤回起诉、二审启动程序。

3.《人民法院审理人民检察院提起公益诉讼案件试点工作实施办法》。最高人民法院为保障人民检察院提起的公益诉讼案件正确审理，在 2016 年 2 月印发了《人民法院审理审理人民检察院提起公益诉讼案件试点工作实施办法》（以下简称《审理实施办法》）。该办法在前述法律文件的基础上，对环境民事公益诉讼规定了第一审案件的人民陪审制度；对人民检察院与被告达成的和解协议予以公告，认为不损害社会公共利益的制作调解书；对人民检察院符合条件的撤诉应予准许等。人民检察院提起的第一审行政公益诉讼案件适用人民陪审，但不适用调解，人民检察院申请的撤诉由人民法院裁定是否准许等。规定人民法院可以邀请人大代表、政协委员等旁听庭审，并可以通过庭审直播录播等方式满足公众和媒体了解庭审实况的需要，裁判文书应当按照有关规定在互联网上公开发布。认为应当提出司法建议的案件，按照《最高人民法院关于加强司法建议工作的意见》办理。人民检察院提起的公益诉讼案件免交诉讼费。

第二节　环境行政公益诉讼

环境行政公益诉讼已经成为检察机关提起公益诉讼的突破口和重点，从相关法律文件，《行政诉讼法》第 25 条的规定以及检察机关提起公益诉讼的实践来看，无论立法还是实践，检察机关是当前环境行政公益诉讼的唯一起诉人，因此，环境行政公益诉讼是指对生态环境和资源保护领域负有监督管理职责的行政机关违法行使职权或者不作为，致使环境公共利益受到侵害，经督促不依法履行职责时，检察机关向人民法院提起诉讼的活动。截至 2017 年 3 月试点工作结束，各试点地区共收集公益诉讼案件 7474 件，从案件领域看，生态环境和资源保护领域共 5410 件，占 72.38%，其中环境行政公益诉讼案件 4654 件，占环境公益诉讼案件的 80%[1]。大量的环境行政公益诉讼案件为我们探究学习其中的法律知识提供了丰富的资料。

一、诉前程序案例分析

典型案例

【基本案情】蓝山县人民检察院在履行职责中发现,蓝山县新圩镇上清涵村村民廖某某在未办理国土、环保、工商等手续的情况下,在本村租用土地 86.44 亩兴建选矿厂,从 2006 年底至 2017 年 4 月持续非法选矿生产。该厂无任何污水处理设施,其中多个尾砂库无防渗措施,生产过程中排放的废水、废渣致使所占用土地产生了污染,发生了质变。蓝山县环境保护局(以下简称县环保局)作为环境保护主管部门,对其违法排污行为一直怠于履行监管职责,虽对该厂作出了行政处罚,但该厂始终未能完全履行生效行政处罚决定。直到中央环保督查组督查后,县环保局才于 2017 年 4 月 28 日联合蓝山县新圩镇政府等部门,将该选矿厂强行关停并拆除生产设备及厂房。该厂虽被取缔,但厂内的废水未进行无害化处理,尾砂也未作进一步处置,存在对周边环境造成持续污染的危险,国家利益及社会公共利益仍然处于被侵害状态。

诉前程序:蓝山县人民检察院调查核实后,于 2017 年 10 月 19 日向县环保局发出检察建议,建议县环保局立即采取有效措施,对环境损害责任方廖某某选矿厂的废水、废渣进行处置,防止废水、废渣逸散,避免对环境造成进一步的污染;依法履行环境监管责任,责令相关人员尽快制定污水处理方案及土壤污染修复方案,并监督相关责任人员依方案实施。

行政机关整改情况:县环保局收到检察建议后,积极督促廖某某对被污染环境进行治理,与永清环保股份有限公司签订了技术服务合同,委托制定了《蓝山县新圩镇上清涵非法选矿厂环境污染应急处置方案》,并监督廖某某按处置方案实施。截至 2017 年 12 月 6 日,已恢复可利用土地面积约 $4000m^2$,完成约占总量 70%;污泥池用地恢复面积约 $2500m^2$,完成占总量的 25%;已沉淀处理污水约 $600m^3$(未中和),现厂区剩余污水量约 $15\ 000m^3$。至此,该起案件通过诉前检察建议的方式已取得了实质效果。

---

[1] 最高人民检察院民事行政检察厅编:《检察机关提起公益诉讼实践与探索》,中国检察出版社 2017 年版,第 69 页。

【典型意义】该案在办理过程中，检察机关通过对线索的研判、审查，发现了环保、国土部门国家工作人员的渎职行为，通过民事、行政部门的督促履职、反渎部门的职务犯罪查办，将对行政单位的监督与对国家工作人员的监督互相渗透、促进，形成了检察监督合力。本案根植环保理念，关注和保护生态自然环境，对广大群众有着重要教育和宣传意义。特别是对当地的行政机关起到了很好的警示作用，为公益诉讼工作的开展营造了良好的氛围。

【案例评析】

1. 诉前程序审查对象和标准。检察机关审查行政机关是否履行诉前程序，须关注以下两个方面：①对行政行为本身的审查，审查标准是判断行政机关是否纠正违法行使职权的行为或者不作为。该案中，县环保局在收到检察建议后，积极采取措施纠正违法行为，督促廖某某签订技术服务合同，制定处置方案实施治理，以消除废水和尾砂造成的环境污染，恢复受损的公共环境利益。②对行政行为结果的审查，审查标准是判断行为效果是否彻底消除环境公共利益受到的侵害。该案中，在县环保局监督下，廖某某在 2017 年 12 月 6 日恢复了污染土地的 70%、恢复污泥池用地 25%，也处理了部分污水，环境利益处于恢复之中。没有执行严格结果标准，肯定了县环保局的积极作为行为，对他们后续监督落实方案、完成环境恢复既是鼓励也是督促。

2. 诉前程序的期限。《试点方案》和《实施办法》均规定，"行政机关应当在收到检察建议书后 1 个月内依法办理，并将办理情况及时书面回复人民检察院"。诉前程序中设置的期限是行政机关的履职期限，既是检察机关给予行政机关纠正违法行政行为的期限，也是诉前程序与诉讼程序衔接的期限。如果在 1 个月内没有纠正违法行使职权的行为或不作为行为，或者没有消除环境公益受到的损害，检察机关可以提起环境行政公益诉讼。但检察建议要求的履职行为体现为恢复地块原状和土地原有用途、补种林木以恢复林地原状，回填砂坑恢复河道原状、恢复草原植被等，行政机关完全履职受自然条件的限制，1 个月的履职期限有不适当之处。本案中检察建议发出后，县环保局积极纠正了违法行为。

3. 案件在法定期限内终结。根据《实施办法》第 38 条之规定，人民检察院对审查终结的行政公益诉讼案件，拟提出检察建议的，应当自立案决定之日起 3 个月内办理终结；拟提起行政公益诉讼的，应当自立案决定之日起 6 个月内办理终结。有特殊情况需要延长的，报经检察长批准。也就是说人民检察院经审查认为行政机关存在违法行为立案之后，从调查核实违法行为和有关情况到终结审查或提出检察建议，最长可历经 3 个月；从调查核实违法行为和有关情况到提起诉讼，则可以历经 6 个月。那么，从提起检察建议到提起公益诉讼期间为 3 个月，这 3 个月内如果认为不需提起诉讼则终结案件，本案的终结在法定期限之内。[1]

二、诉讼程序案例分析

典型案例

【基本案情】 刘某未经审批焚烧属于危险废物的废电子电器产品、废弃的印刷电路板等，熔炼金属锭。2014 年 7 月 31 日，清流县环保局执法人员到现场调查，责令刘某立即停止生产，并查扣现场堆放的电子垃圾，存放于附近的养猪场。同年 8 月 7 日、9 日，清流县环保局将扣押的电子垃圾转移至东莹公司仓库贮存保管并过磅称重确定重量为 28 580 千克。同年 9 月 2 日，清流县公安局对刘某涉嫌污染环境罪立案侦查。2015 年 7 月 7 日，清流县检察院对刘某作出不起诉决定。2015 年 5 月 12 日，清流县环保局租用没有危险废物经营许可证资质的九利公司仓库并将电子垃圾转移贮存。

诉前程序：清流县检察院于 2015 年 7 月 9 日向清流县环保局发出检察建议，督促其对扣押的电子垃圾严格按照法律规定进行处置并对焚烧电子垃圾残留物进行无害化处置。清流县环保局回复称对已扣押的电子垃圾等危险废物，将严格按照法律、法规的规定，交由有处置危废资质的单位处置。但据清流县检察院调查，清流县环保局作为该县环境保护法定监督管理机构，未按要求对扣押的电子垃圾及焚烧现场进行无害化处置，只是对废弃电子垃圾进行了转移贮存，将扣押的电子垃圾贮存在九利油脂有限公司仓库中，始终未对刘某作出行政处罚，不仅不利于生态环境的保护，还可能对生态环境造成二次污染。

诉讼过程：清流县人民检察院向人民法院提起行政公益诉讼，请求：一是确认清流县环保局行政行为违法。二是判决清流县环保局依法履行职责。本案诉讼期间，清流县环保局对刘某作出行政处罚，并将案涉电子垃圾交由福建德晟环保技术有限公司处置。

明溪县人民法院审理认为，依据《国家危险废物名录》的规定，本案的电子垃圾属于危险废物。清流县环保局作为地方环境保护主管部门，具有对本行政区域环境保护及固体废物污染环境防治工作实施统一监督管理及依法处置的

---

[1] 刘超："环境公益诉讼诉前程序省思"，载《法学》2018 年第 1 期。

职责。清流县环保局在明知案涉电子垃圾属于危险废物，具有毒性，理应依法管理并及时处置的情形下，既没有依法处置危险废物，也没有联系有资质的企业代为处置，而是将危险废物自行转移且租用不具有危险废物经营许可证资质的企业贮存。人民检察院向清流县环保局送达《检察建议书》后，清流县环保局依然拖延履行职责，未及时将危险废物交由有资质的企业处置，清流县环保局的上述行为已构成违法。遂判决确认清流县环境保护局未依法处置危险废物的行为违法。

【典型意义】本案系全国首批行政公益诉讼案件之一。人民法院在本案审理中，遵循诉讼法的基本原则和基本制度，并就人民检察院在公益诉讼中的地位、举证责任的分配、庭审规则等问题进行了有益探索和尝试。本案的审理促使被诉行政机关主动纠正违法行为，及时对违法行为人作出行政处罚并依法处置危险废物，防止对环境的持续不利影响，有效发挥了行政公益诉讼督促行政机关依法履职的积极作用。本案诉讼期间，被诉行政机关履行了法定职责，人民法院依据人民检察院的诉讼请求，判决确认原行政行为违法，有利于督促行政机关进一步提高依法行政意识，发挥公益诉讼裁判的引导示范作用，最大限度维护国家利益和社会公共利益。本案的判决也强调了对于"电子垃圾"这种具有毒性、污染环境的危险废物应当依法妥善处置，促使公众、企业、政府重视"电子垃圾"的危害，共同参与到有效防范和依法处置危险废物、保护生态环境的行动中，对危险废物案件的处理具有一定的示范意义。

【案例评析】

1. 本案关涉的法律规定及违法行为。《危险废物经营许可证管理办法》第15条第3款规定"禁止将危险废物提供或者委托给无经营许可证的单位从事收集、贮存、处置经营活动"。第21条第1款及第24条规定"危险废物的经营设施在废弃或者改作其他用途前，应当进行无害化处理"。否则，"由县级以上地方人民政府环境保护主管部门责令限期改正；逾期不改的，处5万元以上10万元以下的罚款；造成污染事故，构成犯罪的，依法追究刑事责任"。本案中的电子垃圾属于《国家危险废物名录》规定的危险废物，清流县环保局租用没有危险废物经营许可证资质的九利公司仓库贮存电子垃圾是违反法律规定的，并且该行为对环境具有潜在的危险性。其次，虽然检察院对刘某作出了不起诉的决定，但并不意味着刘某的行为合法，刘某没有申领许可证焚烧危险物的行为违法，被查停止生产后应对场地和残留物进行无害化处理，清流县环保局应该依法责令其限期改正，如果逾期没有改正，还应对其处以 5 万元~10 万元的罚款。对刘某的不作为，清流县环保局未采取任何措施的行为是违法的。

2. 诉前程序前置。检察机关提起公益诉讼必须先行适用前置程序，本案中检察院在提起公益诉讼前先向环保局发出检察建议，督促其纠正违法行为。检察院于 2015 年 7 月 9 日发出检察建议，根据案情环保局未在 1 个月内履职纠正违法行为，超过了法定期限，检察院最终提起了公益诉讼。

3. 诉前程序与诉讼程序的衔接。行政机关收到检察建议后，在不同阶段纠正违法行为、依法履行职责，应产生不同的法律后果：在诉前程序中，行政机关在收到检察建议后依法履行职责，则检察机关应当决定结案；在诉前程序结束至提起行政公益诉讼的起诉审查阶段，行政机关依法履行职责，这实际上是诉前程序效力的延续，检察建议已实现纠正违法行为、督促履职的功能，检察机关应终结审查，决定结案，否则检察机关提起行政公益诉讼。该案应为环保局在法定期限内未履行职责，未执行诉前程序的检察建议，所以检察院提起了行政公益诉讼。

4. 诉讼。①在人民法院开庭审理检察机关提起的行政公益诉讼之前，行政机关已经履行法定职责纠正了违法行为，检察机关则丧失了诉的利益，公益诉讼的目的已经实现，人民法院应当采取以下处理方式：其一，向检察机关释明撤回起诉或者变更诉讼请求，检察机关申请撤回起诉的，人民法院应当准许；其二，检察机关既不申请撤回起诉，又不申请变更诉讼请求的，人民法院应当裁定驳回起诉。②在人民法院开庭审理行政公益诉讼过程中，审理对象是行政机关在诉前程序阶段是否依法履行职责，如果行政机关按照检察建议依法履行职责纠正了违法行为的，按照《实施办法》第 49 条的规定，检察机关可以选择变更诉讼请求，请求判决确认行政行为违法，或者撤回起诉。该案中法院审理认为，清流县环保局在收到检察建议后，未在法定期限将危险废物交由有资质的企业处置，亦未要求刘某对危险废物焚烧场地和残留物进行无害化处理，诉前阶段的违法行为还在继续，所以支持了公益诉讼人的两项诉讼请求，判决清流县环保局行政行为违法并责令其依法履职纠正违法行为。

三、行政附带民事公益诉讼案例分析

🔷 **典型案例**

【基本案情】 2012 年，吉林省白山市江源区中医院建设综合楼时未建设污水处理设施，综合楼未经环保验收即投入使用，并将医疗污水经消毒粉处理后

直接排入院内渗井及院外渗坑，污染了周边地下水及土壤。2014年1月8日，江源区中医院在进行建筑设施改建时，未执行建设项目的防治污染措施应当与主体工程同时设计、同时施工、同时投产使用的"三同时"制度，江源区环保局对区中医院作出罚款行政处罚和责令改正、限期办理环保验收的行政处理。江源区中医院因污水处理系统建设资金未到位，继续通过渗井、渗坑排放医疗污水。2015年5月18日，在江源区中医院未提供环评合格报告的情况下，江源区卫生和计划生育局将区中医院《医疗机构执业许可证》校验结果评定为合格。

诉前程序：2015年11月18日，吉林省白山市江源区人民检察院向区卫生和计划生育局发出检察建议，建议该局依法履行监督管理职责，采取有效措施，制止江源区中医院违法排放医疗污水。江源区卫生和计划生育局于2015年11月23日向区中医院发出整改通知，并于2015年12月10日向江源区人民检察院作出回复，但一直未能有效制止江源区中医院违法排放医疗污水，导致社会公共利益持续处于受侵害状态。经咨询吉林省环保厅、白山市环保局、民政局，吉林省内没有符合法律规定条件的可以提起公益诉讼的社会公益组织。

诉讼过程：2016年2月29日，白山市人民检察院以公益诉讼人身份向白山市中级人民法院提起行政附带民事公益诉讼，诉求判令江源区中医院立即停止违法排放医疗污水，确认江源区卫生和计划生育局校验监管行为违法，并要求江源区卫生和计划生育局立即履行法定监管职责，责令区中医院有效整改建设污水净化设施。

2016年5月11日，白山市中级人民法院公开开庭审理了本案。同年7月15日，白山市中级人民法院分别作出一审行政判决和民事判决。行政判决确认江源区卫生和计划生育局于2015年5月18日对江源区中医院《医疗机构执业许可证》校验合格的行政行为违法；判令江源区卫生和计划生育局履行监督管理职责，监督江源区中医院在3个月内完成医疗污水处理设施的整改。民事判决判令江源区中医院立即停止违法排放医疗污水。一审宣判后，江源区卫生和计划生育局、中医院均未上诉，判决已发生法律效力。

【典型意义】本案涉及卫生行政许可及医疗污水污染地下水水体、土壤等环境要素的问题，系检察机关提起的全国首例行政附带民事公益诉讼，对检察机关提起公益诉讼的程序进行了有益探索和实践。人民检察院依法创新环境公共利益司法保护方式，积极提起行政附带民事公益诉讼，督促行政机关依法履行监管职责，监督行政管理相对人履行环境保护法定义务并承担停止侵害的民事责任，避免了重大环境污染事件的发生，取得了良好的法律效果和社会效果。人民法院采取了行政公益诉讼与民事公益诉讼分别立案，由同一审判组织一并审理、分别裁判的方式，将白山中医院作为行政诉讼第三人，充分保障了行政管理相对人发表意见的权利，同时通过民事诉讼程序依法确定白山中医院的民事责任，对于妥善协调同一污染行为引发的行政责任和民事责任具有示范意义。

【案例分析】

1. 本案存在的违法行为及其相关法律规定。其一，《医疗机构水污染物排放标准》对污水分两类限值排放：一是传染病、结核病医疗机构水污染物排放限值（日均值），二是综合医疗机构和其他医疗机构水污染物排放限值（日均值）。经对江源区中医院排放的污水取样检测，医疗污水及渗井周边土壤化学需氧量、五日生化需氧量、悬浮物、总余氯等均超出规定的标准限值，已造成周边地下水、土壤污染。鉴定意见认为，医疗污水的排放可引起医源性细菌对地下水、生活用水及周边土壤的污染，存在细菌传播的隐患。因此江源区中医院排放医疗污水造成了环境污染，也存在更大的环境污染风险。其二，江源区卫生和计划生育局作为地方人民政府卫生行政部门，对辖区内医疗机构的规划审批和校验具有监督管理的法定职责，但其校验行为违法。《医疗机构校验管理办法（试行）》第 7 条规定，医疗机构应当于校验期满前 3 个月向登记机关提交校验材料申请校验，又根据《医疗机构管理条例》第 9 条规定，医疗机构的规划审批"必须经县级以上地方人民政府卫生行政部门审查批准，并取得设置医疗机构批准书"，江源区卫生和计划生育局监督管理本行政区域医疗机构的校验。但根据卫生部《医疗机构管理条例实施细则》第 35 条、《吉林省医疗机构审批管理办法（试行）》第 44 条规定，医疗机构申请校验时应提交校验申请、执业登记项目变更情况、接受整改情况、环评合格报告等材料。在江源区中医院未提交环评合格报告的情况下，江源区卫生和计划生育局对区中医院的《医疗机构执业许可证》校验为合格，违反上述规章和规范性文件的规定，江源区卫生和计划生育局的校验行为违法。其三，江源区卫生和计划生育局怠于履行监管职责。江源区人民检察院发出检察建议后，江源区卫生和计划生育局虽然发出整改通知并回复，并通过向江源区人民政府申请资金的方式，促使区中医院污水处理工程投入建设，但一直未能有效制止中医院违法排污的行为，江源区中医院仍通过渗井、渗坑违法排放医疗污水，导致社会公共利益持续处于受侵害状态。根据《民事诉讼法》《行政诉讼法》及相关法律文件和司法解释的规定，该案属于公益诉讼的受案范围。

2. 检察机关提起行政附带民事公益诉讼的法律依据。根据《实施办法》第 1 条和第 28 条的规定，试点阶段人民检察院可以同时提起民事公益诉讼和行政公益诉讼的仅限于污染环境领域。人民检察院能否直接提起行政附带民事公益诉讼，《实施办法》和《审理实施办法》均没有明确规定。根据《实施办法》第 56 条和《审理实施办法》第 23 条的规定，没有规定的即适用《民事诉讼法》《行政诉讼法》及相关司法解释的规定。而《行政诉讼法》第 61 条第 1 款规定了行政附带民事诉讼制度。在试点的检察机关提起的公益诉讼中，存在生态环境领域侵害社会公共利益的民事侵权行为，负有监督管理职责的行政机关又存在违法行政行为，且违法行政行为是民事侵权行为的先决或前提行为，为督促行政机关依法正确履行职责，一并解决民事主体对国家利益和社会公共利益造成侵害的问题，检察机关可以参照《行政诉讼法》第 61 条第 1 款的规定，向人民法院提起行政附带民事公益诉讼，由法院一并审理。

3. 诉前程序及其与诉讼程序的衔接。对于江源区卫生和计划生育局违法校验和怠于监管致使医疗污水仍通过渗井渗坑排放、公共环境利益持续受损的状况，检察机关提起行政附带民事公益诉讼，应当同时履行行政公益诉讼和民事公益诉讼诉前程序。行政附带民事公益诉讼涵盖民事公益诉讼和行政公益诉讼，提起公益诉讼前，人民检察院应当发出检察建议依法督促行政机关纠正违法行为、履行法定职责，并督促、支持法律规定的机关和有关组织提请民事公益诉讼。江源区人民检察院向区卫生和计划生育局先履行了行政公益诉讼诉前程序，发出检察建议、建议依法履职，并采取有效措施制止医疗污水违法排放。同时也履行了民事公益诉讼诉前程序，经咨询吉林省环保厅，白山市环保局、民政局，吉林省内没有符合法律规定条件的可以提起公益诉讼的社会公益组织，检察院遂提起了附带民事公益诉讼。该案实际上确立了检察机关提起行政附带民事公益诉讼制度，为检察机关提起行政附带民事公益诉讼的适用范围和诉讼程序提供了参考。[1]

4. 行政附带民事公益诉讼在审理程序上的优势有：在两种诉讼中存在着某些共同的事实和证据问题时，通过附带诉讼的方式，由同一审判组织在同一程序中查明这些事实、认定这些证据，既可以节省时间，又能够避免相互矛盾的判断。当对于两种诉讼中相异的事实及证据，合议庭可以行使诉讼指挥权，将

---

[1] "最高检发布 5 个检察公益诉讼指导性案例"，载新华网，http：//www.xinhuanet.com/legal/2017-01/05/c_129433420.htm，访问于 2018 年 6 月 20 日。

两种程序分开审理,同时或先后分别作出两个判决。不过,该案附带民事公益诉讼的被告是一家公立医院,本身承担着救死扶伤的公益职能。法院判决被告"立即停止违法排放医疗污水",可能引发公众对医院是否会因此受到影响关门整顿,病人无法正常诊疗就医、生命健康权受到损害的质疑。因此,附带诉讼的判决说理中,只有阐明保护环境公益的必要性和紧迫性,裁判内容的可执行性和妥当性,才能确保裁判结果具有正当性和说服力。

该案为全国首例行政附带民事公益诉讼案件,行政公益诉讼判决与民事公益诉讼判决由法院同一合议庭于同日分别作出,两案当事人都服判息诉,判决均已发生法律效力。而且诉讼提起后,被告行政机关积极采取补救措施,筹措资金,监督中医院污水处理设施的整改工作。可见,该案对于矫正行政机关在履行法定职责时的懈怠行为,强化依法行政理念,防止行政相对人因违法排放医疗污水而造成重大环境污染风险,具有重要的现实意义,法律效果和社会效果良好。

第三节 环境民事公益诉讼

从立法来看,环境民事公益诉讼制度在我国的确立早于环境行政公益诉讼。我国 2012 年修改了《民事诉讼法》,其第 55 条确立了我国民事公益诉讼制度,从此环境民事公益诉讼的实践探索有了法律依据。2015 年《环境保护法》的实施和最高人民法院关于《民事公益诉讼司法解释》的公布表明,我国环境民事公益诉讼制度已颇为齐备[1]。随着检察机关提起环境公益诉讼试点的开始,环境民事公益诉讼的起诉主体范围逐渐扩大而不再局限于"社会组织"。

2017 年《民事诉讼法》再次修改,法律和司法解释将环境民事公益诉讼的起诉主体明确规定为"社会组织"和"人民检察院"。尽管学者们认为环境民事公益诉讼的起诉主体还应该包括"公民个人",但公民个人如果提起环境公益诉讼,根据现有法律很难立案。因此,这里认为环境民事公益诉讼是指人民检察院和法律规定的社会组织对污染环境、破坏生态和自然资源,侵犯社会公共环境利益或者具有侵犯公共环境利益重大风险的行为,依法向有管辖权的人民法院起诉,经人民法院审理后判令被告依法承担停止侵害、排除妨碍、消除危险、恢复原状、赔偿损失、赔礼道歉等民事责任的活动。

---

[1] 巩固:"2015 年中国环境民事公益诉讼的实证分析",载《法学》2016 年第 9 期。

我国环境民事公益诉讼制度确立以来，全国范围内环境民事公益诉讼活动蓬勃发展，出现了大批有影响、具有示范和指导作用的案例。与 2015 年之前相比，受案量明显增加，被诉行为多样，案件范围扩展，原告类型多元，被告不乏"大户"，诉讼请求满足率高，环境赔偿获普遍支持。这些案例不仅促进了环境民事公益诉讼理论和实践的发展，也促进了环境保护和生态文明建设的进行。

◉ 典型案例

中国生物多样性保护与绿色发展基金会诉宁夏瑞泰科技股份有限公司等腾格里沙漠污染系列民事公益诉讼案

【基本案情】2015 年 8 月，中国生物多样性保护与绿色发展基金会（以下简称绿发会）向中卫市中级人民法院提起诉讼：瑞泰公司等 8 家企业在生产过程中为了节约处理废水的费用，将生产过程中超标废水直接排入蒸发池，其行为严重违法，并造成腾格里沙漠严重污染，截至起诉时仍然没有整改完毕。请求判令：①停止非法污染环境行为；②对造成环境污染的危险予以消除；③恢复生态环境或者成立沙漠环境修复专项基金并委托具有资质的第三方进行修复；④针对第二项和第三项诉讼请求，由法院组织原告、技术专家、法律专家、人大代表、政协委员共同验收；⑤赔偿环境修复前生态功能损失；⑥在全国性媒体上公开赔礼道歉等。绿发会向法院提交的基金会法人登记证书，证明绿发会是在国家民政部登记的基金会法人。绿发会提交的 2010 至 2014 年度检查证明材料，显示其提起本案公益诉讼前 5 年年检合格。绿发会提交了 5 年内未因从事业务活动违反法律、法规的规定而受到行政、刑事处罚的无违法记录声明。此外，绿发会章程规定，其宗旨为"广泛动员全社会关心和支持生物多样性保护和绿色发展事业，保护国家战略资源，促进生态文明建设和人与自然和谐，构建人类美好家园"。绿发会还向法院提交了其自 1985 年成立至今，一直实际从事包括举办环境保护研讨会、组织生态考察、开展环境保护宣传教育、提起环境民事公益诉讼等活动的相关证据材料。

【裁判结果】中卫市中级人民法院一审认为，绿发会不能认定为《环境保护法》第 58 条规定的"专门从事环境保护公益活动"的社会组织，对绿发会的起诉裁定不予受理。绿发会不服，提起上诉。宁夏回族自治区高级人民法院审查后裁定驳回上诉，维持原裁定。绿发会不服二审裁定，向最高人民法院申请再审。最高人民法院依法提审并审理认为，因环境公共利益具有普惠性和共享性，没有特定的法律上直接利害关系人，有必要鼓励、引导和规范社会组织依法提起环境公益诉讼，以充分发挥环境公益诉讼功能。依据《环境保护法》第58条和《最高人民法院关于审理环境民事公益诉讼案件适用法律若干问题的解释》（以下简称《环境民事公益诉讼司法解释》）第4条的规定，对于本案绿发会是否可以作为"专门从事环境保护公益活动"的社会组织提起本案诉讼，应重点从其宗旨和业务范围是否包含维护环境公共利益，是否实际从事环境保护公益活动，以及所维护的环境公共利益是否与其宗旨和业务范围具有关联性等三个方面进行审查。绿发会在本案一审、二审及再审期间提交的历史沿革、公益活动照片、环境公益诉讼立案受理通知书等相关证据材料，虽未经庭审质证，但在立案审查阶段，足以显示绿发会自1985年成立以来长期实际从事包括举办环境保护研讨会、组织生态考察、开展环境保护宣传教育、提起环境民事公益诉讼等环境保护活动，符合《环境保护法》和《环境民事公益诉讼司法解释》的规定。此外，绿发会提交的基金会法人登记证书、年度检查证明材料、无违法记录声明等，证明其符合《环境保护法》第58条，《环境民事公益诉讼司法解释》第2条、第3条、第5条对提起环境公益诉讼社会组织的其他要求，具备提起环境民事公益诉讼的主体资格。最高人民法院再审裁定撤销一审、二审裁定，指令本案由中卫市中级人民法院立案受理。

【典型意义】最高人民法院通过审理腾格里沙漠污染系列民事公益诉讼案，针对《环境保护法》实施以来各地环境公益诉讼案件审理中出现的与原告主体资格有关的突出问题，就《环境保护法》第58条以及《环境民事公益诉讼司法解释》规定的环境公益诉讼原告主体资格相关法律适用问题，确立、细化了裁判规则。再审裁定明确对于社会组织是否具备提起环境民事公益诉讼的主体资格，应当重点从宗旨和业务范围是否包含维护环境公共利益，是否实际从事环境保护公益活动，以及所维护的环境公共利益是否与其宗旨和业务范围具有关联性等三个方面进行认定。再审裁定阐明了对于社会组织宗旨和业务范围是否包含维护环境公共利益，应根据其内涵而非简单依据文字表述作出判断；阐明了环境保护公益活动，不仅包括直接改善生态环境的行为，还包括有利于完善环境治理体系，提高环境治理能力，促进全社会形成环境保护广泛共识的活动；阐明了社会组织起诉事项与其宗旨和业务范围即便不具有对应关系，但若与其所保护的环境要素或者生态系统具有一定的联系，亦应基于关联性标准确认其主体资格。该系列案件是最高人民法院首次通过具体案例，从司法层面明确环境民事公益诉讼主体的判断标准，推动了环境公益诉讼制度的发展，已作为最高人民法院指导性案例发布，对于环境民事公益诉讼案件的审理具有重要的指引和示范作用。

案件的最终处理结果：中卫市中院经审理查明 5 家涉案企业未落实环评要求，将超标生产废水排入蒸发池；1 家企业污水处理设施运行不正常，长期进行废水超标排放，并形成了巨大污水池；1 家企业在沙地内填埋大量未经处理的废渣，导致地面泛出斑驳红褐色；1 家企业向沙地偷排生产废水。上述 8 家企业的违法行为对周边土壤环境造成不同程度污染。案件审理过程中，中卫市中院在组织绿发会与涉案企业交换证据、沟通协商的基础上，由涉案企业按照绿发会所提意见、建议，落实环境治理专家出具的治理整改方案，加快治理整改进度。在各方的积极配合和协助下，8 家涉案企业安装、建设了预防今后污染所需设施、设备，修复了受污染土壤。中卫市中院依照法律相关规定，组织双方当事人多次协商、沟通，聘请专家实地察看治污效果，最终绿发会采纳环保部门环评验收结论，促成案件当事人达成了调解协议。调解协议于 2017 年 7 月 25 日在《人民法院报》上公告，公告期于 8 月 25 日届满，社会各界对此调解协议没有提出异议。8 月 28 日，中卫市中院开庭审理了此案，对案件双方当事人的调解协议进行了审定和确认。调解书确定由涉案 8 家企业在投入 5.69 亿余元用于修复和预防土壤污染的基础上，再承担环境损失公益金 600 万元；宁夏蓝丰精细化工有限公司、宁夏明盛染化有限公司、宁夏华御化工有限公司继续按照专家出具的地下水修复方案完成地下水修复工作，并承担相应费用，直至实现设定的修复目标。中卫市中院将依法督促 8 家涉案企业履行调解协议确定的义务。开庭当日，该院邀请了市、区两级人大代表、政协委员、环保部门有关人员旁听，并邀请多家新闻媒体进行现场直播。

【案例分析】

1. 关于社会组织提起环境民事公益诉讼的法律规定和一、二审法院对绿发会起诉资格的认定。

（1）《环境保护法》第 58 条规定，对污染环境、破坏生态，损害社会公共利益的行为，符合下列条件的社会组织可以向人民法院提起诉讼：①依法在设区的市级以上人民政府民政部门登记；②专门从事环境保护公益活动连续 5 年以上且无违法记录。符合前款规定的社会组织向人民法院提起诉讼，人民法院应当依法受理。提起诉讼的社会组织不得通过诉讼牟取经济利益。

（2）《环境民事公益诉讼司法解释》第 2 条规定：依照法律、法规的规定，在设区的市级以上人民政府民政部门登记的社会团体、民办非企业单位以及基金会等，可以认定为《环境保护法》第 58 条规定的"社会组织"。第 3 条规定：设区的市，自治州、盟、地区，不设区的地级市，直辖市的区以上人民政府民政部门，可以认定为《环境保护法》第 58 条规定的"设区的市级以上人民政府民政部门"。第 4 条规定：社会组织章程确定的宗旨和主要业务范围是维护社会公共利益，且从事环境保护公益活动的，可以认定为《环境保护法》第 58 条规定的"专门从事环境保护公益活动"。社会组织提起的诉讼所涉及的社会公共利益，应与其宗旨和业务范围具有关联性。第 5 条规定：社会组织在提起诉讼前 5 年内未因从事业务活动违反法律、法规的规定受过行政、刑事处罚的，可以认定为《环境保护法》第 58 条规定的"无违法记录"。这 4 条司法解释，对《环境保护法》第 58 条作了全面解读，社会组织提起环境民事公益诉讼的主体资格应结合这些法律规定作出判断。在此案起诉之前，全国已有多起环保公益组织起诉立案。但此案中，尽管绿发会提交了必要的证明材料，还是被中卫市中级人民法院和宁夏回族自治区高级人民法院两审裁定不予受理，这一做法有待商榷。

2. 最高人民法院对社会组织是否"专门从事环境保护公益活动"的认定。该问题关涉本案对绿发会起诉资格的认定，应重点考察绿发会的宗旨和业务范围是否包含维护环境公共利益，是否实际从事环境保护公益活动，以及所维护的环境公共利益是否与其宗旨和业务范围具有关联性。对社会组织宗旨和业务范围的考察，不能仅依据文字表述而应看其内涵是否包含环境公益作出判断。如果其工作内容是对各种影响人类生存和发展的天然的和经过人工改造的自然因素的保护，应肯定其宗旨和业务范围包含维护环境公共利益。绿发会章程中明确规定，其宗旨是"广泛动员全社会关心和支持生物多样性保护与绿色发展事业，维护公众环境权益和社会公共利益"。第 8 条规定，其业务范围包括"开展和资助维护公众环境权益和环境保护领域社会公共利益的理论研究和实践活动，推动我国环境法治"；"开展和资助符合本基金会宗旨的其他项目和活动"。绿发会章程中规定的宗旨契合绿色发展理念，对生物多样性的保护与环境保护密切相关，应属于维护环境公共利益的范畴。根据《环境民事公益诉讼司法解释》第 4 条的规定，社会组织提起的公益诉讼涉及的环境公共利益，应与社会组织的宗旨和业务范围具有一定关联。本案绿发会针对腾格里沙漠污染提起诉讼，诉求对环境公共利益的维护在其宗旨和业务范围之内。而且提交的证据已经证明绿发会从事环境保护公益活动的时间已满 5 年且没有违法记录，所以应具有提起环境公益诉讼的主体资格。最高人民法院对本案的再审裁定，对类似案件具有很好的指引和示范作用。

3. 环境民事公益诉讼案件的责任承担方式。《环境民事公益诉讼司法解释》第 18 条规定，对污染环境、破坏生态，已经损害社会公共利益或者具有损害社会公共利益重大风险的行为，原告可以请求被告承担停止侵害、排除妨碍、消除危险、恢复原状、赔偿损失、赔礼道歉等民事责任。"停止侵害、排除妨碍、消除危险"只有在防止生态环境损害的发生和扩大时可以适用。关于"恢复原状"，人民法院可以依原告请求判决被告将生态环境修复到损害发生之前的状态和功能，无法完全修复的，可以准许采用替代性修复方式；确定被告不履行修复义务时应承担的生态环境修复费用，也可以直接判决被告承担生态环境修复费用。"赔偿损失"是根据原告请求，判定被告赔偿生态环境受到损害至恢复原状期间服务功能损失。此外，被告还应承担"其他合理的费用"，如检验、鉴定费用，合理的律师费以及为诉讼支出的其他合理费用。本案原告针对 8 家企业向腾格里沙漠的排污行为，提出六项诉讼请求：①停止非法污染环境行为；②对造成环境污染的危险予以消除；③恢复生态环境或者成立沙漠环境修复专项基金并委托具有资质的第三方进行修复；④针对第二项和第三项诉讼请求，由法院组织原告、技术专家、法律专家、人大代表、政协委员共同验收；⑤赔偿环境修复前生态功能损失；⑥在全国性媒体上公开赔礼道歉等。六项诉求涵盖了《环境民事公益诉讼司法解释》所规定的全部责任形式，并提出对消除危险和恢复原状的结果要组织验收。这些诉求，在最高人民法院指令中卫市中级人民法院审理后，基本都得到了实现。法律规定，生态环境修复费用、生态环境受到损害至恢复原状期间服务功能损失等款项，应当用于修复被损害的生态环境，涉案 8 家企业投入 5.69 亿余元用于修复和预防土壤污染，另外承担环境损失公益金 600 万元用于环境修复，是有法律依据的。

需要说明的是，一般环境公益民事诉讼案件都判令被告"恢复原状"，常常看到判决中要求被告承担一定金额的生态修复费用。本案在此基础上，要求被告赔偿因环境污染造成的生态服务功能损失。生态服务功能损害赔偿在《环境保护法》实施后全国首例环境民事公益诉讼案——北京市朝阳区自然之友环境研究所、福建省绿家园环境友好中心诉谢某某等四人破坏林地案中得到了确认，四被告共同赔偿生态环境服务功能损失 127 万元用于原地或异地生态修复，体现了保护生态环境的价值理念，该判决具有评价、指引和示范作用。

典型案例

江苏省常州市人民检察院诉许甲、许乙民事公益诉讼案

【基本案情】许甲,男,1962年4月1日生。许乙,女,1965年5月15日生。

2010年上半年至2014年9月,许甲、许乙在江苏省常州市武进区遥观镇东方村租用他人厂房,在无营业执照、无危险废物经营许可证的情况下,擅自从事废树脂桶和废油桶的清洗业务。洗桶产生的废水通过排污沟排向无防渗漏措施的露天污水池,产生的残渣被堆放在污水池周围。

2014年9月1日,公安机关在许甲、许乙洗桶现场查获废桶7789只,其中6289只尚未清洗。经鉴定,未清洗的桶及桶内物质均属于危险废物,现场地下水、污水池内废水以及污水池四周堆放的残渣、污水池底部沉积物中均检出铬、锌等多种重金属和总石油烃、氯代烷烃、苯系物等多种有机物。

2015年6月17日,许甲、许乙因犯污染环境罪被常州市武进区人民法院分别判处有期徒刑2年6个月、缓刑4年,有期徒刑2年、缓刑4年,并分别判处罚金。许甲、许乙虽被依法追究刑事责任,但现场尚留存130只未清洗的废桶、残渣、污水和污泥尚未清除,对土壤和地下水持续造成污染。

诉前程序:经调查,在常州市民政局登记的三家环保类社会组织,均不符合法律对提起公益诉讼主体要求的相关规定,不能作为原告向常州市中级人民法院提起环境民事公益诉讼。

诉讼过程:2015年12月21日,常州人民检察院以公益诉讼人身份,向常州市中级人民法院提起民事公益诉讼,诉求:①判令二被告依法及时处置场地内遗留的危险废物,消除危险;②判令二被告依法及时修复被污染的土壤,恢复原状;③判令二被告依法赔偿场地排污对环境影响的修复费用,以虚拟治理成本30万元为基数,根据该区域环境敏感程度以4.5倍~6倍计算赔偿数额。

庭审过程中,公益诉讼人向法院申请由市环保局从常州市环境应急专家库中甄选的环境专家苏博士作为专家辅助人,就本案涉及的环境专业性问题发表意见。

2016年4月14日,常州市中级人民法院作出一审判决:

1. 被告许甲、许乙于判决发生法律效力之日起15日内,将常州市武进区遥观镇东方村洗桶场地内留存的130只废桶、两个污水池中蓄积的污水及池底污泥以及厂区内堆放的残渣委托有处理资质的单位全部清理处置,消除持续污染环境危险。

2. 被告许甲、许乙于判决发生法律效力之日起 30 日内，委托有土壤处理资质的单位制订土壤修复方案，提交常州市环保局审核通过后，60 日内实施。

3. 被告许甲、许乙赔偿对环境造成的其他损失 150 万元，该款于判决发生法律效力之日起 30 日内支付至常州市环境公益基金专用账户。

一审宣判后，许甲、许乙均未上诉，判决已发生法律效力。

【案例分析】

1. 检察机关提起环境民事公益诉讼的法律规定。《实施办法》第 1 条规定：人民检察院履行职责中发现污染环境、食品药品安全领域侵害众多消费者合法权益等损害社会公共利益的行为，在没有适格主体或者适格主体不提起诉讼的情况下，可以向人民法院提起民事公益诉讼。第 13 条规定：人民检察院在提起民事公益诉讼之前，应当履行诉前程序，即依法督促法律规定的机关提起民事公益诉讼或者建议辖区内符合法律规定条件的有关组织提起民事公益诉讼。第 14 条规定：经过诉前程序，法律规定的机关和有关组织没有提起民事公益诉讼，或者没有适格主体提起诉讼，社会公共利益仍处于受侵害状态的，人民检察院可以提起民事公益诉讼。第 15 条规定：人民检察院以公益诉讼人身份提起民事公益诉讼。民事公益诉讼的被告是实施损害社会公共利益行为的公民、法人或者其他组织。该案检察机关在履行职责中，发现许甲、许乙实施的环境犯罪行为现场污染物并未清除，对土壤和地下水持续造成影响，在履行诉前程序后，依照法律规定以公益诉讼人身份提起了民事公益诉讼，请求二被告消除危险，恢复原状，恢复受损的环境公益。实际上该案是一起刑事附带民事公益诉讼案件。《侵权责任法》第 4 条第 1 款规定：侵权人因同一行为应当承担行政责任或者刑事责任的，不影响依法承担侵权责任。二被告虽然已受到刑事处罚，但场地内污染未清除，侵害环境公共利益的行为仍在持续之中，被告还应承担消除环境污染危害、恢复受损土壤环境的侵权责任。

需要明确的是，法律规定的有关机关可以提起环境民事公益诉讼，"有关机关"包括但不限于检察机关，环保行政机关或者人民政府都可以提起环境民事公益诉讼。如 2017 年 4 月 26 日，由江苏省人民政府、江苏省环保联合会诉德司达（南京）染料有限公司环境污染责任公益诉讼纠纷一案，在南京市中级人民法院开庭审理，成为环境公益诉讼在诉讼主体方面的一个新尝试。

2. 环境污染损害的虚拟治理成本。《环境民事公益诉讼司法解释》第 23 条规定：生态环境修复费用难以确定或者确定具体数额所需鉴定费用明显过高的，人民法院可以结合污染环境、破坏生态的范围和程度、生态环境的稀缺性、生态环境恢复的难易程度、防治污染设备的运行成本、被告因侵害行为所获得的利益以及过错程度等因素，并可以参考负有环境保护监督管理职责的部门的意见、专家意见等，予以合理确定。可见，由于环境污染的复杂性，鉴定手段并不能满足生态环境修复的确定及具体数额计算的需要，实践中确定生态环境修复费用重要而复杂。《突发环境事件应急处置阶段环境损害评估推荐方法》对生态环境损害可能出现的四种情况分别计算环境修复费用，第三种情况针对生态环境损害观测或应急监测不及时等原因导致损害事实不明确，责任方向环境中排放大量有毒有害污染物的事实确凿，扩散的污染物也无法回收，基于污染者付费原则，可以采用虚拟治理成本法等环境价值评估方法计算损失，可作为生态环境损害民事赔偿的依据。泰州"天价"赔偿案、山东德州大气污染案等在计算环境损害赔偿金时都使用了虚拟治理成本计算方法。

　　虚拟治理成本是根据现行的污染治理技术和水平，对目前排放到环境中的污染及污染物进行全部治理所需要的支出，虚拟治理成本法是目前我国确定生态环境污染修复费用的主要方法。根据环保部制定的《环境损害鉴定评估推荐方法（第Ⅱ版）》，虚拟治理成本法适用于环境污染所致生态环境损害无法通过恢复工程完全恢复、恢复成本远远大于其收益或缺乏生态环境损害恢复评价指标的情形。本案有至少500吨废水不知去向，这500吨废水不排除已经渗漏污染了地下水源的废水，也不排除被告非法对外处置排放的废水，这部分污染没有办法通过恢复工程来恢复，可以适用虚拟治理成本法来计算其对环境造成的损失。虚拟治理成本法的具体计算方法是在虚拟治理成本基数的基础上根据受污染区域的环境功能敏感程度乘以对应的敏感系数。由于被告经营场地距离宋剑湖仅150米，结合排污对地下水及地表水的污染，因此公益诉讼人请求法院在虚拟治理成本基数的基础上，根据该区域环境敏感程度以 4.5 倍~6 倍来计算赔偿数额。本案中虚拟治理成本基数是以一般洗桶废水处置费用600元/吨乘以排放的500吨废水，得出30万元的基数。根据《环境民事公益诉讼司法解释》第23条的规定，合议庭考虑到污染者的过错程度、污染物性质、周边环境敏感度等因素，酌情确定本案以虚拟治理成本5倍计算，将赔偿数额确定为150万元。

　　3. 对环境专业技术问题，环境专家作为专家辅助人出庭质证。《环境民事公益诉讼司法解释》第15条规定：当事人申请通知有专门知识的人出庭，就鉴定人作出的鉴定意见或者就因果关系、生态环境修复方式、生态环境修复费用以及生态环境受到损害至恢复原状期间服务功能的损失等专门性问题提出意见的，人民法院可以准许。前款规定的专家意见经质证，可以作为认定事实的根据。该案被告认为确定场地污染缺少依据，地下水中污染物的指标和污水池中污水固废相同的指标只有50%的相同性。地下水污染并不必然导致土壤污染。环境专家质证指出土壤污染的来源，除了污染物表层堆放向下渗透外，地下水的毛细现象和渗透扩散也是一大因素，因为地下水与周边土壤直接接触，并没有隔离层，根据吸附原理，受到污染的地下水会将各种污染物扩散到周边土壤中，使土壤同样受到污染，评估报告认定污水池下方的土壤遭到污染是科学的。法院在判定地下水是否受到严重污染的情况时，采纳了专家辅助人的专业意见，确认被告非法贮存废水的行为与土壤污染之间具有因果关系。[1]

◆ 典型案例

中华环保联合会诉山东德州晶华集团振华有限公司大气污染民事公益诉讼案

【基本案情】振华公司是一家从事玻璃及玻璃深加工产品制造的企业，位于山东省德州市区内。振华公司虽投入资金建设脱硫除尘设施，但仍有两个烟囱长期超标排放污染物，造成大气污染，严重影响了周围居民生活，被环境保护部点名批评，并被山东省环境保护行政主管部门多次处罚，但其仍持续超标向大气排放污染物。中华环保联合会提起诉讼，请求判令振华公司立即停止超标向大气排放污染物，增设大气污染防治设施，经环境保护行政主管部门验收合格并投入使用后方可进行生产经营活动；赔偿因超标排放污染物造成的损失2040万元（诉讼期间变更为2746万元）及因拒不改正超标排放污染物行为造成的损失780万元，并将赔偿款项支付至地方政府财政专户，用于德州市大气污染的治理；在省级及以上媒体向社会公开赔礼道歉；承担本案诉讼、检验、鉴定、专家证人、律师及其他为诉讼支出的费用。德州市中级人民法院受理本案后，向振华公司送达民事起诉状等诉讼材料，向社会公告案件受理情况，并向德州市环境保护局告知本案受理情况。德州市人民政府、德州市环境保护局积极支持、配合本案审理，并与一审法院共同召开协调会。通过司法机关与环

---

[1] 参见："江苏省常州市人民检察院诉许甲、许乙环境民事公益诉讼案的起诉书、出庭预案、判决书"，载 https://www.qichacha.com/postnews_ a744bec3971da83c14f45d12b427f1c4.html，访问于2018年6月29日。

保护行政主管部门的联动、协调，振华公司将全部生产线关停，在远离居民生活区的天衢工业园区选址建设新厂，防止了污染及损害的进一步扩大，使案件尚未审结即取得阶段性成效。

裁判结果：山东省德州市中级人民法院一审认为，诉讼期间振华公司放水停产，停止使用原厂区，可以认定振华公司已经停止侵害。在停止排放前，振华公司未安装或者未运行脱硫和脱硝治理设施，未安装除尘设施或者除尘设施处理能力不够，多次超标向大气排放二氧化硫、氮氧化物、烟粉尘等污染物。其中，二氧化硫、氮氧化物是酸雨的前导物，过量排放形成酸雨会造成居民人身及财产损害，过量排放烟粉尘将影响大气能见度及清洁度。振华公司超标排放污染物的行为导致了大气环境的生态附加值功能受到损害，应当依法承担生态环境修复责任，赔偿生态环境受到损害至恢复原状期间服务功能损失。同时，振华公司超标向大气排放污染物的行为侵害了社会公众的精神性环境权益，应当承担赔礼道歉的民事责任。遂判决振华公司赔偿超标排放污染物造成损失2198.36万元，用于大气环境质量修复；振华公司在省级以上媒体向社会公开赔礼道歉等。宣判后，双方当事人均未提起上诉，一审判决已生效。

【典型意义】 德州大气污染公益诉讼案是《环境保护法》施行后，人民法院受理的首例京津冀及其周边地区大气污染公益诉讼案件。大气具有流动性，其本身具有一定的自净功能，企业超标排放是否造成生态环境损害是本案审理的难点。本案裁判明确超标过量排放二氧化硫、氮氧化物和粉尘将影响大气的生态服务功能，应当承担法律责任，可根据企业超标排放数量以及二氧化硫、氮氧化物和粉尘的单位治理成本计算大气污染治理的虚拟成本，进而作为生态环境损害赔偿的依据，具有一定合理性。振华公司在本案审理期间主动承担社会责任，积极采取措施防止污染的持续和扩大，值得肯定。该案的审结及时回应了当前社会公众对京津冀及周边地区的大气污染治理的关切，对区域大气污染治理进行了有益的实践探索。[1]

【案例分析】

1. 本案亮点：其一，未确定具体损害后果的情况下，确定被告身份适格。案件判决并未探及被告振华公司造成损害的具体后果，而是根据《环境民事公

---

[1] 参见："中华环保联合会诉山东德州晶华集团振华有限公司大气污染民事公益诉讼案"，载https://www.chinacourt.org/article/detail/2017/03/id/2574333.shtml，访问于2018年6月29日。

益诉讼司法解释》第 1 条的规定，确定了被告振华公司超标排放行为属于具有损害社会公共利益重大风险的行为，从而确定被告主体适格。其二，环境公益诉讼可以破解环境行政执法难题。振华公司在接到中华环保联合会的起诉状后，于 2015 年 3 月 27 日将全部生产线关停。2015 年 7 月，在德州市行政机关与司法机关的联动协调下，振华公司在远离居民生活区的天衢工业园区选址建设新厂区，启动老厂区搬迁工作。这与诉前振华公司经由德州市环境保护局、山东省环境保护厅以及环境保护部多次给予行政处罚而未作出整改形成了鲜明对比。其三，打破无"受害人"则败诉的诉讼传统。该案判决书陈述道："环境权益具有公共权益的属性，从经济学角度而言，环境资源是一种综合性的财产，在美学层面上，优良的环境可以成为人的精神活动的对象，因被告振华公司超标向大气排放污染物，其行为侵害了社会公共的精神性环境权益，应当承担赔礼道歉的民事责任。"将"优良的环境"作为人之精神活动的对象，进而打破无"受害人"则败诉的诉讼传统，是本案的最大亮点[1]。

2. 振华公司排污行为造成生态环境损害后果的判断。《环境民事公益诉讼司法解释》第 8 条规定，原告起诉之时需就被告的行为已经损害社会公共利益或者具有损害社会公共利益重大风险的事实提供初步证明材料。但鉴于空气的流动性及大气生态环境的自净能力等因素，对于被告排放污染物的侵权行为及实际损害后果难以取证。为证明被告振华公司超标排放造成的损失，2015 年 12 月，原告中华环保联合会与环境保护部环境规划院订立技术咨询合同，委托其对振华公司排放大气污染物致使公私财产遭受损失的数额，包括污染行为直接造成的财产损坏、减少的实际价值，以及为防止污染扩大、消除污染而采取必要合理措施所产生的费用进行鉴定。2016 年 5 月，环境保护部环境规划院环境风险与损害鉴定评估研究中心根据已经双方质证的法院调取证据作出评估意见，鉴定结果为：其一，污染物性质，主要为烟粉尘、二氧化硫和氮氧化物。根据《德州晶华集团振华有限公司关于落实整改工作的情况汇报》有关资料显示：截至 2015 年 3 月 17 日，振华公司浮法二线未安装或未运行脱硫和脱硝治理设施；浮法三线除尘、脱硫设施已于 2014 年 9 月投入运行。其二，污染物超标排放时段的确认，二氧化硫超标排放时段为 2014 年 6 月 10 日至 2014 年 8 月 17 日，共计 68 天，氮氧化物超标排放时段为 2013 年 11 月 5 日至 2014 年 6 月 23 日、

---

[1] 韩德强、李宁："大气污染环境公益诉讼第一案：打破'无受害人'则败诉的诉讼传统"，载《环境经济》2017 年第 C1 期。

2014年10月22日至2015年1月27日，共计327天，烟粉尘超标排放时段为2013年11月5日至2014年6月23日，共计230天。其三，污染物排放量，在鉴定时段内，由于企业未安装脱硫设施造成二氧化硫全部直接排放进入大气的超标排放量为255吨，由于企业未安装脱硝设施造成氮氧化物全部直接排放进入大气的排放量为589吨，由于企业未安装除尘设施或除尘设施处理能力不够造成烟粉尘部分直接排放进入大气的排放量为19吨。其四，单位污染物处理成本，根据数据库资料，二氧化硫单位治理成本为0.56万元/吨，氮氧化物单位治理成本为0.68万元/吨，烟粉尘单位治理成本为0.33万元/吨。其五，虚拟治理成本，根据《环境空气质量标准》《环境损害鉴定评估推荐方法（第Ⅱ版）》《突发环境事件应急处置阶段环境损害评估技术规范》，本案项目处环境功能二类区，生态环境损害数额为虚拟治理成本的3~5倍，本报告取参数5计算得出，二氧化硫虚拟治理成本共计713万元，氮氧化物虚拟治理成本2002万元，烟粉尘虚拟治理成本31万元；鉴定结论如下，被告企业在鉴定期间超标向空气排放二氧化硫共计255吨、氮氧化物共计589吨、烟粉尘共计19吨，单位治理成本分别按0.56万元/吨、0.68万元/吨、0.33万元/吨计算，虚拟治理成本分别为713万元、2002万元、31万元，共计2746万元[1]。在庭审过程中，鉴定单位专家出庭发表了专家意见认为，二氧化硫、氮氧化物以及烟粉尘是酸雨的前导物，超标排放肯定会对财产及人身造成损害，进而对生态环境造成损害，使大气环境的生态服务价值功能受到损害，影响大气环境的清洁程度和生态服务价值功能；因被告单位项目区域周围多为居民社区、属于环境保护域内保护的敏感点，按照环境损害评估推荐方法，虚拟治理成本可取3~5倍，可取较高值5为参数；被告已经投入的运营设备对虚拟治理成本的计算不会产生影响，且虚拟治理成本中不包含惩罚性赔偿因素。

3. 对有关诉讼请求不予认可的原因。首先，关于原告中华环保联合会要求被告振华公司赔偿因超标排放污染物造成的损失780万元，由于原告中华环保联合会该项诉讼请求的依据是《大气污染防治法》第99条及《环境保护法》第59条，该两条规定的是行政处罚而非民事责任，且最高人民法院《环境民事公益诉讼司法解释》中并未规定惩罚性赔偿，故原告中华环保联合会该项诉讼请求法律依据不足，法院不予支持。其次，关于原告中华环保联合会"增设大气

---

[1] 参见："中华环保联合会与德州晶华集团振华有限公司环境污染责任纠纷一审民事判决书"，载https://www.tianyancha.com/lawsuit/d78e980bac084051a0c47f9d1b8a511e，访问于2018年7月3日。

污染防治设施，经环境保护行政主管部门验收合格并投入使用后方可进行生产经营活动"的诉讼请求，因该项诉讼请求不属于《环境民事公益诉讼司法解释》规定的承担责任的方式，加之被告振华公司已经放水停产，原厂停止使用，另选新厂址，故对原告中华环保联合会该项诉讼请求，本院不予支持。

4. 对大气污染生态环境损害的认识。关于生态环境损害的定义，《环境损害鉴定评估推荐方法（第Ⅱ版）》规定"指由于污染环境或破坏生态行为直接或间接地导致生态环境的物理、化学或生物特性的可观察的或可测量的不利改变，以及提供生态系统服务能力的破坏或损伤"。而中办、国办印发的《生态环境损害赔偿制度改革方案》中第3条将"生态环境损害"定义为"指因污染环境、破坏生态造成大气、地表水、地下水、土壤、森林等环境要素和植物、动物、微生物等生物要素的不利改变，及上述要素构成的生态系统功能退化。"因此，生态环境损害包括两个基本方面：一是从表面上看，因环境污染行为直接导致的生态环境物理、化学或生物特性的不利改变，比如排放废水、废气等污染物导致大气、地表水、地下水、土壤等环境要素质量标准降低，这些不利改变是能够通过观察或测量看到的表面现象。二是生态环境损害的实质，即提供生态系统服务能力的破坏或损伤。这是基于上述要素的不利改变而产生的整体性生态系统功能的退化。它不如前一方面易于观察或测量，但却是真正"病症"之所在。对生态环境损害的认识，应当结合上述两方面的因素，尤其应注重实质的损害。因污染物随雨雪降落，尤其是微粒中夹带着酸性污染物的酸雨，在空气污染之后产生水体污染和土壤污染。大气、水、土壤等物质在内的环境要素相互作用共同形成的生态系统，具有循环性、系统性等特征，大气污染生态环境损害不能仅以大气环境质量的降低为标准。另一方面，由于气体的流动性，使得大气污染不会局限于排污行为的发生地，而是通过区域间的污染传输，在气流的影响下将污染物传输到周边地区，甚至会在更大范围内造成严重的后果，大气污染生态环境损害的跨区域性决定了损害的判断不能局限于污染行为的发生地。德州中院对该案的判决虽满足了起诉者的基本诉求，但忽视了大气污染的跨区域性和大气生态环境损害的整体性，最终判定被告的赔偿款"用于德州市大气环境质量修复"，将大气生态环境损害限于"德州市大气环境质量"的降低，这一做法有待商榷[1]。

---

[1] 窦海阳："大气污染所致生态环境损害及救济之辨析——基于'大气污染公益诉讼第一案'展开"，载《中国社会科学院研究生院学报》2018年第2期。

第四章 环境民事案例

第一节 环境污染案

环境污染在不同学科中的概念不同,与环境法学联系紧密的概念有两个:其一,环境科学中的概念,所谓"环境污染",是环境中出现的因其化学成分或数量阻碍自净过程并产生有害于环境和健康的物质的现象。其二,经济合作与发展组织(OECD)在1974年的一份建议书中提出的为成员国共同接受的定义。该建议书认为,环境污染是指被人们利用的物质或者能量直接或间接地进入环境,导致对自然的有害影响,以至于危及人类健康、危害生命资源和生态系统,以及损害或者妨害舒适性和环境的其他合法用途的现象。环境污染按照不同的角度,有着不同的分类。按环境因素可分为:水、大气、海洋、土壤等污染;按属性可以分为:物理污染,如光、热、放射、辐射、噪声污染;化学污染,如化学品污染;生化污染,如微生物污染。

由于社会生产和消费活动的变化,复合型的环境污染有增长的趋势,对环境污染行为的认定以及责任界定也呈现出越来越复杂的局面,导致的纠纷也越来越多。环境污染诉讼是解决环境污染纠纷的一种方式,环境污染诉讼在现行司法框架下,一般分为环境污染民事、行政、刑事诉讼三类。从诉讼的利益划分,也可以分为环境污染私益诉讼和环境污染公益诉讼。

从司法实践考察,环境污染含义的不明确以及环境污染原因和表现的多样性,是环境污染纠纷日益增加的主要原因。在环境污染责任诉讼中,由受害人对污染者的行为与其损害之间存在因果关系进行举证往往是非常困难的,首先是因为环境污染损害一般具有长期性、潜伏性、持续性、广泛性,其次是因为环境污染造成损害的过程具有复杂性,再次是有的环境污染在证明因果关系的时候必须具备相关的专业知识，另外是在确定因果关系的时候，多因一果的现象非常常见。在证据的获取、证据采信、损害鉴定、损害评估、责任分配、法律适用、政策把握等方面都存在难点。

环境民事诉讼是指人民法院对平等主体之间有关环境权利义务的争议，依照民事诉讼程序进行审理和裁判的活动。按照我国《民事诉讼法》第119条的规定，民事诉讼制度的原告必须是与案件有直接利害关系的主体。环境要素之间的关联性使得环境问题不仅仅是与某个人有直接利害关系，往往侵害到公众的利益。为了解决这一问题，许多国家都规定了公益诉讼制度，在环境诉讼中对起诉人的资格作出了相对宽松的规定。《环境保护法》也规定了公益诉讼。

最高人民法院新版《民事案件案由规定》根据环境污染源的类型不同，将环境污染责任纠纷划分为大气污染责任纠纷、水污染责任纠纷、噪声污染责任纠纷、放射性污染责任纠纷、土壤污染责任纠纷、电子废物污染责任纠纷和固体废物污染责任纠纷七种。目前，依据环境民事纠纷性质的不同，环境民事诉讼可以分为停止侵害之诉、消除危险之诉、恢复环境原状之诉以及损害赔偿之诉。

一、大气污染案例

大气污染是指大气中一些物质的含量达到有害的程度以至破坏生态系统和人类正常生存和发展的条件，对人或物造成危害的现象。大气污染最初被认为主要是对人体健康产生危害，随后逐步发现了对工农业生产的各种危害以及对天气和气候产生的不良影响。大气污染本身具有扩散性、造成危害范围广、潜伏期长等特点，纠纷解决中存在举证责任分配难、因果关系认定难、损害与污染物证据关联性认定难、损害认定难、赔偿难等难题。尤其在多种污染源并存的情况下，上述问题会更加复杂。

大气污染通常是区域性的，表现为公共利益的减损。现实中，大气污染诉讼既有私益诉讼，也有公益诉讼，两者不存在涵盖问题，只是救济的利益不同，大气污染环境民事公益诉讼主要救济环境公益。

典型案例

曲某某诉山东富海实业股份有限公司大气污染责任纠纷案[1]

【基本案情】1995年，曲某某承包一处集体土地种植樱桃。2001年，山东富海实业股份有限公司（以下简称富海公司）迁至曲某某樱桃园毗邻处从事铝产品生产加工。2009年4月，曲某某提起诉讼，请求富海公司停止排放废气，赔偿其损失501万元。为证明其主张，曲某某提交了烟台市牟平区公证处勘验笔录、烟台市农产品质量检测中心出具的樱桃叶片氟含量检测报告等证据。后经双方共同选定和取样，一审法院委托山东省农业科学院中心实验室对樱桃叶片的氟化物含量予以检测，检测报告表明：距离富海公司厂区越近，樱桃叶片氟化物含量越高。富海公司提供了樱桃树叶氟含量检测报告、厂区大气氟化物含量检测报告、烟台市牟平区气象局出具的2008年2月至2009年5月的气候情况等证据，拟证明其不存在排污行为，曲某某樱桃园受到损害系气候原因所致。

【裁判结果】山东省烟台市中级人民法院一审判令富海公司停止排放氟化物，赔偿曲某某损失204万余元。曲某某、富海公司均不服提起上诉。山东省高级人民法院二审判令富海公司赔偿曲某某224万余元。富海公司不服，向最高人民法院申请再审。

最高人民法院审查认为，曲某某提交的公证勘验笔录和检测报告，与相关科普资料、国家标准以及一审法院委托专业机构出具的检测报告等证据相互印证，足以证明曲某某的樱桃园受到损害，富海公司的排污行为和损害之间具有关联性，已完成举证证明责任。富海公司作为侵权人，其提交的樱桃树叶氟化物含量检测报告中距离厂区越近浓度越低的结论有悖常识；厂区大气氟化物含量检测报告系2010年5月7日作出，与本案待证事实不具有关联性；天气原因亦不能否定排污行为和损害之间的因果关系。考虑到确实存在天气恶劣等影响樱桃生产的原因，二审法院酌情判令富海公司对曲某某的损失承担70%的赔偿责任，认定事实和适用法律均无不当。

【法律依据及分析】本案中，应当界定受害方的损害是否由环境侵权行为所引起，其次应当确定环境侵权行为在多大程度上引起受害方损失，以确定侵权

---

[1] 参见："十起环境侵权典型案例专家点评意见"，载 http://rmfyb.chinacourt.org/paper/html/2015-12/30/content_106538.htm?div=-1，访问于2018年7月29日。

人赔偿责任的范围。因为侵权行为的实施与损害结果发生的时间间隔比较长，使得因果关系表现十分隐蔽，并且损害结果的发生具有长期性、反复性、潜伏性，查证困难，使得认定因果关系十分困难，需要证据证明。自 2015 年 6 月 3 日起施行的《最高人民法院关于审理环境侵权责任纠纷案件适用法律若干问题的解释》对环境侵权纠纷的举证责任问题进行了新的规定，强调《侵权责任法》第 66 条规定的因果关系举证责任倒置，并不意味着被侵权人不承担任何举证责任。同时，该司法解释第 6 条规定，受害人（被侵权人）应对以下事实提供证据：排污行为、损害后果、排污行为与损害结果之间具有关联性。由于排污者在举证中处于优势地位，相对受害者更容易获得污染物排放状况、危害性等关键性信息，而且排污者从排污行为中获得了利益，就应当承担由此引发的风险。相对于排污者而言，受害方是弱势一方，基于保护弱势一方的理念，需要降低污染受害者的证明负担。对污染行为和损害后果之间的因果关系的证明责任仍需由加害人主要负担。

【典型意义】《最高人民法院关于审理环境侵权责任纠纷案件适用法律若干问题的解释》第 6 条规定，被侵权人根据《侵权责任法》第 65 条的规定请求赔偿的，应当提供污染者排放了污染物；被侵权人的损害；污染者排放的污染物或者其次生污染物与损害之间具有关联性的证明材料。本案判决作出于上述司法解释施行之前，在适用《侵权责任法》第 66 条因果关系举证责任倒置原则的同时，要求被侵权人就污染行为与损害结果之间具有关联性负证明责任，对于细化被侵权人和污染者之间的举证责任分配，衡平双方利益具有典型意义，体现了审判实践在推进法律规则形成、探寻符合法律价值解决途径中的努力和贡献。同时，本案判决运用科普资料、国家标准以及专业机构的鉴定报告等做出事实认定，综合过错程度和原因力的大小合理划分责任范围，在事实查明方法和法律适用的逻辑、论证等方面提供了示范。

二、水污染案例

水体因某种物质的介入，而导致其化学、物理、生物或者放射性等方面特征的改变，从而影响水的有效利用，危害人体健康或者破坏生态环境，造成水质恶化的现象被称为水污染。水污染主要是由人类活动产生的污染物造成的，它包括矿山污染源，工业污染源，农业污染源和生活污染源四大部分。水污染对人类的生存安全构成重大威胁，成为人类健康、经济和社会可持续发展的重大障碍。据世界权威机构调查，在发展中国家，各类疾病有 80% 是因为饮用了不卫生的水而传播的,每年因饮用不卫生水至少造成全球 2000 万人死亡,因此,水污染被称作"世界头号杀手"。水污染包括淡水污染和海水污染,通常提及的水污染是指淡水污染,淡水污染包括地表水污染和地下水污染。一般而言,水污染往往对环境公益造成损害,同时也可能导致个人的经济、环境利益损害。

在水污染责任纠纷审理中,收集、固定用以认定污染事实存在、确定污染行为与损害后果之间存在关联性相关证据,以及损害的认定和法律责任的判断是主要的难点。

典型案例

黎某某等 88 名原告诉浙江省宏途交通建设有限公司水污染责任纠纷案[1]

【基本案情】 浙江省宏途交通建设有限公司项下拌合站与黎某某等 88 名原告取水点一山相隔,拌合站东侧有一天坑,北侧山坡有一硝洞,隔山天坑底部为原告取水点,即龙坪镇上水村中坝集中饮用水取水站。原告主张拌合站天坑底部地下水流经硝洞再流向原告取水点,均为地下暗流。拌合站在天坑边缘 20 米左右设置污水沉淀池,生产生活污水排往沉淀池,沉淀处理后泵送外运。

案外人遵义县上水饮用水有限公司与原告共用同一水源,该公司每月例行对产品水委托送检。自 2016 年 3 月起,送检的产品水多次检出菌落总数、大肠杆菌超标。

原告认为是被告生产污染进入上游溶洞地下水,造成了原告取水点被污染,遂向播州区环境监察大队反映要求处理。结合调查和检测情况,环境监察大队认定上水村取水点水质超标与混凝土搅拌站生产无关。原告对该调查结论不服进行信访,环境监察大队再次调查,对拌合站沉淀池废水、上游溶洞水、上游参照点、水厂取水点地下水四个点水质采样进行对比监测,除细菌总数和大肠菌群两项生化指标上游溶洞水高于原告取水点外,其余指标上游溶洞水均好于原告取水点,而沉淀池未检出大肠菌群,细菌总数检出值极低。

【裁判结果】 遵义市播州区法院认为,原告主张被告污染地下水并导致其饮水水源水质不合格,应当证明该损害与被告排放的污染物具有关联性。从四个

---

[1] 案件来源:(2016)黔 0321 民初 5596 号,(2017)黔 03 民终 2695 号。

取水点对比监测的报告显示，被告沉淀池水质理化指标超标，而生化指标合格；"上游溶洞水、上游参照点、原告取水点"三处水质理化指标合格，生化指标超标，而且"上游溶洞水"理化指标好于原告取水点。按照环境自我修复功能常识，距离污染源越近，污染越严重，相应指标值越差，反之，距离污染源越远，污染越轻，相应指标值越好。根据上游溶洞水和原告取水点取水均未检出水泥搅拌污染物的典型特征，不能得出被告排污导致原告取水点水质污染的结论。2007年的水质监测报告证明，原告取水点水质在2007年已存在菌落总数、大肠菌群等生化指标超标的事实，而拌合站2015年底才进驻，足以证明原告取水点水质生化指标超标在被告建设排污以前已经存在。原告未证明取水点水质不合格与被告的行为存在关联性，而被告证明了原告取水点水质在被告建设前就已存在生化指标超标的事实。故判决驳回了88名原告的诉讼请求。该案经二审审理，维持了一审判决。

【法律依据及分析】本案涉及的法律主要有：

《民事诉讼法》第64条第1款关于"当事人对自己提出的主张，有责任提供证据"的规定。

《侵权责任法》第66条关于"因污染环境发生纠纷，污染者应当就法律规定的不承担责任或者减轻责任的情形及其行为与损害之间不存在因果关系承担举证责任"的规定。

《最高人民法院关于审理环境侵权责任纠纷案件适用法律若干问题的解释》第6条"被侵权人根据侵权责任法第65条的规定请求赔偿的，应当提供证明以下事实的证据材料：①污染者排放了污染物；②被侵权人的损害；③污染者排放的污染物或者其次生污染物与损害之间具有关联性"的规定，在环境污染损害赔偿纠纷中，主张被侵权的一方应举证证明侵权事实的存在以及因此所受到的损害，污染者应当就法律规定的不承担责任或者减轻责任的情形及其行为与损害之间不存在因果关系承担举证责任。

受污染侵害请求赔偿，受害人应当提供证据证明其权利受到损害且该损害与被告排放的污染物或者次生污染物具有关联性。本案中，原告不能提交证据证明其饮用水源取水点水质不合格与被告的行为存在关联性，而被告能证明原告取水点水质在被告排污前就已经存在生化指标超标的事实。本案中，被告排放的废水生化指标合格，理化指标值高，而地下水生化指标超标，理化指标合格，且距离污染源越远，理化指标值越差，违反常理。而且上游溶洞水和原告取水点取水均未检出水泥搅拌污染物的典型特征。因此，不能得出被告排污导致原告取水点水质污染的结论。

【典型意义】 溶洞型地下水有别于一般地面水污染，不具有直观的可评估性，且地下水文情况不明，不具有直观判断性，涉及地质勘察、水文判断等综合性鉴定机构难寻、鉴定项目众多、费用高昂，从不同范围、不同深度取水试样进行化验分析，是另一个重要的判断点。

现今环境污染损害纠纷日益增多，环境污染的特征决定了污染与损害间的因果关系很难认定，所以只要被侵权人能证明自己遭受的环境污染损害与污染者具有一定的因果关联性，即由污染者承担严苛的举证责任，该举证责任倒置原则亦成为我国环境污染侵权因果关系的主要认定方法。面对纷繁复杂的环境污染诉讼类型，新类型案件频发，一般环境污染行为与污染环境损害后果要件容易证明，而因果关系要件却往往不容易证明，所以在把握举证责任倒置的同时，确立因果关系推定规则以减轻被侵权人举证的困难，是保护其利益的加速设置器。故对被侵权人需完成的证明污染者污染行为与污染损害具有基础关联性的"度"、如何理解与把握其应负的举证责任，在审判实践中理解不一，本案用个案案例详细论证了这一认定尺度，以供评判。

◯ 典型案例

吕某某等 79 人诉山海关船舶重工有限责任公司海上污染损害责任纠纷案[1]

【基本案情】 2010 年 8 月 2 日上午，秦皇岛山海关老龙头东海域海水出现异常。秦皇岛市环境保护局的《监测报告》显示，海水悬浮物含量 24mg/l、石油类 0.082mg/l、铁 13.1mg/l。大连海事大学海事司法鉴定中心出具《鉴定意见》，结论为：2010 年 8 月 2 日山海关老龙头海域（靠近山船重工公司）存在海水异常区；海水水质中污染最严重的因子为铁，对渔业和养殖水域危害程度较大；根据山船重工公司系山海关老龙头附近临海唯一大型企业，修造船舶的刨锈污水中铁含量很高，一旦泄漏将严重污染附近海域，推测出污染海水源地系山船重工公司。吕某某等 79 人系长期在山海关老龙头海域进行扇贝养殖的养殖户，诉请法院判令山船重工公司赔偿养殖损失 20 084 940 元。

---

[1] 参见："吕某某等 79 人诉山海关船舶重工有限责任公司海上污染损害责任纠纷案"，载天津法院网，http://tjfy.chinacourt.org/article/detail/2017/06/id/2902723.shtml，访问于 2018 年 7 月 15 日。

【裁判结果】天津海事法院一审认为：吕某某等79人的委托诉讼代理人所做的调查笔录仅有被调查人陈述，未能提供现场的客观记录予以佐证；《鉴定意见》所依据的卫星图像不能证明养殖区域在2010年8月2日上午10时遭受污染，判决驳回吕某某等79人的诉讼请求。吕某某等79人上诉至天津市高级人民法院。天津市高级人民法院二审认为：大连海事大学海事司法鉴定中心具备相应的鉴定资质，选用卫星遥感监测技术具有科学性，《鉴定意见》与其他证据相互佐证，可以证实山船重工公司实施了向海水中泄漏含铁量较高污水的行为、涉案79人中的王某某等21人从事扇贝养殖且养殖区域遭受污染，以及山船重工公司的污染行为和王某某等21人损害之间可能存在着因果关系等三项事实。吕某某等其余58人未能完成证明责任。关于山船重工公司提出铁物质不属于评价海水水质的标准，其行为不属于环境污染侵权行为的问题，二审法院认为，环境标准并非判断某类物质是否造成损害的唯一依据，依据环境保护主管部门意见，鉴定人作出的涉案海域水质中铁物质对渔业和养殖水域危害程度较大的评价，可以作为确定铁物质能够致害的依据。山船重工公司未能完成证明本案存在法律规定的不承担责任或者减轻责任的情形以及行为与损害之间不存在因果关系的证明责任，应承担赔偿责任。综合王某某等21人养殖行为不具有合法性的事实以及《鉴定意见》确定的污染物有三类，其中山船重工公司排放的铁物质对水质污染最严重的结论，判决山船重工公司对王某某等21人养殖损失承担40%的损害赔偿责任，共计1 377 696元。宣判后，山船重工公司主动履行了全部判决内容。

【法律依据及分析】本案涉及的主要法律有：《侵权责任法》第66条规定，因污染环境发生纠纷，污染者应当就法律规定的不承担责任或者减轻责任的情形及其行为与损害之间不存在因果关系承担举证责任。《海洋环境保护法》第95条规定，涉及海洋环境监督管理的有关部门的具体职权划分，该法未作规定的，由国务院规定。《民事诉讼法》第170条第1款第2项规定，原判决、裁定认定事实错误或者适用法律错误的，以判决、裁定方式依法改判、撤销或者变更。

本案系海上污染损害赔偿纠纷，争议焦点为：①山船重工公司是否实施了污染行为；②吕某某等79人是否受到损害；③污染行为与损害之间的因果关系；④山船重工公司的责任范围。就本案而言，吕某某等79人应当就山船重工公司实施了污染行为、该行为使自己受到了损害之事实承担举证责任，并提交污染行为和损害之间可能存在因果关系的初步证据；山船重工公司应当就法律规定的不承担责任或者减轻责任的情形及行为与损害之间不存在因果关系承担举证责任。本案的特殊性主要体现在以下三个方面：其一，在受害人不持有海域使用权许可证及养殖许可证等实体权利存在瑕疵的情况下，是否应当提供救济及如何救济？其二，发生未纳入环境标准的物质致损，对该物质是否属于环境污染责任中的"污染物"应如何认定？其三，重要证据存在一定瑕疵时，对其证明力应当如何判断？针对上述三个问题，二审法院分别通过对法律条文的目的性解释、对环境标准内容与效力的动态评价、对证据证明力的辩证分析等严谨的方法，得出了具有公信力的结论。二审法院以成本损失为据确定海域使用权缺失情况下扇贝损失的计算方法、以"一切能够造成环境损害的物质"为基准确立的"污染物"认定规则及以相关佐证作为媒介，判定"鉴定结论"等重要证据证明力的证据认定方式，均为审理海上污染损害纠纷案件探寻出了有益的裁判基准。

【典型意义】本案系海洋环境污染损害赔偿纠纷案件。近年来，伴随着经济社会的快速发展，新型污染物时有出现，由此引发的纠纷日益受到关注。在未纳入环境标准的物质导致损害结果的情况下，致害物质是否属于环境污染责任中的"污染物"以及是否构成环境污染侵权成为法院审理案件的难点。本案在正确分配举证证明责任的基础上，针对山船重工公司提出的铁物质不属于评价海水水质的标准，其行为不属于环境污染侵权行为的抗辩理由，综合考虑相关环境标准未及时更新的现实情况和具备专业资质的鉴定人出具的鉴定意见，认定山船重工公司应就其污染行为承担侵权责任，确立了环境污染责任中"污染物"应界定为一切能够造成环境损害的物质，排放未纳入环境标准物质致损亦构成环境污染侵权的裁判规则。本案的妥善处理，依法规范了企业的生产行为，有效衡平了当事人的合法利益，积极探索了涉海污染侵权案件的审理规则，对类似案件审理起到了重要的示范作用。

三、固体废物污染案例

固体废物，是指在生产、生活和其他活动中产生的丧失原有利用价值或者虽未丧失利用价值但被抛弃或者放弃的固态、半固态和置于容器中的气态的物品、物质以及法律、行政法规规定纳入固体废物管理的物品、物质。按照其来源可分为：工业固体废渣，城市垃圾，农业固体废物。按照其自身化学、物理、生物化学属性，可以分为一般固废和危险废物。固体废物长期堆存不仅占用大量土地，而且会造成人体健康和自然生态的严重污染和危害。

目前，我国固体废物对环境的污染很严重，尤其是危险废物的污染，相关的诉讼不断增加。固体废物污染通常导致公共利益的损害，由此引发的环境公益诉讼日益增加。

➡ 典型案例

常州市检察院对许甲、许乙污染环境案提起民事公益诉讼[1]

【基本案情】 江苏省常州市武进区遥观镇建农村村民许甲、许乙自2010年上半年至2014年9月份，租用遥观镇东方村委空闲厂房，在未申领工商营业执照和危险废物经营许可证的情况下，擅自从事废树脂桶和废油桶的清洗业务，并非法排放和处置清洗后产生的废水、废渣。2014年9月1日，公安民警在现场查获各种废桶7789只。经现场称量，两个污水池四周堆放残渣2600袋，共重48.636吨，现场两个污水池底部废泥总重65.744吨，残渣和废泥总重114.38吨。经委托有资质单位取样检测，该厂地块内固废样品、残渣中监测出多种有毒物质，场地地下水受到污染，水中多种重金属和有机物超标。经相关部门检测认定，现场留存的废桶、残渣均属于《国家危险废物名录》中的危险废物，应依法及时处置，消除对环境的危险；经鉴定机构评估调查，污水池渗漏造成了污水池下方土壤的污染，对被污染的土壤应依法进行修复；两被告长期非法处置和排放至少500吨的废水，对地下水和外环境造成了严重影响，许甲、许乙因污染环境罪被依法追究刑事责任，但环境损害尚未修复。

2015年9月18日，常州市天宁区人民检察院在履行职责中发现该案线索，遂对该案进行立案审查，认为许甲、许乙违法处置有毒物质的行为严重污染环境，损害了社会公共利益。检察机关认为许甲、许乙实施了污染环境的行为，造成了环境的严重污染，损害了社会公共利益，根据《环境保护法》第6条、《民法通则》第124条、《侵权责任法》第65条的规定，许甲、许乙应当承担环境污染损害修复赔偿责任。因目前常州市不具有提起环境民事公益诉讼的适格主体，社会公共利益仍处于受侵害状态，现根据《民事诉讼法》第55条、《全国人民代表大会常务委员会关于授权最高人民检察院在部分地区开展公益诉

---

[1] 参见："常州市检察院对许甲、许乙污染环境案提起民事公益诉讼"，载江苏检察网，http://www.js.jcy.gov.cn/yaowen/201610/t3045649.shtml，访问于2018年6月25日。

试点工作的决定》规定，向本院提起诉讼，请求判令被告许甲、许乙赔偿污染环境修复费用 356.2 万元，请求判令被告消除危险，对于场地内遗留废物应当及时合法处置，并承担本案的鉴定评估费用。

【裁判结果】经公开开庭审理，常州市中级人民法院于 2016 年 4 月 14 日作出一审判决，检察机关的诉讼请求全部获得支持。法院判决：许甲、许乙将废桶、污水及池底污泥以及残渣委托有处理资质的单位全部清理处置，消除继续污染环境的危险；委托有土壤处理资质的单位制订土壤修复方案，提交常州市环保局审核通过后实施；赔偿对其他环境造成的损失 150 万元。两被告均未提出上诉，该案判决一审生效，目前已经进入执行阶段。

【案例分析】本案双方争议焦点为：①常州市人民检察院能否提起本案公益诉讼；②如何认定两被告污染物及排放量；③两被告污染行为造成环境损害后果的范围是否包括土壤、地下水与周边环境；④被告的污染行为与环境损害后果之间有无因果关系；⑤公益诉讼人关于要求被告以虚拟治理成本 30 万元为基数、根据该区域环境敏感程度以 4.5~6 倍计算环境修复费用的主张能否成立。

许甲、许乙承认其在未领危险废物许可证的情况下，擅自从事洗桶业务，未经处理排放废水。废水排放不仅会对场地造成污染，而且由于废水的流动、渗透，可能造成土壤、地下水和周边环境的污染，这属于社会公共利益范畴，因此本案属于公益诉讼。2015 年 7 月 1 日，全国人大常委会通过《全国人民代表大会常务委员会关于授权最高人民检察院在部分地区开展公益诉讼试点工作的决定》，试点地区确定为北京、内蒙古、吉林、江苏、安徽、福建、山东、湖北、广东、贵州、云南、陕西、甘肃共 13 个省、自治区、直辖市。公益诉讼试点期限为 2 年，自《决定》公布之日起算。常州市人民检察院是提起环境民事公益诉讼的适格主体。

污染物及排放量，依据评估报告和讯问笔录等证据合理推断。

环境损害后果问题。土壤污染的来源，除了污染物表层堆放向下渗透外，地下水的毛细现象和渗透扩散也是一大因素。因为地下水与周边土壤直接接触，并没有隔离层，根据吸附原理，受到污染的地下水会将各种污染物扩散到周边土壤中，使土壤同样受到污染。根据现场地下水的取样检测结果，地下水中超标因子包括重金属、总石油烃、氯代烷烃、苯系物等，这些化学物质均属污染物。以上污染物与洗桶行业的特征污染物相吻合，与污水池的废水、污泥中的污染物总体相一致。

污染行为与损害结果之间的因果关系。在地下水污染物和洗桶行为的特征污染物能够完全对应的情况下，可以认定公益诉讼人关于两被告的行为与环境损害后果之间具有因果关系的主张具有事实和法律依据。

环境修复费用计算方法。根据环保部制定的《环境损害鉴定评估推荐办法（第Ⅱ版）》，对于恢复成本远大于其收益或缺乏生态环境损害评价指标的情形，可适用虚拟成本治理法计算修复费用。

【法律依据】

《固体废物污染环境防治法》

第17条：收集、贮存、运输、利用、处置固体废物的单位和个人，必须采取防扬散、防流失、防渗漏或者其他防止污染环境的措施；不得擅自倾倒、堆放、丢弃、遗撒固体废物。

禁止任何单位或者个人向江河、湖泊、运河、渠道、水库及其最高水位线以下的滩地和岸坡等法律、法规规定禁止倾倒、堆放废弃物的地点倾倒、堆放固体废物。

《环境保护法》

第6条：一切单位和个人都有保护环境的义务。

地方各级人民政府应当对本行政区域的环境质量负责。

企业事业单位和其他生产经营者应当防止、减少环境污染和生态破坏，对所造成的损害依法承担责任。

公民应当增强环境保护意识，采取低碳、节俭的生活方式，自觉履行环境保护义务。

第58条：对污染环境、破坏生态，损害社会公共利益的行为，符合下列条件的社会组织可以向人民法院提起诉讼：

1. 依法在设区的市级以上人民政府民政部门登记；
2. 专门从事环境保护公益活动连续5年以上且无违法记录。

符合前款规定的社会组织向人民法院提起诉讼，人民法院应当依法受理。

提起诉讼的社会组织不得通过诉讼牟取经济利益。

《侵权责任法》

第4条：侵权人因同一行为应当承担行政责任或者刑事责任的，不影响依法承担侵权责任。

因同一行为应当承担侵权责任和行政责任、刑事责任，侵权人的财产不足以支付的，先承担侵权责任。

第 15 条：承担侵权责任的方式主要有：
1. 停止侵害；
2. 排除妨碍；
3. 消除危险；
4. 返还财产；
5. 恢复原状；
6. 赔偿损失；
7. 赔礼道歉；
8. 消除影响、恢复名誉。

以上承担侵权责任的方式，可以单独适用，也可以合并适用。

第 65 条：因污染环境造成损害的，污染者应当承担侵权责任。

第 66 条：因污染环境发生纠纷，污染者应当就法律规定的不承担责任或者减轻责任的情形及其行为与损害之间不存在因果关系承担举证责任。

《民事诉讼法》

第 55 条：对污染环境、侵害众多消费者合法权益等损害社会公共利益的行为，法律规定的机关和有关组织可以向人民法院提起诉讼。

人民检察院在履行职责中发现破坏生态环境和资源保护、食品药品安全领域侵害众多消费者合法权益等损害社会公共利益的行为，在没有前款规定的机关和组织或者前款规定的机关和组织不提起诉讼的情况下，可以向人民法院提起诉讼。前款规定的机关或者组织提起诉讼的，人民检察院可以支持起诉。

第 142 条：法庭辩论终结，应当依法作出判决。判决前能够调解的，还可以进行调解，调解不成的，应当及时判决。

《最高人民法院关于审理环境民事公益诉讼案件适用法律若干问题的解释》

第 15 条：当事人申请通知有专门知识的人出庭，就鉴定人作出的鉴定意见或者就因果关系、生态环境修复方式、生态环境修复费用以及生态环境受到损害至恢复原状期间服务功能的损失等专门性问题提出意见的，人民法院可以准许。

前款规定的专家意见经质证，可以作为认定事实的根据。

第 18 条：对污染环境、破坏生态，已经损害社会公共利益或者具有损害社会公共利益重大风险的行为，原告可以请求被告承担停止侵害、排除妨碍、消除危险、恢复原状、赔偿损失、赔礼道歉等民事责任。

第 19 条：原告为防止生态环境损害的发生和扩大，请求被告停止侵害、排除妨碍、消除危险的，人民法院可以依法予以支持。

原告为停止侵害、排除妨碍、消除危险采取合理预防、处置措施而发生的费用，请求被告承担的，人民法院可以依法予以支持。

第23条：生态环境修复费用难以确定或者确定具体数额所需鉴定费用明显过高的，人民法院可以结合污染环境、破坏生态的范围和程度、生态环境的稀缺性、生态环境恢复的难易程度、防治污染设备的运行成本、被告因侵害行为所获得的利益以及过错程度等因素，并可以参考负有环境保护监督管理职责的部门的意见、专家意见等，予以合理确定。

【典型意义】这是全国人大常委会授权检察机关提起公益诉讼试点后，检察机关以公益诉讼人身份提起的首例民事公益诉讼案件。为检察机关提供了取证、修复费用估算等方面的参考。

四、土壤污染案例

土壤是指位于地球陆地表面，具有一定肥力，能够生长植物的疏松层。土壤是各种陆地地形条件下的岩石风化物经过生物、气候诸自然要素的综合作用以及人类生产活动的影响而产生、发展起来的。土壤是一个复杂而多相的物质系统。人为活动产生的污染物进入土壤并积累到一定程度，引起土壤质量恶化，进而造成农作物中某些指标超过国家标准的现象，被称为土壤污染。随着工业化进程的不断加快，矿产资源的不合理开采及其冶炼排放、长期对土壤进行污水灌溉和污泥施用、人为活动引起的大气沉降、化肥和农药的施用等原因，造成了土壤污染严重。土壤污染会对公众健康和生态系统造成不良的影响。

土壤污染纠纷解决，既要填补私益的损害，也要考虑环境公益的救济，污染者的确定和损害责任认定是此类案件的难点。

➡ 典型案例

铜山华润电力有限公司土壤污染侵权责任纠纷案[1]

【基本案情】2014年9月8日，洪某某与柳新镇杨场村委会签订《农村土地承包经营权流转合同》，承包水稻田、秧板田用于农业生产经营。2015年洪某某承包地中种植的水稻出现减产，遂于2015年10月26日向徐州市铜山区农业生产事故技术鉴定管理办公室（以下简称鉴定管理办公室）申请鉴定，申请鉴定

---

[1] 案件来源：(2016)苏0302民初1770号、(2017)苏03民终3990号。

事项为水稻减产的原因及产量损失，被申请方为铜山华润电力有限公司（以下简称电力公司）。在经现场调查、询问、查阅相关资料的基础上，2015 年 11 月 2 日，鉴定管理办公室作出鉴定结论，认为主要原因是土壤含粉煤灰所致，合计损失 14 725.4 公斤。洪某某遂提起民事诉讼，请求法院判令该电力公司赔偿水稻损失折价款 38 286.04 元。

【判决结果】徐州市鼓楼区人民法院于 2017 年 4 月 26 日作出（2016）苏 0302 民初 1770 号民事判决：电力公司一次性赔偿给洪某某人民币 38 286.04 元。宣判后，被告电力公司提出上诉。

徐州市中级人民法院二审审理认为，在洪某某已经初步证明电力公司排放污染物且污染物可以到达其承包地具有高度可能性、其受到损害以及电力公司散发的粉煤灰与其损害后果之间具有关联性的情况下，电力公司未能举证证明其行为与损害之间不存在因果关系，亦未证明存在法律规定的不承担责任或者减轻责任的情形，因此，电力公司构成环境侵权，应承担相应的侵权责任。据此，徐州市中级人民法院于 2017 年 9 月 4 日作出（2017）苏 03 民终 3990 号民事判决，判定驳回上诉，维持原判。

【法律依据及分析】本案的争议焦点为：①上诉人是否实施了排污行为；②被上诉人在一审期间提交的铜山区农委的鉴定书能否作为认定相关案件事实的有效证据，一审法院判决对于损害后果的认定是否正确；③如上诉人实施排污行为，本案能否认定损害后果与排污行为之间的因果关系。

《侵权责任法》第 65 条规定，因污染环境造成损害的，污染者应当承担侵权责任。依据《最高人民法院关于审理环境侵权责任纠纷案件适用法律若干问题的解释》第 6 条的规定，被侵权人根据《侵权责任法》第 65 条规定请求赔偿的，应当提供证明以下事实的证据材料：①污染者排放了污染物；②被侵权人的损害；③污染者排放的污染物或者其次生污染物与损害之间具有关联性。

在本案中，有证据证明华润电力公司排放污染物且污染物可以到达洪某某的承包地具有高度可能性，被上诉人洪某某已经举证证明其受有损害，华润电力公司散发的粉煤灰与被上诉人洪某某的损害之间具有关联性。依据《侵权责任法》第 66 条的规定，因污染环境发生纠纷，污染者应当就法律规定的不承担责任或者减轻责任的情形及其行为与损害之间不存在因果关系承担举证责任。本案中，华润电力公司未能举证证明其存在法律规定的不承担责任或者减轻责任的情形及其行为与损害之间不存在因果关系，因此，上诉人华润电力公司构成环境侵权，应承担相应的侵权责任。

【典型意义】 因污染环境造成损害的，污染者应当承担侵权责任，但是被侵权人亦应提供污染者排放的污染物与损害之间具有关联性的证据。在被侵权人已经完成其举证责任后，污染者应当就其行为与损害之间不存在因果关系承担举证责任。本案的审理厘清了环境侵权作为一种特殊侵权，侵权人和被侵权人在其中所应承担的不同举证责任。

环境侵权具有隐蔽性、潜伏性、专业技术性，因此其损害后果、致害原因和因果关系往往比较难以查明。被侵权人在发现环境侵权行为时要有相应的取证意识。本案中，洪某某在发现其水稻减产后，及时到相关部门申请鉴定以查明原因，有效地固定了证据，对救济其权益起到了关键性的作用。本案对于被侵权人遭受污染损害后如何维护自身合法权益具有一定的示范意义。

典型案例

常州市环境公益协会诉储某某、常州博世尔物资再生利用有限公司等土壤污染民事公益诉讼案[1]

【基本案情】 常州市博世尔物资再生利用有限公司（以下简称博世尔公司）成立于2008年7月，成立时的名称为常州市君创固体废物再生利用有限公司，从事利用废灰、废渣制造免烧砖和提炼次氧化锌的生产经营。经营地址为常州市武进区湟里镇东安农行北。2011年更名为博世尔公司，注册资金调整为100万元。至2012年，博世尔公司停止了生产经营活动。其场地交由储某某使用。

2012年9月1日至2013年12月11日，储某某经博世尔公司同意，使用该公司场地及设备，从事"含油滤渣"的处置经营活动。其间，无锡金科化工有限公司（以下简称金科公司）明知储某某不具备处置危险废物的资质，允许其使用危险废物经营许可证并以该公司名义从无锡翔悦石油制品有限公司（以下简称翔悦公司）、常州精炼石化有限公司（以下简称精炼公司）等处违规购置油泥、滤渣，提炼废润滑油销售牟利，造成博世尔公司场地及周边地区土壤受到严重污染。2014年7月18日，常州市环境公益协会提起诉讼，请求判令储某某、博世尔公司、金科公司、翔悦公司、精炼公司共同承担土壤污染损失的赔偿责任。

---

[1] "最高法院12月29日发布环境侵权典型案例"，载中华人民共和国最高人民法院网，http://www.court.gov.cn/zixun-xiangqing-16396.html，访问于2018年7月8日。

【裁判结果】江苏省常州市中级人民法院受理后，组成由环境保护专家担任人民陪审员的合议庭审理本案，依照法定程序就环境污染损害情况委托鉴定，并出具三套生态环境修复方案。同时在受污染场地周边公示，以现场问卷形式收集公众意见，最终参考公众意见、结合案情确定了生态环境修复方案。法院认为，储某某违反国家规定，借用金科公司的危险废物经营资质并以该公司名义，将从翔悦公司、精炼公司购买的油泥、滤渣进行非法处置，污染周边环境；博世尔公司在明知储某某无危险废物经营许可证的情况下，为储某某持续实施环境污染行为提供了场所和便利，造成其场地内环境污染损害结果的发生；翔悦公司、精炼公司明知储某某的行为违法，仍然违规将其生产经营过程中产生的危险废物交由储某某处置，未支付处置费用，还向储某某收取危险废物价款。五被告之行为相互结合，导致损害结果的发生，构成共同侵权，应当共同承担侵权责任。遂判令五被告向江苏省常州市生态环境法律保护公益金专用账户支付环境修复赔偿金283万余元。一审判决送达后，各方当事人均未上诉。判决生效后，一审法院组织检察机关、环境保护行政主管部门、鉴定机构以及案件当事人共同商定第三方托管方案，由第三方具体实施污染造成的生态环境治理和修复。

【法律依据及分析】本案的争议焦点为以下三项：①公益协会作为本案原告主体是否适格？②本案中五被告是否应承担侵权责任？分别应如何承担侵权责任？③鉴定机构作出的《常州市博世尔物资再生利用有限公司场地环境污染损害评估技术报告》是否能作为证据使用？其结论能否被采信？

本案原告公益协会具备原告的主体资格。《民事诉讼法》第55条规定："对污染环境、侵害众多消费者合法权益等损害社会公共利益的行为，法律规定的机关和有关组织可以向人民法院提起诉讼。"上述法律，强调了作为公益诉讼的原告，应当为由法律规定的机关，而对于有关组织，则未加以限制。由于环境公益诉讼除了能够有效维护环境公共利益之外，还具有独特的社会调节功能和政策形成功能，并具有有效弥补行政管理手段的不足的功能。因此立法者对于"有关组织"作为公益诉讼原告持宽松的态度。即根据《社会团体登记管理条例》《民办非企业单位登记管理暂行条例》《基金会管理条例》规定的保持一定开放性的社会团体、民办非企业单位以及基金会等依法均可以成为公益诉讼的原告。而本案的原告系以从事环境保护公益事业为宗旨的社会团体，其成为公益诉讼的原告符合《民事诉讼法》第55条规定的要求。

本案中五被告的行为已构成环境污染共同侵权，对环境污染损害结果应承担连带赔偿责任。被告储某某违反国家规定，未向常州市武进区环境保护局报批环境影响评价文件，未配套验收大气污染防治设施、未建成固体污染物污染环境防治设施，且在未取得危险废物经营许可证的情况下，使用博世尔公司的场地及设备，以金科公司的危险废物经营资质及该公司名义，将从翔悦公司、精炼公司购买的油泥、滤渣进行非法处置，污染周边环境，造成损失 2 830 700 元，其行为已构成刑事犯罪。同时根据我国《侵权责任法》第 4 条、第 65 条之规定，储某某的行为构成环境污染侵权。博世尔公司明知储某某无危险废物经营许可证，对储某某在公司住所地非法从事危险废物处置的行为也未予制止，实际上为储某某持续实施环境污染行为提供了场所和便利，造成环境污染损害结果的发生。根据我国《侵权责任法》第 8 条之规定，属于共同侵权。博世尔公司应对该损害结果承担连带责任。金科公司副总经理储某辉在明知储某某存在违规自行处置危险废物行为的前提下，在储某某提供的以其公司名义与翔悦公司签订的《废油处置协议》（以下简称《协议》）上加盖其公司公章，并将盖有本公司公章的危险废物经营许可证复印件（以下简称复印件）交由储某某使用。金科公司对储某某要利用其危险废物经营许可证从事非法处置危险废物的行为在主观上是明知的。且金科公司在《协议》上加盖公章并将复印件交储某某使用的行为，成为储某某与翔悦公司、精炼公司签订协议，购买危险废物自行进行处置的前提条件，应承担连带责任。翔悦公司和精炼公司违规操作，将其生产经营过程中产生的危险废物交由不具备资质的储某某处置，非但没有办理危险废物转移联单，不支付相应处置费用，还向储某某收取该危险废物的出售价款，其主观上对于储某某违规自行处置危险废物的行为是明知的，翔悦公司与精炼公司同样应承担环境污染侵权的连带责任。

鉴定机构已在江苏省法院网的鉴定评估平台备案，具备鉴定资质，本院指定由其担任鉴定机构，符合程序要求。后常环公司组织专业人员，按照法律法规和技术规范所规定的工作程序进行评估，其结论具有科学性，故其报告应作为本案的证据加以采信。

根据我国目前的环境形势，在发展经济和保护环境之间，应当坚持环境保护优先的原则，即决不能以牺牲环境为代价来追求经济利益。对于整个社会而言，保护环境就是维护整体利益、长远利益和合法利益。我们应当以司法手段来改变环境污染案件"违法成本低、行政执法难、司法案件少、处置效果差"的现状，应当依法使污染环境者付出沉重的代价，而更重要的是保护和恢复被污染的生态环境。因此，本案被告承担侵权责任，进行经济补偿，受付方应为环境恢复的实施方，其费用也只能用于环境修复。据此，本院确定，赔偿款支付至江苏省常州市生态环境法律保护公益金专用账户。

【典型意义】 环境侵权案件具有很强的专业性、技术性，对于污染物认定、损失评估、因果关系认定、环境生态修复方案等问题，通常需要从专业技术的角度作出评判。受案法院在审理过程中，邀请环境保护专家担任人民陪审员，委托专业机构进行鉴定评估，制作生态环境修复方案，很好地发挥了技术专家和专业机构的辅助与支持作用。此外，受案法院将土壤修复方案向社会公布、听取公众意见，保障了公众对环境修复工作的有效参与；引入第三方治理模式，通过市场化运作，将环境修复交由专业公司实施，既有利于解决判决执行的监管问题，也有利于提高污染治理效率。

五、噪声污染案例

噪声是指对人类的生活或者生产活动产生不良影响的声音，或者说是人们在正常生活当中所不需要的声音。《环境噪声污染防治法》把噪声分为工业生产、建筑施工、交通运输和社会生活噪声。其可与环境中的废水、废气、废渣一样产生环境公害，影响的不仅仅是人类。噪声具有即时性、分散性、反复性和不确定性。当噪声对人及周围环境造成不良影响时，就形成噪声污染。

良好的声环境是人们正常生活中不可少的，噪声污染要依据噪声排放标准而确定。在此类纠纷案件的解决中，由于噪声具有即时性的特征，取证以及证据固定对受害人而言是困难的。噪声污染往往在相邻主体之间发生，可以通过相邻关系予以救济。另外，噪声污染往往是无形污染，在司法救济中，对精神损失应予以考量。在此类案件审理中，确定噪声污染和认定损害是难点，应具体案件具体分析。

➡ 典型案例

颜甲与颜乙环境噪音污染责任纠纷案[1]

【基本案情】 2015年11月13日，颜乙注册登记位于永春县某某镇某某社区居委会某组某号的永春县石鼓宇美不锈钢店，经营范围为不锈钢加工。在生产

---

[1] "福建高院发布生态司法保护绿皮书及十大生态环境审判案例"，载福州新闻网，http://news.fznews.com.cn/dsxw/20180606/5b1730d170474.shtml，访问于2018年6月25日。

期间，颜甲认为颜乙在不锈钢加工时，不锈钢切割、打磨、敲打、钻孔、焊接等行为，产生的噪声污染严重影响其与家人的生活，遂向永春县环境保护局投诉。永春县环境保护局多次对颜乙经营的永春县石鼓宇美不锈钢店进行检查，认为该店属于家庭式作坊，尚未办理相关环保手续，遂要求其停止生产，后在检查中未发现该店从事生产。2016 年 10 月 28 日，颜乙注销永春县石鼓宇美不锈钢店，此后颜乙的不锈钢加工店仍有噪音，颜甲以颜乙无视永春县环境保护局禁止生产处理决定为由，向永春县人民法院提起诉讼，请求判令颜乙停止在其家中加工不锈钢，排除噪声污染的妨害，并赔偿颜甲精神损害 20 000 元。永春县人民法院依颜甲申请调取的相关证据，证实颜乙的不锈钢店未配备相应的减震降噪措施，未办理相关环评手续，是露天加工。

【裁判结果】永春县人民法院一审经审理认为，颜甲提出的诉讼请求证据不足，不予支持，判令驳回颜甲的诉讼请求。

宣判后，颜甲以颜乙注册登记的不锈钢店未配备相应的减震降噪措施，未办理相关环评手续，露天加工存在噪音污染，且污染环境纠纷应由污染者承担举证责任等为由，提出上诉。

泉州市中级人民法院二审判决认为，本案系环境噪声污染责任纠纷，双方当事人所住的房屋系农村自建住宅，相隔不超过 5 米，颜乙在其所居住的房屋内进行不锈钢加工。根据原审法院依颜甲申请而调取的永春县环境保护局的执法记录单、工业污染源现场监察记录表、告知永春县石鼓宇美不锈钢店环境违法行为的函等证据，足以证明颜乙所登记注册的永春县石鼓宇美不锈钢店系家庭式作坊，采用露天加工的方式，未配套建设相关减震降噪措施，其在加工中所产生的噪声主要来自于原材料切割、磨边、装卸运输材料等过程中产生的声音，该声音势必会传入其他居民的居室内，超出了一般公众普遍可忍受的范围，已成为干扰周围居民生活的噪声，若长期遭受到噪声污染，会影响他人正常休息，损害身体健康。依照《最高人民法院关于民事诉讼证据的若干规定》第 4 条第 3 款规定，颜乙辩称其虽有加工，但并未存在噪声，也并未构成对颜甲的侵权，但不能举证证明其进行不锈钢加工的行为具有合理的免责事由，应承担排除妨害的法律责任。故依法作出判决：一是撤销福建省永春县人民法院（2017）闽 0525 民初 1601 号民事判决；二是被上诉人颜乙应于本判决生效之日起立即停止在永春县石鼓镇桃星社区 339 号房屋内加工不锈钢，排除噪声污染妨害；三是被上诉人颜乙应于本判决生效之日起 10 日内赔偿上诉人颜甲精神损害抚慰金 2000 元；四是驳回上诉人颜甲的其他诉讼请求。

【案例分析】噪声是来源于固体、液体、气体的振动而有害于人体健康的声音。它属于接收者所不需要的，或者使人们的心理或生理机能产生不愉快心情的声音，所以也被称为感觉性公害。在环境科学上，振幅和频率杂乱、断续或统计上无规律的声振动被称为噪声。依照我国《环境噪声污染防治法》的解释，环境噪声是指在工业生产、建筑施工、交通运输和社会生活中所产生的干扰周围生活环境的声音。判断是否构成环境噪声污染需具备两个条件：一是排放的环境噪声超过国家规定的环境噪声排放标准；二是环境噪声干扰了他人的生活、工作和学习。

本案系一起环境噪声污染责任纠纷案件，案件审理的关键点在于环境噪声污染行为的认定、噪声污染造成损害的推定，以及精神损害抚慰金的赔偿认定和数额确定等。本案中，不锈钢制品加工所产生的噪音超出一般公众普遍可忍受的范围，污染程度较为明显，二审法院通过适用举证责任的分配规则，认定颜乙的噪声污染行为存在，并判令其停止侵权、排除妨害。同时，二审法院依据产生噪声的时间、两家距离的远近、噪声的大小等多个因素，酌情支持上诉人精神损害抚慰金 2000 元。

【法律依据】

《侵权责任法》

第 5 条：其他法律对侵权责任另有特别规定的，依照其规定。

第 15 条：承担侵权责任的方式主要有：

1. 停止侵害；
2. 排除妨碍；
3. 消除危险；
4. 返还财产；
5. 恢复原状；
6. 赔偿损失；
7. 赔礼道歉；
8. 消除影响、恢复名誉。

以上承担侵权责任的方式，可以单独适用，也可以合并适用。

第 21 条：侵权行为危及他人人身、财产安全的，被侵权人可以请求侵权人承担停止侵害、排除妨碍、消除危险等侵权责任。

第 22 条：侵害他人人身权益，造成他人严重精神损害的，被侵权人可以请求精神损害赔偿。

第65条：因污染环境造成损害的，污染者应当承担侵权责任。

《环境噪声污染防治法》

第2条：本法所称环境噪声，是指在工业生产、建筑施工、交通运输和社会生活中所产生的干扰周围生活环境的声音。

本法所称环境噪声污染，是指所产生的环境噪声超过国家规定的环境噪声排放标准，并干扰他人正常生活、工作和学习的现象。

第41条：本法所称社会生活噪声，是指人为活动所产生的除工业噪声、建筑施工噪声和交通运输噪声之外的干扰周围生活环境的声音。

第61条：受到环境噪声污染危害的单位和个人，有权要求加害人排除危害；造成损失的，依法赔偿损失。

赔偿责任和赔偿金额的纠纷，可以根据当事人的请求，由生态环境主管部门或者其他环境噪声污染防治工作的监督管理部门、机构调解处理；调解不成的，当事人可以向人民法院起诉。当事人也可以直接向人民法院起诉。

《最高人民法院关于民事诉讼证据的若干规定》

第2条：当事人对自己提出的诉讼请求所依据的事实或者反驳对方诉讼请求所依据的事实有责任提供证据加以证明。

没有证据或者证据不足以证明当事人的事实主张的，由负有举证责任的当事人承担不利后果。

第4条：下列侵权诉讼按照以下规定承担举证责任：……③因环境污染引起的损害赔偿诉讼，由加害人就法律规定的免责事由及其行为与损害结果之间不存在因果关系承担举证责任……

第34条：当事人应当在举证期限内向人民法院提交证据材料，当事人在举证期限内不提交的，视为放弃举证权利。对于当事人逾期提交的证据材料，人民法院审理时不组织质证。但对方当事人同意质证的除外。

当事人增加、变更诉讼请求或者提起反诉的，应当在举证期限届满前提出。

【典型意义】本案系一起环境噪声污染责任纠纷案件，本案审理的关键点在于环境噪声污染行为的认定，噪声污染造成损害的推定，以及精神损害抚慰金的赔偿认定和数额确定等。

本案中，不锈钢制品加工所产生的噪音超出一般公众普遍可忍受的范围，污染程度较为明显，二审法院通过适用举证责任的分配规则，认定颜乙的噪声污染行为存在，并判令其停止侵权，排除妨害。颜乙的不锈钢加工店属于家庭式作坊,系间歇性生产加工,产生噪声的时间不长,且双方所居住的房屋相距数米,并非一墙之隔,二审法院依据产生噪声的时间、两家距离的远近、噪声的大小等多个因素酌情支持 2000 元精神损害抚慰金。

法院通过举证责任分配的方式,加大侵权人的证明责任,保障被侵权人的合法权益,彰显了人民法院保护生态环境的决心。

六、光污染案例

广义的光污染包括一些可能对人的视觉环境和身体健康产生不良影响的事物,国际上一般将光污染分成三类,即白亮污染、人工白昼和彩光污染。光污染对人体健康和自然生态都会产生不良影响。

光污染属于物理性污染,其危害与光照强度、时间紧密关联,这些物理量可以通过检测来确定,但是光污染所造成的损害既有客观的也有主观的,很难予以认定,这是此类诉讼的主要难点。

与噪声污染类似,此类纠纷可以通过相邻关系解决,具体案件裁判中,应考虑到精神损害赔偿。光污染对自然生态的损害的鉴定和评估是比较复杂的。

➡ **典型案例**

陆某诉永达公司环境污染损害赔偿纠纷案[1]

【基本案情】 陆某于 2005 年 9 月 1 日提起诉讼,诉称:被告经营场所东面展厅的围墙边,安装着三盏双头照明路灯,每晚 7 时至次日晨 5 时开启。这些路灯散射的强烈灯光,直入原告居室,使原告难以安睡,为此出现了失眠、烦躁不安等症状,导致工作效率低下。被告设置的这些路灯,严重干扰了居民的休息,已经违反上海市从 2004 年 9 月 1 日起实施的《城市环境装饰照明规范》的规定,构成光污染侵害。请求判令被告停止和排除对原告的光污染侵害,拆除该路灯,公开向原告道歉,并给原告赔偿损失 1000 元。审理中,原告将请求赔偿损失的金额变更为 1 元。并提供以下证据:①上海市安居房、平价房配售合同 1 份,用以证明陆某的居室与永达公司的经营场所相邻;②2004 年 8 月 30 日晚间拍摄的涉案路灯开启状态以及陆某居室外墙的照片 2 张,用以证明涉案路灯开启后的亮度以及陆某居室外墙受照射的程度;③在陆某居室内拍摄的涉案

---

[1] 参见:"陆某诉永达公司环境污染损害赔偿纠纷案",载 110 裁判案例网,http://www.110.com/panli/panli_59946.html,访问于 2018 年 7 月 25 日。

路灯开启后灯光射入情况的录像片段，用以证明在夜间目视情况下，射入居室的涉案路灯灯光非常刺眼；④人民网、北方网上关于光污染的报道 2 篇，用以证明光污染会对人体健康造成负面影响；⑤《城市环境装饰照明规范》文本，用以证明涉案路灯的灯光对陆某居室的照射已达到该规范所指的障害光和光污染标准。

被告辩称：涉案路灯是被告为自己的经营场所外部环境提供照明安装的，是经营所需的必要装置，而且是安装在被告自己的经营场所上，原告无权干涉。该路灯的功率每盏仅为 120 瓦，不会造成光污染，不可能侵害原告权益，更不会对原告造成什么实际的损害结果。该路灯不仅为被告自己的经营场所外部环境提供了照明，事实上也为隔壁小区居民的夜间行走提供了方便。即便如此，为维护企业与临近居民的关系，被告在得知原告起诉后，已经切断了涉案路灯的电源，并保证今后不再使用，故不同意原告的诉讼请求。

法院认为被告永达公司开启的涉案路灯灯光，已对原告陆某的正常居住环境和健康生活造成了损害，构成环境污染。永达公司不能举证证明该侵害行为具有合理的免责事由，故应承担排除危害的法律责任。永达公司已于诉讼期间实际停止了开启涉案路灯，并承诺今后不再使用，于法无悖，应予支持。因永达公司的侵权行为没有给陆某造成不良的社会影响，故对陆某关于永达公司公开赔礼道歉的诉讼请求，不予支持。尽管陆某只主张永达公司赔偿其损失 1 元，但因陆某不能举证证明光污染对其造成的实际损失数额，故对该项诉讼请求亦不予支持。作出如下判决：①被告永达公司应停止使用其经营场所东面展厅围墙边的三盏双头照明路灯，排除对原告陆某造成的光污染侵害；②对原告陆某的其余诉讼请求不予支持。

【**法律依据及分析**】光污染主要包括白亮污染、人工白昼污染和彩光污染。光污染可对人眼的角膜和虹膜造成伤害，抑制视网膜感光细胞功能的发挥，引起视觉疲劳和视力下降。光污染还可能会引起头痛、疲劳、性能力下降，增加压力和焦虑，甚至诱发癌症。光污染会影响动物的自然生活规律，使受影响的动物昼夜不分，活动能力出现问题。

本案争议焦点是：①被告在自己权益范围内安装自用照明的路灯是否构成环境污染中的光污染？②本案被告永达公司安装的路灯是否造成了原告陆某的损害？

《环境保护法》第 42 条规定："排放污染物的企业事业单位和其他生产经营

者，应当采取措施，防治在生产建设或者其他活动中产生的废气、废水、废渣、医疗废物、粉尘、恶臭气体、放射性物质以及噪声、振动、光辐射、电磁波辐射等对环境的污染和危害。"其中"等"字应理解为包括该法制定时没有预见到的可能对环境造成污染的一切污染形态，所以光污染作为一种新型污染形态也应属于国家污染防治的范围。《民法通则》第124条规定："违反国家保护环境防治污染的规定，污染环境造成他人损害的，应当依法承担民事责任。"这些都是提起环境污染侵权之诉的法律依据。《民法通则》第83条规定："不动产的相邻各方，应当按照有利生产、方便生活、团结互助、公平合理的精神，正确处理截水、排水、通行、通风、采光等方面的相邻关系。给相邻方造成妨碍或者损失的，应当停止侵害，排除妨碍，赔偿损失。"这是提起相邻光污染侵权之诉的法律依据。运用相邻权理论解决光污染侵害的局限性在于，其只能适用于相邻不动产的光污染侵害。而因车灯、探照灯等流动光线产生的光污染纠纷就无法提起相邻侵权之诉。

　　环境污染对人体健康造成的实际损害结果，不仅包括那些症状明显并可用计量方法反映的损害结果，还包括那些症状不明显且暂时无法用计量方法反映的结果。永达公司所设置路灯的外溢光、杂散光射入周边居民的居室内，数量足以改变居室内人们夜间休息时通常习惯的暗光环境，且超出了一般公众可忍受的范围，对原告的正常居住环境和健康生活造成了损害，构成环境污染。影响了原告的身体健康和正常生活，损害了原告受法律保护的环境权益，应当承担法律责任。

　　光污染损害民事责任实行无过错责任原则。成光污染损害的民事责任，并不要求损害事实，只要有危害或妨碍的状态即可。

　　目前"光污染的标准与危害性如何量化""光污染应如何处罚"等问题缺乏界定标准和法律依据。因此，法院在认定光污染和确定光污染损害方面依据较少。上海市质量技术监督局出台的《城市环境（装饰）照明规范》、北京市质监局出台的《室外照明干扰光限制规范》可以作为参考。

　　光污染损害的后果是指对光污染行为所致损害程度的客观评估。光污染损害的认定，应当从光污染损害的特殊性入手。在确定光污染的损害后果时应结合以下因素综合考虑：①光源或者光载体与受侵害人的居住房屋的距离；②光照强度；③光源的作用时间；④受侵害人的受损害程度；⑤损害方的主观心理；⑥当地的生活水平情况等。

七、复合型污染案例

复合型污染通常是指多样的污染物共同造成危害。随着经济、社会和技术的发展，复合型污染越来越多。此类纠纷中，污染者的确定、科学证据的认定与采信、法律责任的分配与竞合，对裁判者的要求比较高，对纠纷双方的举证责任要求也比较高。目前还没有比较统一的认定模式，需要具体案件具体分析。

◆ 典型案例

倪某某诉丹东海洋红风力发电有限责任公司环境污染侵权案[1]

【基本案情】倪某某于1993年建温室养殖场养殖中华鳖。2000年3月，丹东海洋红风力发电有限责任公司（以下简称海洋红公司）在倪某某养殖场周边村落建成大规模风力发电机组，其中两组发电机位于养殖场附近。一组位于养殖场东南约100米处，另一组位于养殖场西北400～500米处。2000年9月份后倪某某养殖的中华鳖大量死亡。2001年7月25日，倪某某自行委托监测站针对海洋红公司对倪某某中华鳖生产影响进行了论证，结论为：风力发电机叶轮转动投影及噪声扰乱改变了温室大棚中中华鳖所需的安静生活环境，而且这种惊扰正值中华鳖繁殖、发育和生长期间，因此导致了一系列不良后果。倪某某针对所致损失，又委托评估鉴定，结论为损失总计1 637 966元。辽宁省丹东市中级人民法院委托渔业生态监测中心针对"海洋红公司对室内养殖中华鳖生长影响"进行现场试验鉴定，渔业生态监测中心出具鉴定报告，结论为：试验现场的噪声、电磁辐射以及转动的阴影，不会对中华鳖的存活和生长造成影响。农业部渔业局资源环保处出具证明材料认为：渔业生态监测中心"关于风车的噪声、电磁辐射、转动阴影等因素对中华鳖的存活和生活影响的试验鉴定"已超出该局核发的《渔业污染事故调查鉴定资格证书》的业务范围。农业部渔业局针对一审法院就相关问题的咨询函答复："渔业生态监测中心持有我局颁发的《渔业污染事故调查鉴定资格证书》（甲级），具有渔业污染事故调查资格。"倪某某诉请海洋红公司赔偿其养殖的中华鳖损失1 637 966元。

【裁判结果】辽宁省东港市人民法院一审认为，因环境污染引起的损害赔偿

---

[1] 参见："倪某某诉丹东海洋红风力发电有限责任公司环境污染侵权纠纷案"，载中国法院网，https://www.chinacourt.org/article/detail/2017/06/id/2901578.shtml，访问于2018年7月5日。

诉讼，由加害人就法律规定的免责事由及行为与损害结果之间不存在因果关系承担举证责任。渔业生态监测中心作出的鉴定报告结论为："试验现场的噪声、电磁辐射以及转动的阴影，不会对中华鳖的存活和生长造成影响。"倪某某虽对此提出异议，但农业部渔业局已复函证实渔业生态监测中心具有渔业污染事故调查资格，故对该鉴定报告内容予以采信，判决驳回倪某某的诉讼请求。二审法院维持一审判决。辽宁省高级人民法院再审认为，根据《最高人民法院关于民事诉讼证据的若干规定》第4条的规定，因环境污染引起的损害赔偿诉讼，由加害人就法律规定的免责事由及行为与损害结果之间不存在因果关系承担举证责任。本案存在发生损害的事实，且海洋红公司客观上实施风力发电所产生的噪声、光影及电磁可能会形成环境污染，海洋红公司应当就倪某某饲养的中华鳖死亡与其实施的风力发电行为之间不存在因果关系承担举证责任。渔业生态监测中心虽作出鉴定意见认为现场的噪声、电磁辐射以及转动的阴影，不会对中华鳖的存活和生长造成影响。但农业部渔业局资源环保处答复认为，渔业生态监测中心"关于风车的噪声、电磁辐射、转动阴影等因素对中华鳖的存活和生活影响的试验鉴定"已经超出核发的《渔业污染事故调查鉴定资格证书》的业务范围。农业部渔业局虽答复称，渔业生态监测中心具有渔业污染事故鉴定资质，但并未对本案噪声、电磁辐射、转动阴影等因素对中华鳖的影响是否系渔业生态监测中心的鉴定范围作出实质性答复。由此，本案应当认定渔业生态监测中心不具有涉及本案环境污染因素的鉴定资质。案涉环境污染损害纠纷，是基于风力发电产生的噪声、光影及电磁造成的新类型环境污染，不属于一般意义上的渔业水域污染，仅具有渔业污染鉴定资质的机构所出具的鉴定结论不能作为定案的依据。中华鳖属于对噪声及光影敏感生物，而本案中风力发电机最近一组机组距离养殖场仅100米，不符合相关规范要求。《辽宁省风力发电厂生态建设管理暂行办法》可以印证中华鳖死亡与风力发电机所产生的噪声、转动阴影、电磁辐射等因素具有一定的因果关系。本案海洋红公司未完成中华鳖死亡与其实施的风力发电行为之间不存在因果关系的举证证明责任，应承担相应的民事责任。辽宁省高级人民法院再审判决撤销一审、二审判决，改判海洋红公司承担本案损失的80%民事责任，赔偿倪某某经济损失1 310 327.8元。

【法律依据及分析】 本案的争议焦点是中华鳖死亡与海洋红公司实施的风力发电行为之间是否存在因果关系。对此，虽一审、二审法院未予认定该因果关系，但再审法院通过对鉴定机构资质的判断以及综合案件具体情况认定该因果关系存在，是正确的。侵权责任法上，加害行为与损害结果间的因果关系有两个特征：一是该因果关系具有客观性，符合自然科学上的因果规律；二是该因果关系认定具有主观性，一个社会内在的文化观念、习俗伦理、立法政策都影响该因果关系的认定。法律上的因果关系认定不仅依赖自然科学知识，还依赖法学的价值判断。本案存在对鉴定机构资质出具的两份结论相悖的意见，人民法院在采信证据方面没有依赖鉴定意见，而是在审查鉴定机构资质确定不予采信其鉴定意见的基础上，从规范要求和侵权行为的特殊性出发，依据风力发电机最近一组机组距离养殖场仅 100 米，选址违反法律规定等因素，对于因果关系予以认定，体现了法学的价值判断对于认定因果关系成立与否的重要意义。《民事诉讼法》第 64 条规定，当事人对自己提出的主张，有责任提供证据。《最高人民法院关于民事诉讼证据的若干规定》第 2 条规定，当事人对自己提出的诉讼请求所依据的事实或者反驳对方诉讼请求所依据的事实有责任提供证据加以证明。没有证据或者证据不足以证明当事人的事实主张的，由负有举证责任的当事人承担不利后果。第 4 条规定，因环境污染引起的损害赔偿诉讼，由加害人就法律规定的免责事由及行为与损害结果之间不存在因果关系承担举证责任。

【典型意义】本案系因风力发电产生的噪声、光影及电磁造成损害的新类型环境污染侵权纠纷。噪声是风力发电场典型的污染因素。光影的影响，虽未明确作为环境污染的类别，但与光污染类似，且相关研究表明风电场光影的规律性变化和晃动可能对居民和敏感生物产生影响，是可致污染的重要因素。关于电磁波污染，由于风力发电的原理即在于利用风力使得叶片带动磁场转动，由磁场能量转化为电能，在此过程中会产生磁场或电磁波的负面影响，也是已知的可能污染源。噪声、光影与电磁波都是可能污染源。本案再审法院根据案件系风力发电厂噪声、光影及电磁致损的新类型污染的特点，综合相关部门就鉴定资质出具的证据，对于鉴定机构的鉴定资质进行了审查判断，未予采信鉴定意见。同时依据风力发电机组与养殖场的距离、风力发电厂生态建设相关规范文件，结合中华鳖的习性，认定了风力发电产生的噪声、光影及电磁与中华鳖的死亡具有一定的因果关系，体现了环境资源审判中对于专业性问题审查判断的特殊性，对于准确认定污染行为和损害结果之间的因果关系具有一定示范意义。

第二节 环境共同侵权案

近年来,在最高人民法院的推动和指导下,各级人民法院紧紧围绕党和国家工作大局,不断加强和创新环境资源审判工作,坚决维护生态环境安全,为推进生态文明建设与绿色发展提供了有力的司法服务和保障。2013 年至 2017 年,各级法院审结环境民事案件 48.7 万件,其中,依法审理生态环境损害赔偿案件 1.1 万件、检察机关提起的环境公益诉讼案件 1383 件、社会组织提起的环境公益诉讼案件 252 件。

◯ 典型案例

北京市朝阳区自然之友环境研究所、福建省绿家园环境友好中心诉谢某某等 4 人破坏林地民事公益诉讼案

【**基本案情**】2008 年 7 月 29 日,谢某某等 4 人未经行政主管部门审批,擅自扩大采矿范围,采取从山顶往下剥山皮、将采矿产生的弃石往山下倾倒、在矿山塘口下方兴建工棚的方式,严重毁坏了 28.33 亩林地植被。2014 年 7 月 28 日,谢某某等人因犯非法占用农用地罪分别被判处刑罚。2015 年 1 月 1 日,北京市朝阳区自然之友环境研究所(以下简称自然之友)、福建省绿家园环境友好中心(以下简称绿家园)提起诉讼,请求判令 4 名被告承担在一定期限内恢复林地植被的责任,赔偿生态环境服务功能损失 134 万元;如不能在一定期限内恢复林地植被,则应赔偿生态环境修复费用 110 万余元;共同偿付原告为诉讼支出的评估费、律师费及其他合理费用。

【**裁判结果**】福建省南平市中级人民法院一审认为,谢某某等四人为采矿占用林地,不仅严重破坏了 28.33 亩林地的原有植被,还造成了林地植被受损至恢复原状期间生态服务功能的损失,依法应共同承担恢复林地植被、赔偿生态功能损失的侵权责任。遂判令谢某某等 4 人在判决生效之日起 5 个月内恢复被破坏的 28.33 亩林地功能,在该林地上补种林木并抚育管护 3 年,如不能在指定期限内恢复林地植被,则共同赔偿生态环境修复费用 110 万余元;共同赔偿生态环境服务功能损失 127 万元,用于原地或异地生态修复;共同支付原告支出的评估费、律师费、为诉讼支出的其他合理费用 16.5 万余元。福建省高级人民法

院二审维持了一审判决。

【典型意义】 本案系新《环境保护法》实施后全国首例环境民事公益诉讼，涉及原告主体资格的审查、环境修复责任的承担以及生态环境服务功能损失的赔偿等问题。本案判决依照《环境保护法》第 58 条和《最高人民法院关于审理环境民事公益诉讼案件适用法律若干问题的解释》的规定，确认了自然之友、绿家园作为公益诉讼原告的主体资格；以生态环境修复为着眼点，判令被告限期恢复被破坏林地功能，在该林地上补种林木并抚育管护 3 年，进而实现尽快恢复林地植被、修复生态环境的目的；首次通过判决明确支持了生态环境受到损害至恢复原状期间服务功能损失的赔偿请求，提高了破坏生态行为的违法成本，体现了保护生态环境的价值理念，该判决具有很好的评价、指引和示范作用。

典型案例

常州市环境公益协会诉储某某、常州博世尔物资再生利用有限公司等土壤污染民事公益诉讼案

【基本案情】 2012 年 9 月 1 日至 2013 年 12 月 11 日，储某某经常州市博世尔物资再生利用有限公司（以下简称博世尔公司）同意，使用该公司场地及设备，从事"含油滤渣"的处置经营活动。其间，无锡金科化工有限公司（以下简称金科公司）无锡翔悦石油制品有限公司（以下简称翔悦公司）以及常州精炼石化有限公司（以下简称精炼公司）明知储某某不具备处置危险废物的资质，允许其使用危险废物经营许可证并以该公司名义从翔悦公司、精炼公司等处违规购置油泥、滤渣，提炼废润滑油进行销售牟利，造成博世尔公司场地及周边地区土壤受到严重污染。2014 年 7 月 18 日，常州市环境公益协会提起诉讼，请求判令储某某、博世尔公司、金科公司、翔悦公司、精炼公司共同承担土壤污染损失的赔偿责任。

【裁判结果】 江苏省常州市中级人民法院受理后，组成由环境保护专家担任人民陪审员的合议庭审理本案，依照法定程序就环境污染损害情况委托鉴定，并出具三套生态环境修复方案，在受污染场地周边公示，以现场问卷形式收集公众意见，最终参考公众意见、结合案情确定了生态环境修复方案。法院认为，储某某违反国家规定，借用金科公司的危险废物经营资质并以该公司名义，将

从翔悦公司、精炼公司购买的油泥、滤渣进行非法处置，污染周边环境；博世尔公司明知储某某无危险废物经营许可证，仍为储某某持续实施环境污染行为提供了场所和便利，造成其场地内环境污染损害结果的发生；翔悦公司、精炼公司明知储某某行为违法，仍然违规将其生产经营过程中产生的危险废物交由储某某处置，未支付处置费用，还向储某某收取危险废物价款。五名被告之行为相互结合导致损害结果的发生，构成共同侵权，应当共同承担侵权责任。遂判令五名被告向江苏省常州市生态环境法律保护公益金专用账户支付环境修复赔偿金283万余元。一审判决送达后，各方当事人均未上诉。判决生效后，一审法院组织检察机关、环境保护行政主管部门、鉴定机构以及案件当事人共同商定第三方托管方案，由第三方具体实施污染造成的生态环境治理和修复。

【典型意义】环境侵权案件具有很强的专业性、技术性，对于污染物认定、损失评估、因果关系认定、环境生态修复方案等问题，通常需要从专业技术的角度作出评判。受案法院在审理过程中，邀请环境保护专家担任人民陪审员，委托专业机构进行鉴定评估，制作生态环境修复方案，很好地发挥了技术专家和专业机构的辅助与支持作用。此外，受案法院将土壤修复方案向社会公布、听取公众意见，保障了公众对环境修复工作的有效参与；引入第三方治理模式，通过市场化运作，将环境修复交由专业公司实施，既有利于解决判决执行的监管，也有利于提高污染治理效率。

● 典型案例

重庆市长寿区珍心鲜农业开发有限公司诉中盐重庆长寿盐化有限公司、四川盐业地质钻井大队环境污染责任纠纷案

【基本案情】中盐重庆长寿盐化有限公司（以下简称中盐长寿公司）系生产销售工业盐及其化工产品的公司，其所有的矿井包括长平一井、长平二井、长平三井。中盐长寿公司与四川盐业地质钻井大队（以下简称四川钻井大队）签订合同，约定由四川钻井大队负责长平三井的钻井施工，施工过程中产生的含盐特征污水对距离约30米的珍心鲜农业开发有限公司（以下简称珍心鲜农业公司）农业基地造成污染。经长寿区人民政府主持调解，珍心鲜农业公司与四川钻井大队签订《协议书》，约定四川钻井大队一次性支付珍心鲜农业公司50万元补偿款。2012年4月至5月，因四川钻井大队处理、填埋钻井产生的污染物措施不当以及下雨等原因，致使包括珍心鲜农业公司在内的数家农业基地受

到污染。中盐长寿公司所有的长平二井位于珍心鲜农业公司农业基地西北侧约 100 米。2012 年 4 月，长平二井配套管道发生泄漏，亦导致包括珍心鲜农业公司在内的农业基地受到污染。有关部门先后多次组织调解，并对土地污染情况、损害程度、损害费用等进行鉴定和评估。鉴定意见认定环境污染损害包括财产损失和污染修复所需费用两部分，珍心鲜农业公司财产损失为 27.67 万元，污染修复所需费用为 9.848 万元。珍心鲜农业公司提起诉讼，要求停止侵害，恢复原状，赔偿农产品损失、土壤修复期间损失等费用。

【裁判结果】重庆市渝北区人民法院一审认为，中盐长寿公司、四川钻井大队分别实施了环境污染行为，导致包含珍心鲜农业公司在内的农业基地受到含盐特征污染物的污染。中盐长寿公司、四川钻井大队的侵权行为在主观上并不具有关联性与意思联络，应当根据《侵权责任法》第 11 条的规定承担连带责任。重庆市第一中级人民法院二审认为，中盐长寿公司、四川钻井大队分别实施了侵权行为，但主观上无侵权意思联络，虽然无法详细区分各自排放污染物数量及污染范围，但单就两污染源各自的侵权行为尚不足以造成本案全部损害。根据《侵权责任法》第 12 条的规定，应由中盐长寿公司、四川钻井大队各自承担相应的责任。根据鉴定报告，结合长平三井位于案涉农业基地西侧约 30 米，长平二井位于案涉农业基地西北侧约 100 米，且长平三井共发生过 2 次污染事实，可判断 2 个污染源中长平三井的原因力较大，长平二井的原因力较小。二审法院酌定长平三井的原因力为 60%，长平二井的原因力为 40%。二审改判中盐长寿公司、四川钻井大队恢复珍心鲜农业公司被污染土地原状，如逾期未采取恢复措施，则分别按照 40%、60% 比例支付修复费用，并按比例赔偿珍心鲜农业公司土壤修复期间的损失及农产品减产损失。

【典型意义】本案系无意思联络数人环境侵权案件。在存在无意思联络的多个污染行为导致同一损害后果的情况下，分析各污染行为与损害后果的原因力大小是审理的难点。本案中，2 处污染源、先后三次污染行为排放的污染物在受损土壤中渗透、迁移、扩散，共同结合造成同一不可分的损害后果，由此可推知单一污染行为尚不足以造成本案全部损害后果，应适用《侵权责任法》第 12 条，由各侵权人承担按份赔偿责任。本案判决结合受污染地域区位、受损环境检测数据、自然科学知识进行分析，合理确定污染行为所占原因力的大小，对于此类环境侵权案件的审理具有较好的示范作用。因环境污染不仅会导致被侵权人的财产损失，也会直接对环境造成不良影响，本案在判令侵权人赔偿损失的同时承担生态环境修复责任，体现了环境侵权救济中以修复生态环境为中心的司法理念，具有较好的示范意义。

◉ 典型案例

上诉人吴某某与上诉人中铁五局（集团）有限公司、中铁五局集团路桥工程有限责任公司、原审被告贵州建工监理咨询有限公司、原审第三人贵州贵安新区管理委员会噪声污染责任纠纷案

【基本案情】 2013年7月20日，被告中铁五局（集团）有限公司（以下简称中铁五局）通过招投标，中标贵州贵安建设投资有限公司的贵安新区金马路道路工程土建施工第2标段（以下简称中铁五局金马路2标段），并与发包人贵州贵安建设投资有限公司签订了施工合同，后由被告中铁五局集团路桥工程有限责任公司（以下简称中铁五局路桥公司）从2013年10月开始施工，至2014年5月10日施工基本完成。

在被告中铁五局、中铁五局路桥公司施工期间曾造成原告10只鸡死亡和3个鸡笼损坏，中铁五局金马路2标段项目部于2013年11月15日向原告赔偿了2300元。随后，原告养殖场出现蛋鸡大量死亡、产生软蛋、畸形蛋等情况，原告便于2014年3月1日聘请贵州省农委动物疫病防治中心退休研究员乐某某、贵州大学动物医学教授汤某某、贵阳市兽疫防治站高级兽医师白某三位专家到养殖场进行探查，得出蛋鸡是在突然炮声或长期噪音下，受到惊吓后卵子进入腹腔内而导致的腹膜炎，蛋鸡不是因为疫病死亡的结论。

原判认为，按照《侵权责任法》的规定，公民合法的民事权益受到法律保护，因污染环境造成损害的，污染者应当承担侵权责任。据有关科学论证，噪声污染作为环境污染的一种，对动物生理机能会产生一定影响，使动物烦躁不安、失去常态，严重地可能会导致死亡，如鸟类在噪声中会出现毛脱落，影响产卵率等。本案中，被告中铁五局作为工程的承包人，被告中铁五局路桥公司作为工程的具体实施人，在道路施工中产生了噪声，原告养殖场距离被告的施工地点较近，且原告所聘请专家的证言经庭审质证确认蛋鸡是在突然炮声或长期噪音下，受到惊吓后而死亡的，蛋鸡不是因为疫病死亡的。原审法院聘请的专家也证实噪声对蛋鸡的影响一是造成惊吓后死亡，二是导致产蛋率下降。由此，原审法院认为原告养殖场蛋鸡的损失与被告施工产生的噪声之间具有因果关系，二被告应承担相应的侵权责任。对此问题，二被告在庭审中也予以认可，

表示愿意赔偿原告的损失，只是不同意原告所提的赔偿数额。被告贵州建工监理咨询有限公司只是受业主委托在施工现场完成监理工作，与原告养殖场受损无因果关系，不应承担侵权责任；第三人贵州贵安新区管理委员会，也未参与工程建设，与本案无关。关于原告要求被告中铁五局、中铁五局路桥公司赔偿的请求予以支持，而原告所提要求其余被告进行赔偿的请求不予支持。

据此，依照《侵权责任法》第 8 条、第 65 条、第 66 条、第 19 条，《民事诉讼法》第 79 条之规定，判决：①被告中铁五局、中铁五局路桥公司于本判决生效之日起 10 日内赔偿原告吴某某人民币 355 940.68 元（该赔偿款由二被告连带负担）；②驳回原告吴某某的其他诉讼请求。案件受理费 18 635 元，由原告吴某某负担 14 320 元，被告中铁五局、中铁五局路桥公司共同负担 4315 元。

一审宣判后，原告吴某某与被告中铁五局、中铁五局路桥公司均不服，向本院提出上诉。

本案争议焦点：如何确定吴某某养殖场因噪声而导致的损失。《侵权责任法》第 65 条规定，因污染环境造成损害的，污染者应当承担侵权责任。

根据《侵权责任法》第 66 条"因污染环境发生纠纷，污染者应当就法律规定的不承担责任或者减轻责任的情形及其行为与损害之间不存在因果关系承担举证责任"之规定，其在一、二审中并未提交证据证明一标段的施工与上诉人吴某某的蛋鸡死亡亦存在关联。故原审法院认定由中铁五局、中铁五局路桥公司承担赔偿责任正确，本院予以维持。关于上诉人中铁五局、中铁五局路桥公司提出吴某某系自行扩大损失的上诉理由，因在金马大道施工前几年上诉人吴某某已开始饲养蛋鸡，上诉人吴某某购买蛋鸡饲养属正常经营行为，上诉人吴某某并无自行扩大损失之故意。故上诉人中铁五局、中铁五局路桥公司应对上诉人吴某某养殖场因噪声而导致的损失进行赔偿。关于上诉人中铁五局、中铁五局路桥公司提出的因在实际施工过程中存在农民堵工、下雨、春节等原因并未施工，实际施工时间只有 115 天，应只计算 115 天所造成的损失的上诉理由，本院认为，虽然在施工过程中可能存在因过节或下雨等其他原因未施工情形，但根据专家证人提供的证言，产蛋率一旦下降即无法恢复到正常水平，故应认定整个施工过程蛋鸡产蛋均受影响。

典型案例

【基本案情】再审申请人山东富海实业股份有限公司（以下简称富海公司）与被申请人曲某某及一审被告、二审被上诉人山东富海实业股份有限公司铝业分公司（以下简称铝业分公司）、山东富海实业股份有限公司铝业分公司二分公司（以下简称铝业二分公司）环境污染损害赔偿纠纷一案。

再审争议焦点：①富海公司申请再审提交的山东省工业产品生产许可证办公室出具的《证明》《通过计量认证/审查认可（验收）项目表》（涉及氟化物项目），以及中国农业新闻网的报道是否构成新的证据；②一、二审法院认定富海公司构成环境污染侵权并应对曲某某承担相应损害赔偿责任是否缺乏证据证明；③一、二审判决是否超出当事人的诉讼请求。

根据《侵权责任法》第66条的规定，富海公司作为污染者，应就法律规定的不承担责任或者减轻责任的情形及其行为与损害之间不存在因果关系承担举证责任。富海公司申请再审虽称其提供了2000年11月、2007年2月烟台市环境保护科学研究所进行的环境影响评价，牟平区环境质量2001~2005年度报告书及其委托上海市化工环境保护监测站对厂区大气中的氟化物作出的检测报告等证据，但前述环境影响评价系2000年、2007年作出，年度报告书的时间跨度为2001~2005年度，上海市化工环境保护监测站检测报告则系2010年5月作出，与本案2008年、2009年的待证事实不具有关联性，均不足以证明其排污行为与损害之间不存在因果关系。即使排污符合国家或者地方污染物排放标准，亦不能免除污染者的环境侵权民事责任。

一、二审法院认定富海公司构成环境污染侵权，应对曲某某的损害承担赔偿责任，认定事实和适用法律均无不当。至于富海公司申请再审主张烟台市牟平区果业开发中心未对樱桃受污染后的实际产量作出评估，以及山东省农业科学院中心实验室仅对2009年樱桃树叶氟化物含量进行检测一节，鉴于曲某某诉称樱桃树基本绝产，烟台市牟平区公证处2008年、2009年公证书、勘验记录等证据亦证明2008年与2009年存在相同问题，案涉樱桃园大部分树不着果，着果树所结果实较小且畸形，故一、二审法院采信烟台市牟平区果业开发中心和烟台价格司法鉴定所作出的产量、价格评估鉴定意见，认定案涉曲某某樱桃园所受损失具体数额，公平合理，法院予以维持。

【裁定结果】富海公司的再审申请不符合《民事诉讼法》第200条第1项、第2项、第11项规定的情形。依照《民事诉讼法》第204条第1款之规定，裁定如下：驳回山东富海实业股份有限公司的再审申请。

🔵 典型案例

上诉人荆门市明祥物流有限公司、重庆铁发遂渝高速公路有限公司与被上诉人周某、原审被告荆门市明祥物流有限公司重庆分公司环境污染责任纠纷案

【基本案情】 一审审理查明：2010年2月10日，周某（乙方）与姜家岩社区第八居民小组（甲方）签订《土地租赁协议》，约定甲方将位于姜家岩社区第八居民小组的72.3亩土地出租给乙方修建鱼塘；承包期限为17年，自2010年2月1日起至2027年1月31日止；付款方式为从2010年至2027年，乙方向甲方每年每亩交纳1000斤稻谷（按照当年市场价格折算成现金人民币），在每年12月31日前交清下一年的承包费用。

2012年2月20日，许某某驾驶明祥物流重庆分公司所有的渝B××重型半挂牵引车和渝B××重型普通半挂车，向成都方向运输30.98吨25号变压器油。当日晚上9时50分左右，该车行驶至成渝环线高速出城方向365KM+20M处路段时，半挂牵引车至半挂车的跨接制动软管受帆布带意外搭缠而断裂致使车辆紧急制动，所载油罐向前滑移与该车驾驶室后部相撞，造成车辆受损、所载变压器油大面积泄漏的交通事故。事故发生后，许某某电话报警并用被子堵塞油罐漏油处。重庆市交通行政执法总队高速公路第一支队十大队于当晚10时进行现场勘查，道路交通事故现场勘查笔录载明该车周围路面有大量油污，面积为652.00米×10.30米。泄露的变压器油顺着高速公路边坡经涵洞流入周某承包的鱼塘。经鉴定，周某损失鱼类经济价值35万余元。2012年5月15日，重庆市交通行政执法总队高速公路第一支队十大队作出（2012）第2104000098×××号道路交通事故认定书，认定该次交通事故属于不能预见的原因引起的意外交通事故。

本案的争议焦点在于：①周某主体资格问题；②谁是侵权人及承担赔偿责任的主体；③周某所受损失；④明祥物流公司、明祥物流重庆分公司、遂渝高速公司是否具有免责事由。

《水污染防治法》第68条规定，企业事业单位发生事故或者其他突发性事件，造成或者可能造成水污染事故的，应当立即启动本单位的应急方案，采取应急措施，并向事故发生地的县级以上地方人民政府或者环境保护主管部门报告。《突发事件应对法》第56条规定，受到自然灾害危害或者发生事故灾难、公共卫生事件的单位，应当立即组织本单位应急救援队伍和工作人员营救受害

人员，疏散、撤离、安置受到威胁的人员，控制危险源，标明危险区域，封锁危险场所，并采取其他防止危害扩大的必要措施，同时向所在地县级人民政府报告。第67条规定，单位或者个人违反本法规定，导致突发事件发生或者危害扩大，给他人人身、财产造成损害的，应当依法承担民事责任。法院根据本案实际情况，认定明祥物流公司承担70%的责任、遂渝高速公司承担30%的责任。

【判决结果】①被告荆门市明祥物流有限公司赔偿原告周某渔业损失、人工费、购买谷草费用、公证及鉴定费共计288 029.04元（限本判决生效后10日内付清）；②被告重庆铁发遂渝高速公路有限公司赔偿原告周某渔业损失、人工费、购买谷草费用、公证及鉴定费共计127 298.16元（限本判决生效后10日内付清）；③驳回原告周某的其他诉讼请求。如果未按本判决指定的期间履行给付金钱义务，应当依照《民事诉讼法》第253条的规定，加倍支付迟延履行期间的债务利息。本案案件受理费11 956元，由荆门市明祥物流有限公司负担5365元，重庆铁发遂渝高速公路有限公司负担2299元，周某负担4292元。

二审双方争议焦点为：①周某的鱼塘是否有被本次事故泄露的油污污染的事实以及是否有请求赔偿的权利；②周某的鱼塘被本次事故泄露的油污污染以后所遭受的损失是多少，损失是否真实；③关于对周某渔业损失的责任分担问题。

判决驳回上诉，维持原判。二审案件受理费11 956元，由荆门市明祥物流有限公司承担5978元，由重庆铁发遂渝高速公路有限公司承担5978元。

典型案例

陈某某与广西永凯糖纸有限责任公司、南宁祈顺纸业有限公司海上通海水域污染损害责任纠纷案

【基本案情】一审法院经审理查明，陈某某从2006年开始在横县郁江六景张村河段进行网箱养鱼。2012年4月29日至5月25日，横县郁江六景至飞龙河段连续发生多起网箱养殖鱼类死亡事故，陈某某是遭受死鱼事故的养殖户之一。事发后，横县水产畜牧局组织工作人员，协同当地村委会对死鱼情况进行调查和处置，组织养殖户开展生产自救，包括对受灾网箱养殖户进行死鱼情况核实统计，制作了横县水产畜牧兽医局网箱死鱼核实登记表。该单位的工作人员、基层组织工作人员和养殖户分别在该登记表上签字确认死鱼的种类、规格、

网箱数量和重量,对死鱼情况统计完毕后,组织周边群众打捞清理死鱼,进行消毒深埋等无害化处理。其中,陈某某的死鱼数量据统计为:草鱼,5 斤/尾的规格,每箱死鱼1200 尾,重量6000 斤,共4 箱,总重量24 000 斤。

祈顺公司排污口与永凯公司排污口并排,相距不超过10 米,排污管道也是直接通入郁江。2012 年4 月29 日至5 月25 日期间,该公司经批准处于试生产期间,正常进行排污,无违法超标排放行为。祈顺公司4 月份废水总流量为8071 立方米,COD 排放量为93.83 千克,无氨氮排放。5 月份废水总流量为139 580 立方米,COD 排放量为2184.06 千克,氨氮排放量为175.53 千克。

金龙公司于2012 年4 月29 日至5 月25 日期间停产,仅有少量废水排放。金龙公司4 月份废水总流量为7010.88 立方米,COD 排放量为110.7 千克。5 月份废水总流量为6645.52 立方米,COD 排放量为103.24 千克。

伶俐糖厂的排污口距离横县峦城镇张村上游30 公里左右,位于郁江伶俐河段,排污管道直接通入郁江。2012 年4 月29 日至5 月25 日期间,该公司因榨季结束停止生产,从4 月2 日至11 月无生产废水排放。

华劲公司的排污口位于南宁市良庆区良庆镇金鑫沙场码头,排污管道直接通入邕江,距离横县六景覃寨村码头75.4 公里,峦城镇张村码头86.9 公里。2012 年4 月29 日至5 月25 日期间,该公司正常生产,正常排污,无违法超标排放行为。4 月份废水总流量为236 164.8 立方米,COD 排放量为13 208.37 千克,氨氮排放量为641.19 千克。5 月份废水总流量为272 666.58 立方米,COD 排放量为15 576.84 千克,氨氮排放量为981.42 千克。

华鸿公司的排污口位于横县六景镇覃寨村码头下游200 米处左右,排污管道直接通入郁江。按照六景工业园区排污管网的规划设计,广西华宇工贸有限公司、广西桂攀纸业有限公司、南宁香兰纸业有限责任公司、南宁圣大纸业有限公司、广西原生纸业有限公司的排污管道汇入华鸿公司,由华鸿公司对污水进行再处理。2012 年4 月29 日至5 月25 日期间,由于六景工业园区及六景镇污水管网建设滞后等原因,以上企业的生产污水未能通过污水管网接通进入华鸿公司进行处理。但华鸿公司仍有废水排放,其称主要是对狮子水库渗漏的废水和自然流入其污水处理系统的地表水进行处理排放。华鸿公司4 月份废水总排放量为31 725.50 立方米,COD 排放量为573.2 千克,氨氮排放量为21.33 千克。5 月份废水总排放量为76 199.51 立方米,COD 排放量为816.9 千克,氨氮排放量为39.1 千克。

另查明,2010 年8 月2 日,横县人民政府发布《通告》,内容为:为保护横县郁江河段重点流域水质，确保饮用水源安全，保障人民群众身体。根据有关法律法规和规范性文件的规定，横县人民政府决定规范郁江河段网箱养殖行为，通告了临时许可网箱养殖河段和禁止网箱养殖水域；其中，将横县郁江河段六景镇道庄村至平朗乡平朗街水域、莲塘镇石柱村至乾井尖角水域、莲塘镇米埠沇水域、莲塘镇米埠沇口至百合镇同莱村水域划为禁止网箱养殖水域；要求从事网箱养殖的业主必须向县水产畜牧兽医局申请，获得县人民政府核发的《水域滩涂养殖许可证》后，方可按照养殖许可范围在郁江河段从事养殖生产，对未依法取得养殖许可或超越养殖许可范围在郁江河段从事网箱养殖生产的单位和个人，将依照相关法律法规进行处罚。2011年7月15日，横县人民政府再次发布关于规范郁江河段网箱养殖行为的通告，重申了前一《通告》的内容和要求，要求禁养区的养殖业主必须在2011年7月25日前自行拆除网箱养殖设施或迁出禁养区，政府决定彻底清理郁江河段非法网箱养殖行为。经查，陈某某未持有合法有效的《水域滩涂养殖许可证》，其网箱养殖水域属于横县人民政府划定的禁止网箱养殖水域。

从2010年至死鱼事件发生期间，陈某某共计向陈某区购买草鱼苗1万尾，共计花费5000元，单价计为0.5元/尾。2011年至2012年4月，陈某某共计向峦城百洋鱼料专卖店滕某某购买草鱼饲料36吨，共计花费124 200元。

【判决结果】 一审法院审理认为，本案系通海水域污染损害责任纠纷。综合原被告各方的诉辩意见，本案的争议焦点为：①陈某某养殖鱼类死亡与6被告排污之间是否具有因果关系；②陈某某养殖行为是否合法，其可受法律保护的养殖损失如何认定；③6被告是否应承担赔偿责任及如何承担？

根据《渔业法》第11条"单位和个人使用国家规划确定用于养殖业的全民所有的水域、滩涂的，使用者应当向县级以上地方人民政府渔业行政主管部门提出申请，由本级人民政府核发养殖证，许可其使用该水域、滩涂从事养殖生产"的规定，养殖证是单位或者个人适用水域、滩涂从事养殖生产活动的法律凭证，即使用者可在批准使用期限内使用水域、滩涂从事养殖生产并收益的合法权利凭证。本案中，陈某某在死鱼事故发生时未依法取得养殖证，并不享有使用水域从事养殖生产的权利。根据《物权法》第123条"依法取得的探矿权、采矿权、取水权和使用水域、滩涂从事养殖、捕捞的权利受法律保护"的规定，使用水域从事养殖的权利属于法定的用益物权，该权利只有依法取得才能受到法律的保护，而陈某某未取得养殖证，即其并未依法取得对全民所有的水域占有、使用和收益的权利。故陈某某并不具有受到物权法保护的养殖收益权,其养殖收益亦不属于合法民事权益。因此,该院认为,根据《民法通则》第5条"公民、法人的合法的民事权益受法律保护,任何组织和个人不得侵犯"之规定,因陈某某的养殖收益不具有合法性,其养殖鱼价值构成中的利润部分不受法律保护。但与此同时,在陈某某投入的养殖成本中,其对所购买的鱼苗具有合法之财产权,饲养鱼类亦需必要的饲料等维持养殖的成本性投入,属于合法民事利益,应当受到法律的保护。

根据《侵权责任法》第65条"因污染环境造成损害的,污染者应当承担侵权责任"、第66条"因污染环境发生纠纷,污染者应当就法律规定的不承担责任或者减轻责任的情形及其行为与损害之间不存在因果关系承担举证责任"之规定,环境污染责任适用无过错归责原则和因果关系举证责任倒置。

本案为因水污染引起的损害赔偿诉讼,陈某某已就其养殖鱼类死亡的损害事实,被告永凯公司、祈顺公司和华鸿公司的排污行为以及二者具有关联性进行了举证,根据2008年《水污染防治法》第87条"因水污染引起的损害赔偿诉讼,由排污方就法律规定的免责事由及其行为与损害结果之间不存在因果关系承担举证责任",该三被告应就法律规定的免责事由及其行为与损害结果之间不存在因果关系承担举证责任。根据《水污染防治法》第85条第2款"由于不可抗力造成水污染损害的,排污方不承担赔偿责任;法律另有规定的除外"、第3款"水污染损害是由受害人故意造成的,排污方不承担赔偿责任"之规定,法定免责事由仅限于不可抗力和受害人故意造成的环境污染损害。

永凯公司、祈顺公司和华鸿公司的举证均不能证明其排污行为与陈某某鱼类死亡之间没有因果关系,也未能证明存在以上法定的免责事由,故应认定其环境污染损害赔偿责任成立。该三被告均抗辩其未超标排污,不存在过错,根据《最高人民法院关于审理环境侵权责任纠纷案件适用法律若干问题的解释》第1条第1款"因污染环境造成损害,不论污染者有无过错,污染者应当承担侵权责任。污染者以排污符合国家或者地方污染物排放标准为由主张不承担责任的,人民法院不予支持"的规定,《水污染防治法》第85条第3款"水污染损害是由受害人故意造成的,排污方不承担赔偿责任。水污染损害是由受害人重大过失造成的,可以减轻排污方的赔偿责任"之规定,《侵权责任法》第66条、第67条"两个以上污染者污染环境,污染者承担责任的大小,根据污染物的种类、排放量等因素确定"的规定,2015年《最高人民法院关于适用〈中华人民共和国民事诉讼法〉的解释》第91条第1项"人民法院应当依照下列原则确定举证证明责任的承担,但法律另有规定的除外"的规定,《侵权责任法》第19条"侵害他人财产的,财产损失按照损失发生时的市场价格或者其他方式计算"的规定,《侵权责任法》第12条"二人以上分别实施侵权行为造成同一损害,能够确定责任大小的,各自承担相应的责任;难以确定责任大小的,平均承担赔偿责任"之规定,判决如下:①被告广西永凯糖纸集团有限责任公司、南宁祈顺纸业有限公司、横县六景华鸿污水处理有限公司分别赔偿原告陈某某养殖经济损失5168元;②驳回陈某某的其他诉讼请求。案件受理费4386元,由陈某某承担4053元,广西永凯糖纸集团有限责任公司、南宁祈顺纸业有限公司、横县六景华鸿污水处理有限公司分别承担111元。

二审归纳本案的争议焦点为:①永凯公司、祈顺公司、华鸿公司、金龙公司的排污行为与养殖户的鱼类死亡有无因果关系;②一审判决认定养殖户的损失金额有无事实依据;③陈某某在禁养区内无证进行养殖,其赔偿损失请求应否支持;④排污企业应否承担及如何承担赔偿责任。

2014年《环境保护法》第64条规定:"因污染环境和破坏生态造成损害的,应当依照《侵权责任法》的有关规定承担侵权责任。"《侵权责任法》第65条规定:"因污染环境造成损害的,污染者应当承担侵权责任。"第67条规定:"2个以上污染者污染环境,污染者承担责任的大小,根据污染物的种类、排放量等因素确定。"《最高人民法院关于审理环境侵权责任纠纷案件适用法律若干问题的解释》第3条第2款规定:"2个以上污染者分别实施污染行为造成同一损害,每一个污染者的污染行为都不足以造成全部损害,被侵权人根据《侵权责任法》第12条规定请求污染者承担责任的,人民法院应予支持。"《侵权责任法》第12条规定:"2人以上分别实施侵权行为造成同一损害,能够确定责任大小的,各自承担相应的责任;难以确定责任大小的,平均承担赔偿责任。"

判决驳回上诉,维持原判。二审案件受理费150元,由广西永凯糖纸有限责任公司、南宁祈顺纸业有限公司、横县六景华鸿污水处理有限公司各负担50元。

典型案例

申诉人河南禹亳铁路发展有限公司与被申诉人杜某某、一审被告中铁二十局集团有限公司环境污染责任纠纷案

【基本案情】2010年9月21日,杜某某起诉至禹州市人民法院称,1994

年,杜某某在禹州市褚河乡阁街村投资建起禹州市豫申种禽场,是禹州市重点种鸡厂之一。2010年,河南禹亳铁路发展有限公司(以下简称禹亳公司)改建禹亳铁路,由中铁二十局集团有限公司(以下简称中铁二十局)承建。该铁路工程距种禽场仅300米左右,中铁二十局土方在工程施工时不采取任何措施,重型机车在经过种禽场时,机声轰鸣、尘土飞扬,车灯光强烈且直射鸡舍,产生的噪音、粉尘、强灯光导致种鸡相继应激死亡,产蛋率严重下降,残蛋率增高,给杜某某造成了严重的经济损失。杜某某请求判令中铁十二局、禹亳公司立即停止侵害,赔偿损失75万元,并支付种禽场搬迁费用及因搬迁造成的损失2824274元。中铁二十局辩称,杜某某所诉侵权不能成立,搬迁更是没有必要,故不存在搬迁费用及损失,请求驳回杜某某的诉讼请求。禹亳公司辩称,杜某某所诉不实,诉讼请求与该公司无直接因果关系,请求驳回杜某某的诉讼请求。

中铁二十局不服,向许昌市中级人民法院提起上诉。许昌市中级人民法院二审查明的事实与一审查明的事实一致。禹亳公司不服,向本院申请再审。

本院再审认为,双方争议的焦点问题是禹亳铁路改建工程对杜某某的豫申种禽场是否造成了影响、是否损害了种禽场的合法权益。

农业部发布的《畜禽场环境质量标准》和《动物防疫条件审查办法》作为国家农业主管部门制定的农业行业标准和部门规章,是判断畜禽场的环境质量和动物防疫条件的重要依据,原审援引《畜禽场环境质量标准》和《动物防疫条件审查办法》的相关规定,根据本案事实认定禹亳铁路改建工程对种禽场的环境质量和动物防疫条件造成了影响并无不当,本院予以确认。本案系禹亳铁路改建工程施工所产生的强光直射、噪音、粉尘等造成种禽场种鸡死亡,并致使种禽场周边环境发生变化,不能依法再行申领《动物防疫条件合格证》而产生的纠纷,杜某某一审时要求施工单位中铁二十局和铁路经营受益方禹亳公司共同承担赔偿责任。一审法院根据杜某某的诉讼请求确定本案案由为环境污染责任纠纷,并适用《中华人民共和国环境噪声污染防治法》《侵权责任法》等法律规定审理本案并无不当。

【判决结果】原再审判决认定事实清楚,处理结果正确;原再审判决中关于一、二审适用法律问题的认定不当,本院依法予以纠正。禹亳公司的申诉理由均不能成立,法院不予支持。

典型案例

上诉人安徽交运集团滁州汽运有限公司与被上诉人池州市贵池区涓桥镇人民政府、原审被告安徽交运集团滁州汽运有限公司直属分公司、张某、中国大地财产保险股份有限公司滁州中心支公司环境污染责任纠纷案

【基本案情】 2013年7月10日16时40分许，张某驾驶皖M××号重型半挂牵引车（皖M××）由江西新余往江苏镇江方向行驶。该车行至G318线安徽省池州市境内468KM+900M路段时，因超速行驶，遇紧急情况时采取措施不当致车辆驶出路外侧翻，造成粗苯泄露，车辆及公路设施损坏的交通事故。经池州市交通管理部门认定，张某负本起道路交通事故的全部责任。事故发生后，池州市人民政府紧急成立应急指挥部，组织协调相关事故处置措施。

粗苯泄露后，沿318国道涵洞、排水渠向公路另一侧低洼地、农田、灌溉支渠扩散，后流入主干渠。事故地下游主干渠沿线依次经过后村、流汪、里汪等村民组、农田、四亩塘鱼塘、中畈水库、秋浦河等环境敏感点。为防范泄漏物粗苯继续向下游扩散，在池州市环保部门专家建议下，经应急指挥部同意，涓桥镇政府在池州市贵池区仙池活性炭厂、池州市大华炭业加工厂、东至县华源炭厂共购置活性炭128.5吨，并在事故地下游主干渠筑4道活性炭坝，后因环境监测报告显示事故所在地水体影响严重，扩散范围广，又陆续在事故地下游干渠增加3道活性炭坝，并每日对活性炭进行部分更换，直至2013年7月24日，受污染的灌溉沟渠污染物基本消除后才拆除活性炭坝。同时，涓桥镇政府组织人员对受污染土壤采取局部燃烧剥层处理、深挖清理等措施，将清挖出的受污染土壤和已吸附了粗苯的活性炭作为危险固体废物运至东至固废处理中心，经东至广信农化有限公司过磅称重为331.8吨。在事故处置过程中涓桥镇政府购买了劳动工具如铁铲、手电等，及劳保用品如口罩、毛巾等，并组织人力、物力进行活性炭的运送、筑坝、铲土、警示牌的制作等抢险处置，支付了劳务费、应急物资费和抢险人员餐费。另外，涓桥镇政府为运输活性炭及固体废物雇用铲车、挖机等车辆，并支付了相关费用。

因事故发生地紧邻后村村民组和一小型加油站，经事故抢险指挥部决定，7月11日凌晨，涓桥镇政府对距离粗苯泄漏点半径50米内的受污染较为严重的70户居民进行疏散和临时安置，并按每户每天200元的标准共计支付了4天的临时安置费。为及时发现和查明污染情况及治理情况，池州市环境保护监测站于事发当日至7月24日对事故发生地受污染的水源、大气进行多次监测并出具

了编号为 GYJ01-13070 的监测报告。

一审法院认为，本案粗苯泄露所造成的环境污染系因交通事故所致。张某驾驶安徽交运集团滁州汽运有限公司直属分公司（以下简称滁州汽运直属分公司）的车辆运输粗苯系履行职务行为。根据交通事故认定书，张某因交通事故导致粗苯泄露，负交通事故的全部责任，理应由其用人单位即由滁州汽运直属分公司承担赔偿责任，但因该分公司不具有法人资格，其民事责任应当由总公司即安徽交运集团滁州汽运有限公司（以下简称滁州汽运公司）承担。滁州汽运直属分公司辩称张某所驾驶车辆已租赁给穆某某，虽然提供了租赁合同以证明其主张，但该租赁合同并未明确约定标的车辆，亦未提供相关证据证明穆某某具有从事该特种车辆的营运资质，故对其该项抗辩，不予采纳。肇事车辆在中国大地财产保险股份有限公司滁州中心支公司（以下简称大地财保滁州支公司）投保了道路危险货物承运人责任保险，根据保险合同的约定，大地财保滁州支公司应当在该险种中理赔，即在单次事故限额 19 000 元内承担责任。在案件审理中，涓桥镇政府放弃对张某的诉讼请求，不违反法律规定，应予准许。

根据环保部制定的《突发环境事件应急处置阶段环境损害评估推荐办法》（环办〔2014〕118号）的规定，应急处置费用包括应急处置阶段各级政府与相关单位为预防或者减少突发环境事件造成的各类损害支出的污染控制、污染清理、应急监测、人员转移安置等费用。其中污染控制费用包括了行政支出费即指在应急处置过程中发生的餐费、人员费、交通费、印刷费、通讯费、水电费以及必要的防护费用等。本起环境污染事故发生地在涓桥镇，该镇政府在应急处置过程中为防范次生污染事故的发生，采取的环境监测、事故地周边群众疏散、向受污染水体投放活性炭、清理受污染的土壤和路面等污染控制和污染清理等措施，是在池州市环保部门专家建议下实施的，属于必然、合理的支出，各被告理应予以赔偿。各单位将赔偿请求权交由涓桥镇政府统一行使，不违反法律规定，应予准许。依照山西省环境污染损害司法鉴定中心的司法鉴定意见书并结合其他证据认定本次苯泄漏事故应急处置费用为 2 155 238.5 元。上述费用除 19 000 元由大地财保滁州支公司直接支付外，剩余 2 136 238.5 元由滁州汽运公司负担。

判决：①滁州汽运公司支付涓桥镇政府 2 136 238.5 元；②大地财保滁州支公司支付涓桥镇政府 19 000 元；③驳回涓桥镇政府其他诉讼请求。

本院认为，本案二审争议焦点是：①滁州汽运公司应否承担案涉环境污染损害赔偿责任；②案涉环境污染损害的赔偿数额如何确定。

【判决结果】

1. 撤销安徽省池州市中级人民法院（2015）池民三初字第00037号民事判决书第3项，即"④驳回原告池州市贵池区人民政府其他诉讼请求。"

2. 维持安徽省池州市中级人民法院（2015）池民三初字第00037号民事判决第2项，即"②被告中国大地财产保险股份有限公司滁州中心支公司于本判决生效之日起15日内支付原告池州市贵池区人民政府19 000元"。

3. 变更安徽省池州市中级人民法院（2015）池民三初字第00037号民事判决书第1项为"①被告安徽交运集团滁州汽运有限公司于本判决生效之日起15日内支付原告池州市贵池区人民政府1 539 918.50元"。

4. 驳回池州市贵池区人民政府其他诉讼请求。

如果未按本判决指定的期间履行给付金钱义务，应当依照《民事诉讼法》第253条之规定，加倍支付迟延履行期间的债务利息。

一审案件受理费24 280元、保全费5000元，合计29 280元，由安徽交运集团滁州汽运有限公司负担22 550元，由池州市贵池区人民政府负担6730元；鉴定费60 000元，鉴定人出庭费6500元，合计66 500元，由安徽交运集团滁州汽运有限公司负担65 000元，由池州市贵池区人民政府负担1500元。二审案件受理费24 280元，由安徽交运集团滁州汽运有限公司负担18 830.27元，由池州市贵池区人民政府负担5449.73元。

第三节　生态损害赔偿案

◆典型案例

江苏省常州市人民检察院诉许某甲、许某乙民事公益诉讼案

【基本案情】 2010年上半年至2014年9月，许某甲、许某乙在江苏省常州市武进区遥观镇东方村租用他人厂房，在无营业执照、无危险废物经营许可证的情况下，擅自从事废树脂桶和废油桶的清洗业务。洗桶产生的废水通过排污沟排向无防渗漏措施的露天污水池，产生的残渣被堆放在污水池周围。

2014年9月1日，公安机关在许某甲、许某乙洗桶现场查获废桶7789只，其中6289只尚未清洗。经鉴定，未清洗的桶及桶内物质均属于危险废物，现场地下水、污水池内废水以及污水池四周堆放的残渣、污水池底部沉积物中均检

出铬、锌等多种重金属和总石油烃、氯代烷烃、苯系物等多种有机物。

2015年6月17日，许某甲、许某乙因犯污染环境罪被常州市武进区人民法院分别判处有期徒刑2年6个月、缓刑4年，有期徒刑2年、缓刑4年，并分别判处罚金。许某甲、许某乙虽被依法追究刑事责任，但现场留存的130只未清洗的废桶、残渣、污水和污泥尚未清除，对土壤和地下水持续造成污染。

【裁判结果】庭审过程中，公益诉讼人向法院申请由市环保局从常州市环境应急专家库中甄选的环境专家苏衡博士作为专家辅助人，就本案涉及的环境专业性问题发表意见。

2016年4月14日，常州市中级人民法院作出一审判决：

1. 被告许某甲、许某乙于本判决发生法律效力之日起15日内，将常州市武进区遥观镇东方村洗桶场地内留存的130只废桶、2个污水池中蓄积的污水及池底污泥以及厂区内堆放的残渣委托有处理资质的单位全部清理处置，消除继续污染环境的危险。

2. 被告许某甲、许某乙于本判决发生法律效力之日起30日内，委托有土壤处理资质的单位制订土壤修复方案，提交常州市环保局审核通过后，60日内实施。

3. 被告许某甲、许某乙赔偿对环境造成的其他损失150万元，该款于判决发生法律效力之日起30日内支付至常州市环境公益基金专用账户。

【法律依据】

《侵权责任法》

第4条：侵权人因同一行为应当承担行政责任或者刑事责任的，不影响依法承担侵权责任。

因同一行为应当承担侵权责任和行政责任、刑事责任，侵权人的财产不足以支付的，先承担侵权责任。

《固体废物污染环境防治法》

第17条：收集、贮存、运输、利用、处置固体废物的单位和个人，必须采取防扬散、防流失、防渗漏或者其他防止污染环境的措施；不得擅自倾倒、堆放、丢弃、遗撒固体废物。

禁止任何单位或者个人向江河、湖泊、运河、渠道、水库及其最高水位线以下的滩地和岸坡等法律、法规规定禁止倾倒、堆放废弃物的地点倾倒、堆放固体废物。

《最高人民法院关于审理环境民事公益诉讼案件适用法律若干问题的解释》

第 15 条：当事人申请通知有专门知识的人出庭，就鉴定人作出的鉴定意见或者就因果关系、生态环境修复方式、生态环境修复费用以及生态环境受到损害至恢复原状期间服务功能的损失等专门性问题提出意见的，人民法院可以准许。

前款规定的专家意见经质证，可以作为认定事实的根据。

第 20 条：原告请求恢复原状的，人民法院可以依法判决被告将生态环境修复到损害发生之前的状态和功能。无法完全修复的，可以准许采用替代性修复方式。

人民法院可以在判决被告修复生态环境的同时，确定被告不履行修复义务时应承担的生态环境修复费用；也可以直接判决被告承担生态环境修复费用。

生态环境修复费用包括制定、实施修复方案的费用和监测、监管等费用。

第 23 条：生态环境修复费用难以确定或者确定具体数额所需鉴定费用明显过高的，人民法院可以结合污染环境、破坏生态的范围和程度、生态环境的稀缺性、生态环境恢复的难易程度、防治污染设备的运行成本、被告因侵害行为所获得的利益以及过错程度等因素，并可以参考负有环境保护监督管理职责的部门的意见、专家意见等，予以合理确定。

《人民检察院提起公益诉讼试点工作实施办法》

第 14 条经过诉前程序，法律规定的机关和有关组织没有提起民事公益诉讼，或者没有适格主体提起诉讼，社会公共利益仍处于受侵害状态的，人民检察院可以提起民事公益诉讼。

第 17 条：人民检察院提起民事公益诉讼应当提交下列材料：

（1）民事公益诉讼起诉书；

（2）被告的行为已经损害社会公共利益的初步证明材料。

《环境损害鉴定评估推荐方法（第Ⅱ版）》

1. A.2.3 虚拟治理成本法。虚拟治理成本是按照现行的治理技术和水平治理排放到环境中的污染物所需要的支出。虚拟治理成本法适用于环境污染所致生态环境损害无法通过恢复工程完全恢复、恢复成本远远大于其收益或缺乏生态环境损害恢复评价指标的情形。虚拟治理成本法的具体计算方法见《突发环境事件应急处置阶段环境损害评估技术规范》。

2.《突发环境事件应急处置阶段环境损害评估推荐方法》（即《突发环境事件应急处置阶段环境损害评估技术规范》）。虚拟治理成本是指工业企业或污水处理厂治理等量的排放到环境中的污染物应该花费的成本，即污染物排放量与单位污染物虚拟治理成本的乘积。单位污染物虚拟治理成本是指突发环境事件发生地的工业企业或污水处理厂单位污染物治理平均成本（含固定资产折旧）。在量化生态环境损害时，可以根据受污染影响区域的环境功能敏感程度分别乘以1.5~10的倍数作为环境损害数额的上下限值，利用虚拟治理成本法计算得到的环境损害可以作为确定生态环境损害赔偿的依据。

【争议焦点】

1. 侵权人因同一行为已经承担行政责任或者刑事责任的，是否影响承担民事侵权责任。

2. 环境污染导致生态环境损害无法通过恢复工程完全恢复的，恢复成本远远大于其收益的或者缺乏生态环境损害恢复评价指标的，是否可以参考虚拟治理成本法计算修复费用。

3. 专业技术问题，是否可以引入专家辅助人。

4. 污染环境侵权因果关系适用举证责任问题。

5. 围绕生态环境修复实际，确定赔偿费用。

典型案例

徐州市鸿顺造纸有限公司环境污染责任纠纷案

【基本案情】2008年8月20日，徐州市环境保护局作出《关于对铜山县鸿顺造纸厂（以下简称鸿顺公司）年产6万吨高强瓦楞原纸技改项目环境影响报告表的批复》（徐环项〔2008〕75号）（以下简称技改项目环评报告表）。2014年12月，江苏省环境保护厅给鸿顺公司颁发排放污染物许可证，要求该项目执行《纸浆造纸工业水污染物排放标准》（GB3544-2008）表2中"制浆和造纸联合生产企业"排放标准，废水排放总量限值为19.5万吨/年，废水只能用于回用或者灌溉，不能排放到地面水体。2013年至2015年间，鸿顺公司6万吨高强瓦楞纸技改项目正常生产。

2013年4月27日，徐州市铜山区环境保护局柳新环境监察中队发现鸿顺公司年产6万吨高强瓦楞纸项目存在私设暗管排放生产废水和污水处理设施不能正常运转等问题。

2014年4月5日至6日，鸿顺公司私设暗排管排放未经处理的生产废水600吨，废水汇入苏北堤河。2014年4月18日，徐州市铜山区环境保护局作出铜环

责改字 [2014] 21 号责令改正环境违法行为决定书，责令该公司立即拆除暗管。2014 年 5 月 12 日，徐州市铜山区环境保护局向鸿顺公司发出铜环罚字 [2014] 25 号行政处罚决定书，对鸿顺公司处以人民币 5 万元的罚款。2014 年 8 月 14 日，鸿顺公司缴纳 5 万元罚款。

2015 年 2 月 24 日至 25 日，鸿顺公司临时设置直径 20 厘米铁质排放管，将未经处理的生产废水经该公司污水处理厂南侧排入苏北堤河，排放量 2000 吨。徐州市铜山区环境监测站于 2015 年 2 月 25 日对该公司外排废水进行采水样监测，数据显示"化学需氧量为 1180mg/l、氨氮为 28.2mg/l、总磷为 1.60mg/l"，分别超过《纸浆造纸工业水污染物排放标准》（GB3544-2008）12.1 倍、2.5 倍、1 倍。2015 年 3 月 12 日，徐州市铜山区环境保护局作出铜环罚字 [2015] 6 号行政处罚决定书，对鸿顺公司处以人民币 10 万元的罚款。2015 年 4 月 27 日，鸿顺公司缴纳罚款 10 万元。另查明，公益诉讼人为调查取证，支付专家咨询费用 3000 元。

【判决结果】

1. 被告鸿顺公司于本判决生效后 30 日内赔偿生态环境修复费用及生态环境受到损害至恢复原状期间服务功能损失共计人民币 105.82 万元，支付至徐州市环境保护公益金专项资金账户。

2. 被告鸿顺公司于本判决生效后 10 日内支付公益诉讼人为本案支付的合理费用人民币 3000 元。

案件受理费 14 324 元，由被告鸿顺公司负担。

如果未按判决指定的期间履行给付金钱义务，应当依照《民事诉讼法》第 253 条之规定，加倍支付迟延履行期间的债务利息。

二审：驳回上诉，维持原判。二审案件受理费 14 324 元，由鸿顺公司负担。本判决为终审判决。

【判决理由】

1. 徐州市人民检察院的诉讼请求明确，原审判决未超出公益诉讼人请求范围。《最高人民法院关于审理环境民事公益诉讼案件适用法律若干问题的解释》第 23 条规定："生态环境修复费用难以确定的，人民法院可以结合污染环境、破坏生态的范围和程度、生态环境的稀缺性、生态环境恢复的难易程度、防治污染设备的运行成本、被告因侵害行为所获得的利益以及过错程度等因素，并可以参考负有环境保护监督管理职责的部门的意见、专家意见等，予以合理确定。"由于排污行为具有隐蔽性、污染后果显现具有滞后性等因素，根据上述规定，在一定条件下法官应当对生态环境修复费用作出裁量酌定。法官在行使自由裁量权过程中需要根据案件中各种主客观因素、在一定区间数额内进行权衡取舍。公益诉讼人提出的要求鸿顺公司在以 26.91 万元为基数的 3 倍至 5 倍范围内承担赔偿责任的诉讼请求，区间起止点明确具体，其实质是请求法院在该请求期间范围内，综合本案的情况，作出合理裁量。鸿顺公司认为该诉讼请求不成立，亦完全可以在实体审理过程中举出证据予以辩驳。徐州市人民检察院的诉讼请求符合《民事诉讼法》第 119 条第 3 项规定。

徐州市人民检察院提起环境公益诉讼要求鸿顺公司承担将其污染的苏北堤河环境恢复原状并赔偿服务功能损失。由于鸿顺公司在一审审判过程中已明确表示没有能力将环境恢复原状亦不能提出修复方案，原审法院依照《最高人民法院关于审理环境民事公益诉讼案件适用法律若干问题的解释》第 20 条之规定直接确定鸿顺公司所应承担的生态环境修复费用来替代恢复原状的责任。该判决并未超出徐州市检察院的请求范围。

2. 污染物排放点的环境质量已经达标不能作为拒绝承担生态环境修复费用的理由。因鸿顺公司生产废水具有明显的环境危害性，江苏省环境保护厅在作出环评许可时明确禁止鸿顺公司将生产废水排放到地面水体。但鸿顺公司以私设暗管的方式将化学需氧量超标 12.1 倍、氨氮超标 2.5 倍、总磷超标 1 倍的生产废水偷排进苏北堤河。仅 2014 年和 2015 年两次被查获排放废水就达 2600 吨。鸿顺公司上述行为必然对苏北堤河造成污染。

由于河水的流动性，污染物排放点的水质有可能好转，更多是污染物迁移的结果。污染物必将会向下游转移并逐步扩散，污染物依然存在于生态环境系统，生态环境依然需要修复。即使随着时间的推移，经生态系统的自然净化，污染物总量有可能减少甚至基本消失，但在生态环境自净期间，环境的整体质量已经下降，生态环境的承载能力受到不利影响。在自净过程中，由于灌溉用水水质下降，对农业生产会造成不利影响，对下游水生态会造成损害，存在着服务功能损失。依照《侵权责任法》第 65 条之规定，鸿顺公司应当承担侵权赔偿责任，对遭受损害的生态环境进行修复或者承担替代修复责任，对服务功能损失进行赔偿。

3. 原审判决以 2.035 倍作为以虚拟治理成本法计算生态环境修复费用时计算系数并无不当。因河水流淌、污染物扩散，无法获得实际工程修复费用，环境保护部《环境损害鉴定评估推荐方法（第Ⅱ版）》推荐虚拟治理成本法确定生态环境修复费用。本案一审中，鸿顺公司和徐州市人民检察院均认可依照该方法计算生态环境修复费用，均认可排放废水的虚拟治理成本为 50 元/吨，均认可按照虚拟治理成本的 1.5 倍~3 倍计算生态环境修复费用。

2015 年《最高人民法院关于审理环境民事公益诉讼案件适用法律若干问题的解释》第 23 条规定，生态环境修复费用难以确定的，人民法院可以结合污染环境、破坏生态的范围和程度、生态环境的稀缺性、生态环境恢复的难易程度、防治污染设备的运行成本、被告因侵害行为所获得的利益以及过错程度等因素，并可以参考负有环境保护监督管理职责的部门的意见、专家意见等，予以合理确定。就本案而言，应当考虑污染的后果、污染者主观过错程度等因素，合理确定计算系数。苏北堤河入顺堤河后进入京杭运河，系流经地区的灌溉排涝主要河流，其水质不仅影响到京杭运河的水质，也关系到流经区域的农业灌溉用水质量。鸿顺公司向苏北堤河排放生产废水对生态环境具有明显的危害。鸿顺公司多次以私设暗管的方式偷排，非法排放行为具有较强的隐蔽性，在环保机关查处后依然违法排放，过错程度严重。鸿顺公司每吨废水治理成本达 50 元，其偷排行为获利明显。一审法院在 1.5 倍~3 倍计算系数的中间值以下确定 2.035 为系数计算鸿顺公司排放 2600 吨生产废水的生态环境修复费用，亦是考虑了鸿顺公司排放的废水成分为可降解的有机物这一因素。该系数并未超出合理的选择区间，不存在计算系数偏高的情形。鸿顺公司主张 1.5 倍计算生态环境修复费用，该主张缺乏事实依据，本院不予支持。

4. 以查获的排放废水量的 4 倍计算生态环境修复费用具有事实和法律依据。徐州市人民检察院以鸿顺公司多次偷排废水且防治污染设备未能有效运行为由，主张该公司实际排放废水远超 2600 吨，应当以 26.91 万元为基数，在该基数的 3~5 倍之间确定生态环境损害赔偿责任和服务功能损失赔偿责任。鸿顺公司运行生产设备每天废水生成量最高可达 960 吨，在 2013 年就存在污水处理设施不能正常运转的问题，该公司连续 3 年被发现私设暗管排放废水，查获的废水排放量逐年增多。上述事实足以证明徐州市人民检察院该项诉讼主张的成立具有高度的可能性。

鸿顺公司有能力举证证明该企业废水的实际排放量。《环境保护法》第 42 条第 3 款规定，重点排污单位应当按照国家有关规定和监测规范安装使用监测设备，保证监测设备正常运行，保存原始监测记录。鸿顺公司作为重点排污单位，早在 2009 年 9 月就安装了污染物排放检测计量装置，鸿顺公司完全有能力证明该公司生产废水的实际排放量，也完全可以举出净化污水实际耗费成本的财务证据。更由于偷排污染物系生产企业单方秘密实施的违法行为，本案应当由鸿顺公司承担该公司废水实际排放量的举证责任，并承担举证不能的法律后果。鸿顺公司在一审法院释明后依然未能提交相关证据以推翻徐州市检察院的主张。依照《最高人民法院关于审理环境民事公益诉讼案件适用法律若干问题的解释》第 13 条之规定，应当认定徐州市人民检察院所提鸿顺公司实际排放废水为查获偷排量 2600 吨的 3~5 倍的主张成立。一审法院认定鸿顺公司应当以实际查获偷排量 2600 吨的 4 倍计算侵权赔偿费用并无不当。

5. 已经缴纳的罚款不应从生态环境修复费用中抵扣。依照《侵权责任法》第 4 条之规定，侵权人因同一行为应当承担行政责任或者刑事责任的，不影响依法承担侵权责任。环保执法机关对鸿顺公司作出罚款的行政处罚，属于该公司因行政违法而应当承担的行政责任，该处罚系对鸿顺公司违法排放废水的惩戒，目的在于遏制环境违法行为。徐州市人民检察院要求鸿顺公司支付生态修复费用，系要求该公司承担对生态环境造成损害的修复责任，属于民事侵权责任。两项法律责任的功能完全不同。鸿顺公司要求将其缴纳的罚款在侵权赔偿费中予以抵扣的请求缺乏法律依据。

鸿顺公司非法排放生产废水污染苏北堤河，应当承担生态环境修复责任。原审判决认定鸿顺公司非法排放生产废水的生态环境修复费用依据充分，计算方法合法适当；公益诉讼人的诉讼请求明确具体，原审审判程序合法。

【争议焦点】

1. 公益诉讼人的诉讼请求不符合受理条件，应当驳回起诉；原审法院超诉讼请求判决，审判程序违法。公益诉讼人关于判令鸿顺公司以 26.91 万元为基数的 3~5 倍承担赔偿责任的诉讼请求数额为约数，诉讼请求不明确，应当依法驳回起诉。公益诉讼人没有起诉请求赔偿生态环境修复费用，原审判决赔偿生态环境修复费用，属于超诉讼请求判决，审判程序违法。

2. 鸿顺公司不应当承担生态修复费用。鸿顺公司虽违法排放废水，但所排放废水的成分以有机物、木质素、纤维素为主，重金属等有毒有害物质极少，由于水体的自我净化，苏北堤河水质未受影响，排放废水行为未造成生态破坏。

3. 原审判决将 2.035 倍作为计算本案生态环境损害赔偿计算系数取值过高。鸿顺公司生产瓦楞纸采用全废纸造纸工艺，造纸废水主要为废纸的碎浆、筛选、浮选及抄纸过程中产生的废水。因无脱墨、漂白等工艺，与脱墨废纸浆生产工艺相比，排出的废水污染负荷少，生态修复容易。依据"虚拟治理成本法"环境损害数额赔偿倍数取值范围为 1.5 倍~3 倍，本案应当按照 1.5 倍取值。

4. 原审判决以 26.455 万元为基数，以其 3 倍~5 倍计算生态环境修复费用和服务功能损失缺乏法律依据。服务功能损失认定无事实依据。苏北堤河因水体流动及自我净化，水质早已自然恢复，无需恢复原状，也不存在服务功能损失。

5. 原审判决未将鸿顺公司已经缴纳的 15 万元罚款予以抵扣不当。铜山区环境保护局曾经依据水污染防治法对该公司处以罚款。水污染防治法的立法目的是防治水污染，保护和改善环境。该公司缴纳的罚款应当用于改善环境，与本案赔偿资金的使用目的一致。已经缴纳的罚款理应在赔偿金中予以抵扣。

典型案例

原告北京市朝阳区自然之友环境研究所与被告泰州市沃爱特化工有限公司环境污染责任纠纷一案

【基本案情】2012 年 10 月至 2013 年 2 月期间，被告泰州市沃爱特化工有限公司（以下简称沃爱特公司）将 324 吨废酸交予无处理资质和处理能力的戴某某等人处置，被倾倒至泰州市某运河、古马干河，严重污染了环境，根据专家意见，上述废酸的虚拟治理成本为 64.8 万元至 113.4 万元。被告沃爱特公司于 2014 年 8 月被泰州市大泗镇人民政府强制关闭，其营业执照尚未吊销。被告沃爱特公司处置废酸案为江苏常隆农化有限公司等六公司处置废酸案的系列案件。法院在审理泰州市环保联合会与江苏常隆农化有限公司、泰兴锦汇化工有限公司、江苏施美康药业股份有限公司、泰兴市申龙化工有限公司、泰兴市富安化工有限公司、泰兴市臻庆化工有限公司环境污染公益诉讼案［（2014）泰中环公民初字第 00001 号］中认定，2010 年、2011 年泰州市环境保护局环境质量年报载明：如泰运河水质现状为Ⅲ类，古马干河水质现状为Ⅲ类。江苏省环境科学学会 2014 年 4 月出具的《泰兴 12.19 废酸倾倒事件环境污染损害评估技术报告》，载明消减倾倒危险废物中酸性物质对水体造成的损害需要花费人民币 2541.205 万元；正常处理倾倒危险废物中的废酸需要花费人民币 3662.0644 万元，其中江苏常隆农化有限公司每吨需花费 1507.69 元、泰兴锦汇化工有限公司每吨需花费 1669.23 元、江苏施美康药业股份有限公司每吨需花费 700 元、泰兴市申龙化工有限公司每吨需花费 1238.46 元、泰兴市富安化工有限公司每吨需花费 1754.31 元、泰兴市臻庆化工有限公司每吨需花费 1453.85 元。

【判决结果】

1. 被告沃爱特公司在本判决生效后 10 日内赔偿生态环境损害费用人民币 1 749 600 元，用于泰兴地区的环境修复；上述款项交付至泰州市环保公益金专用账户（开户行：建设银行泰州新区支行，账号：32×××69）。

2. 被告沃爱特公司在本判决生效后 10 日内给付原告北京市朝阳区自然之友环境研究所差旅费 3077 元，律师费 2 万元，合计 23 077 元。

案件受理费 20 546 元，由被告泰州市沃爱特化工有限公司负担。

【法律依据】2008 年《水污染防治法》第 29 条规定，禁止向水体排放油类、酸液、碱液或者剧毒废液。《侵权责任法》第 65 条规定，因污染环境造成损害的，污染者应当承担侵权责任。被告沃爱特公司将废酸交给无危险废物处置资格的戴某某等人处置，严重污染环境，应当承担损害赔偿责任。依据《水污染防治法》第 29 条第 1 款，《侵权责任法》第 65 条、66 条之规定。

【争议焦点】

1. 被告沃爱特公司是否存在非法处置废酸的行为。《侵权责任法》第 65 条规定，因污染环境造成损害的，污染者应当承担侵权责任。第 66 条规定，因污染环境发生纠纷，污染者应当就法律规定的不承担责任或者减轻责任的情形及其行为与损害之间不存在因果关系承担举证责任。被告沃爱特公司并未举证证明其存在法律规定的不承担责任或者减轻责任的情形，应当对其造成的环境损害承担侵权责任。

2. 生态环境损害赔偿费用。环境保护部《环境损害鉴定评估推荐办法（第Ⅱ版）》中的附件《突发环境事件应急处置阶段污染损害评估技术规范》虚拟治理成本法规定，在生态环境损害数额难于计算的情况下，地表水生态环境损害数额采用虚拟治理成本法计算的原则为，Ⅲ类地表水的生态环境损害数额为虚拟治理成本的 4.5~6 倍。被告沃爱特公司处置的废酸因无样本，其成分无法确定，原告提供的专家意见亦仅说明现在周边省市危险废物的处置收费标准为 2000~3500 元，故被告废酸的治理成本尚无法科学认定。但被告沃爱特公司处置废酸案为江苏常隆农化有限公司等六公司处置废酸案的系列案件，故被告沃爱特公司废酸的治理成本可参照本院（2014）泰中环公民初字第 00001 号中江苏常隆农化有限公司等六公司的治理成本酌定；六公司最高治理成本为每吨 1754.31 元，最低为每吨 700 元，故被告沃爱特公司废酸的治理成本本院酌定为 1200 元。按照虚拟治理成本的 4.5 倍计算，被告沃爱特公司应承担的生态环境损害赔偿费用为 1 749 600 元。

典型案例

路某某环境污染责任纠纷案

【基本案情】2014 年 12 月至 2015 年 10 月，被告路某某在其租用的院内，未经相关部门审批且不具备清洗资质的情况下，购买刷桶机器及大量废机油桶，使用强碱洗刷机油桶，并将未经无害化处理的强酸废液直接排入院内私自挖掘的渗坑内，经公安机关侦查并对涉案地排放液体取样鉴定，涉案渗坑内的液体检出强碱成分，pH 值为 13.1，属于有毒、有害物质，造成渗坑周边及地下土壤的污染体积达 48 立方米。淄博市环境保护局周村分局依据相关环境污染治理的规定和技术标准，出具《关于路某某环境污染行为造成环境损害依法予以治理及修复生态的实施意见》，确定治理污染土壤及修复生态方案，并核定各项费用支出为 38 400 元。《人民检察院提起公益诉讼试点工作实施办法》第 1 条第 1 款，人民检察院履行职责中发现污染环境、食品药品安全领域侵害众多消费者合法权益等损害社会公共利益的行为，在没有适格主体或者适格主体不提起诉讼的情况下，可以向人民法院提起民事公益诉讼。

【判决结果】由被告路某某在本判决生效后 10 日内，将污染治理及生态修复费 38 400 元，支付至山东省生态环境损害赔偿资金账户。如果未按照本判决指定的期间履行给付金钱义务，应当依照《民事诉讼法》第 253 条的规定，加倍支付迟延履行期间的债务利息。

【法律依据】
《最高人民法院关于审理环境侵权责任纠纷案件适用法律若干问题的解释》
第 10 条：负有环境保护监督管理职责的部门或者其委托的机构出具的环境污染事件调查报告、检验报告、检测报告、评估报告或者监测数据等，经当事人质证，可以作为认定案件事实的根据。

《最高人民法院关于审理环境民事公益诉讼案件适用法律若干问题的解释》
第 18 条：对污染环境、破坏生态，已经损害社会公共利益或者具有损害社会公共利益重大风险的行为，原告可以请求被告承担停止侵害、排除妨碍、消除危险、恢复原状、赔偿损失、赔礼道歉等民事责任；

第 20 条：原告请求恢复原状的，人民法院可以依法判决被告将生态环境修复到损害发生之前的状态和功能。无法完全修复的，可以准许采用替代性修复方式。人民法院可以在判决被告修复生态环境的同时，确定被告不履行修复义务时应承担的生态环境修复费用；也可以直接判决被告承担生态环境修复费用。生态环境修复费用包括制定、实施修复方案的费用和监测、监管等费用；

第 23 条：生态环境修复费用难以确定或者确定具体数额所需鉴定费用明显过高的，人民法院可以结合污染环境、破坏生态的范围和程度、生态环境的稀缺性、生态环境恢复的难易程度、防治污染设备的运行成本、被告因侵害行为所获得的利益以及过错程度等因素，并可以参考负有环境保护监督管理职责的部门的意见、专家意见等，予以合理确定。

《侵权责任法》

第 65 条：因污染环境造成损害的，污染者应当承担侵权责任。

《民事诉讼法》

第 55 条：对污染环境、侵害众多消费者合法权益等损害社会公共利益的行为，法律规定的机关和有关组织可以向人民法院提起诉讼。人民检察院在履行职责中发现破坏生态环境和资源保护、食品药品安全领域侵害众多消费者合法权益等损害社会公共利益的行为，在没有前款规定的机关和组织或者前款规定的机关和组织不提起诉讼的情况下，可以向人民法院提起诉讼。前款规定的机关或者组织提起诉讼的，人民检察院可以支持起诉。

【争议焦点】①关于山东省聊城市人民检察院作为公益诉讼人的主体资格问题。②关于被告路某某环境污染行为及后果问题。③关于路某某承担涉案污染土壤治理及恢复生态的责任问题。

第五章 环境行政案例

第一节 请求履行职责之诉案

➡ 典型案例

西安联谊橡胶制品有限责任公司诉西安市环境保护局灞桥分局
不履行环境保护行政管理职责案

【基本案情】本案争议的具体行政行为:西安市环境保护局灞桥分局(以下简称环保灞桥分局)于 2017 年 4 月 7 日作出的市环灞函(2017)7 号《关于西安联谊橡胶制品有限公司现状环评备案延期请示的复函》内容为:"西安联谊橡胶制品有限公司:你单位于 2017 年 4 月 1 日报送的《西安联谊橡胶制品有限公司现状环评备案延期的申请》收悉,现函复如下:按照《陕西省人民政府关于印发环境保护违法违规建设项目清理整顿工作方案的通知》(陕环办发【2016】63 号)精神,对违法违规建设项目现状环评备案于 2016 年 12 月 31 日前完成。你单位曾于 2016 年 12 月 29 日向我局申请现状评估备案延期至 2017 年 1 月 5 日,我局书面答复同意。后因你单位未按期完成整改,你单位又于 2017 年 1 月 20 日向我局申请延期备案。经我局请示区政府及市环保局,参照《西安市环境保护局关于中石化西安分公司环境影响评价工作有关问题回复意见的函》精神,我局书面答复同意你单位延期备案,备案延期至 2017 年 3 月 31 日。你单位在 2017 年 3 月 31 日前仍未向我局递交现状环评备案文件。对于你单位的再次申请延期备案,经向市环保局请示,认为你单位已超出规定办理的期限要求,对延期申请不予受理。对你单位现状环评不再进行备案审查。"

原告的诉讼请求及事实与证据:原告西安联谊橡胶制品有限责任公司(以

下简称联谊公司）诉称，原告是一家长期从事橡胶制品的生产企业。早在2006年8月原告就《液体硅胶婴儿奶嘴生产线建设项目》得到西安市环保局批复，同意项目建设。根据规定，新增建设项目需要履行环评手续和竣工环境保护验收手续，被告于2016年9月下发整改通知要求原告进行《现状环境影响评估报告》。原告积极进行整改评估，但在评估过程中，被告以各种理由下发各种停产限产通知书，干扰整改评估工作，致使原告无法按期完成工作。原告分别于2016年12月29日、2017年1月20日先后两次向被告申请环境评估备案延期，被告书面同意延期至2017年3月31日。到期后由于项目工程复杂，原告再次申请延期备案，属于法律法规规定可以延期的情形，被告依法应予以同意。被告仅简单参照《西安市环境保护局关于中石化西安分公司环境影响评价工作有关问题回复意见的函》的精神，将环境评估备案延期至2017年3月1日，并对原告2014年4月1日的申请不予受理没有法律依据。根据《建设项目竣工环境保护验收管理办法》第10条第2款的规定，原告的备案延期申请没有超过规定的期限，应当准许。被告作出的决定没有法律依据，且未经区政府同意，程序违法，侵害了原告的合法权益。诉讼请求：①撤销被告2017年4月7日作出的市环灞函（2017）7号《关于西安联谊橡胶制品有限公司现状环评备案延期请示的复函》，责令被告依法重新作出行政行为；②本案诉讼费由被告承担。

原告联谊公司向本院提交了以下证据、依据：①环保灞桥分局关于联谊公司现状环评备案延期请示的复函（市环灞函【2017】7号），证明目的是由被告作出的具体行政行为，系无正当理由不予受理延期申请。②联谊公司关于环保备案资料提交延期的申请，共3次，证明目的是原告曾经申请延期。③西安市环境保护局关于中石化西安分公司环境影响评价工作有关问题回复意见的函，证明目的是该函既不是法律，也与原告无关，故被告适用法律错误。④联谊公司现状环境影响评估报告（国环字第3606），证明目的是符合备案条件（第47页最后一行）。⑤联谊公司液体硅胶婴儿奶嘴生产线建设项目环境影响报告表（2015.2），证明目的是满足环保条件，建议通过环保验收（第14页）。⑥《建设项目竣工环境保护验收管理办法》，证明目的是第10条第2款规定：试生产的期限最长为1年。⑦建设项目竣工环境保护验收监测表，证明目的是原告已经达到环评备案的标准。⑧原告2016年12月29日的延期申请，被告2017年1月20日的回复，原告2017年2月21日向被告递交的环评备案申请，原告2017年2月24日向被告递交的整改方案，原告2017年2月28日的开工申请，被告2017年3月2日、3月6日的回复及原告的回复，被告2017年6月20日向原告作出的《环境违法行为改正决定书》。

被告环保灞桥分局辩称：①原告属于"未批先建""未验先投"项目，是一家长期超标排污，且整改不积极、群众反响强烈的企业，属于实施现状环境影响评估的范围。②被告是本案的备案主体。③原告认为"在评估工程中，以各种理由下发停产限产通知书，干扰整改评估工作"与事实不符。④原告认为被告将环评备案截止日期定于 2017 年 3 月 31 日，只有 25 天时间，完成整改时间太紧与事实不符。⑤《建设项目竣工环境保护验收管理办法》并不适用于本案。综上，被告作出的行政行为事实清楚、依据充分、程序合法，请求法院依法予以驳回原告的诉讼请求。

被告环保灞桥分局向本院提交了以下证据、依据：第一组职权依据主要包括：①《国务院办公厅关于加强环境监管执法的通知》（国办发【2014】56号）；②《陕西省环境保护违法违规建设项目清理整顿工作方案》（陕政办法【2016】47号）；③《关于做好环境保护违法违规建设项目现状环境影响评估及备案审查工作的通知》（陕环办发【2016】63号）；④《关于印发西安市 2016 年突出环境问题整改工作实施方案的通知》（市政办法【2016】62号）；⑤《西安市环保局关于切实做好环境保护违法违规建设项目清理整顿工作的通知》（市环法【2016】72号）；⑥西安市环境保护局关于中石化西安分公司环境影响评价工作有关问题回复意见的函；⑦《关于做好环境保护违法违规建设项目清理整顿工作有关情况的通知》（市环办发【2016】122号）；⑧《西安市建设项目环境影响评价分级审批办法》（市环发【2015】79号）。证明被告具有作出《关于西安联谊橡胶制品有限公司现状环评备案延期请示的复函》的职权。

第二组事实证据：⑨西安市环境保护局现场检查笔录（2015 年 7 月 24 日，2015 年 5 月 5 日）3 份及联谊公司生产车间和生产设备登记表；⑩联谊公司平面示意图；⑪联谊公司液体硅胶婴儿奶嘴生产线建设项目环境影响评价报告表批复；⑫环境监测报告（灞环监字【2016】第 75 号）；⑬环境监测报告（报告编号 KC2016ZH527）；⑭环境监测报告（报告编号 KC2017ZH216）；⑮西安市环境保护局限制生产决定书（市环灞限决【2016】3-01 号）；⑯西安市环境保护局停产整治决定书（市环灞停决【2016】3-02 号）；⑰西安市环境保护局现场检查笔录（2017.3.20）调查询问笔录（2017.3.21）；⑱西安市环境保护局行政处罚决定书（市环灞罚字【2016】122 号）；⑲关于中央第六环境保护督查组交办群众信访举报环境问题查处情况通报（2016.12.4）；⑳陕西省第一环境保护督查组交办受理编号 058 号信访问题查处情况（2017.4.15）；㉑2016 年以来对联谊公司的举报、投诉、信访；还包括第一组里面的证据①②⑥。证明目的：①被告有权实施备案行为；②备案的截止期限为 2017 年 3 月 31 日；③原告属于"未评先建"项目；④原告污染环境严重，被多次处罚，仍未整改。

第三组证据：㉒《西安市环境保护局灞桥分局关于西安联谊橡胶制品有限公司工艺废气噪声等环境问题整改的通知》；㉓原告关于环保备案资料提交延期的 3 次申请；㉔被告 2017 年 4 月 7 日作出的市环灞函（2017）7 号《关于西安联谊橡胶制品有限公司现状环评备案延期请示的复函》。证明被告的行政程序合法，被告对原告的申请已在自由裁量幅度内进行了延期。

【判决结果】经审理查明，国务院办公厅 2014 年 11 月 12 日下发了（国办发【2014】56 号）《关于加强环境监管执法的通知》，该通知要求各地要于 2016 年底前完成全面清理违法违规建设项目整改任务。陕西省人民政府根据该通知于 2016 年 6 月 14 日制定印发了《陕西省环境保护违法违规建设项目清理整顿工作方案》，该方案规定：对不属于淘汰范围的建成投运项目，各地要依法责令停止运行，建设单位可委托具有环境影响评价资质的机构按现行环保标准开展环境现状影响评估，对存在的问题进行整改和优化调整。对符合现行环保要求的项目，环境保护部门可结合整改落实和日常监管情况，参照《环境保护部关于在化解产能严重过剩矛盾过程中加强环保管理的通知》有关要求，出具备案意见，纳入日常管理；对整改落实不到位或无法达到现行环保要求的项目，各地要依法予以关停取缔。并要求在 2016 年 10 月 31 日前完成清理整顿工作。陕西省环境保护厅办公室于 2016 年 7 月 4 日印发了《关于做好环境保护违法违规建设项目现状影响评估及备案审查工作的通知》，该通知规定由具有审批权限的环保部门进行现状环境影响评估的备案工作。依据西安市环境保护局 2015 年 6 月 25 日制定的《西安市建设项目环境影响评价文件分级审批办法》第 6 条规定：其他各分（县）局负责审批其辖区内应由市级以上环保部门审批以外项目的环境影响评价文件。被告环保灞桥分局于 2016 年 9 月 2 日向原告联谊公司下发了《关于西安联谊橡胶制品有限公司工艺废气噪声等环境问题整改的通知》，责令原告在收到通知之日起 20 日内完成企业现状评估和整改任务。原告联谊公司分别于 2016 年 12 月 29 日和 2017 年 1 月 19 日向被告申请备案延期。被告对原告的第一次申请同意备案延期至 2017 年 1 月 5 日，对第二次申请不予同意；原告于 2017 年 2 月 21 日、2 月 24 日及 2 月 28 日向被告先后递交了环评备案申请、整改方案及开工申请；被告于 3 月 6 日回复同意对原告现状环境影响评估备案延期至 2017 年 3 月 31 日。2017 年 4 月 1 日原告再次向被告申请备案延期 5 个工作日。被告 2017 年 4 月 7 日作出的《关于西安联谊橡胶制品有限公司现状环评备案延期请示的复函》中认为，被告对原告的前两次备案延期申请已同意分别延期至 2017 年 1 月 5 日和 2017 年 3 月 31 日，原告在 2017 年 3 月 31 日前仍未提交现状环评备案文件，已超出规定办理时限要求，故对延期申请不予受理，对原告单位现状环评不再进行备案审查。一审判决驳回原告诉讼请求，二审驳回上诉，维持原判。

【案例分析】本案是陕西省在清理违法违规项目过程中因为不予现状环境影响评估备案而被提起诉讼的第一起案件，该案对于如何认识现状环境影响评估的性质，如何认识现状环境影响评估备案的性质，如何适用《环境影响评价法》以及配套的规章和规范性文件都具有很强的指导意义。

一、现状环境影响评估、环境现状评价、环境影响评价、环境影响后评价

环境影响评价简称环评，英文缩写 EIA，即 Environmental Impact Assessment，是指对规划和建设项目实施后可能造成的环境影响进行分析、预测和评估，提出预防或者减轻不良环境影响的对策和措施，进行跟踪监测的方法与制度。通俗说就是分析项目建成投产后可能对环境产生的影响，并提出污染防治对策和措施。

环境现状评价一般是根据近两三年的环境监测资料对某地区的环境质量所进行的评价。一般以国家颁布的环境质量标准或环境背景值作为依据。评价范围，可以是一个行政区域、一个自然区域或一个功能区。主要是掌握和比较环境质量状况及其变化趋势；寻找污染治理重点；为环境综合治理和城市规划及环境规划提供科学依据；研究环境质量与人群健康的关系；预测评价拟建的项目对周围环境可能产生的影响。

环境影响后评价，是指编制环境影响报告书的建设项目在通过环境保护设施竣工验收且稳定运行一定时期后，对其实际产生的环境影响以及污染防治、生态保护和风险防范措施的有效性进行跟踪监测和验证评价，并提出补救方案或者改进措施，提高环境影响评价有效性的方法与制度。

现状环境影响评估，是指对未经环境影响评价或者环境影响评价文件未经批准就投产运行的建设项目实际产生的环境影响以及应该采取的污染防治、生态保护和风险防范措施进行评价，并提出补救方案或者改进措施的方法与制度。现状环境影响评估范围：①应为环境影响评价文件未经批准，擅自建设完成且

已经投入生产或运行的建设项目。②不属于环境保护违法违规建设项目清理整顿工作中淘汰范围的建设项目。③建设项目环境违法行为的发生时间必须为 2015 年 1 月 1 日之前，且已经接受行政处罚。④与建设项目主体工程配套的各项污染防治设施应符合现行环保要求，且具备长期稳定运行的条件。

现状环境影响评估技术文件应由建设单位委托具有相应环境影响评价资质的机构编制。符合《建设项目环境影响评价分类管理名录》（环保部令第 33 号）中编制环境影响报告书类别的项目，应参照《环保违法违规建设项目现状环境影响评估报告编制参考提纲》的内容，按照现行环境保护各项要求编制现状环境影响评估报告。符合《建设项目环境影响评价分类管理名录》（环保部令第 33 号）中编制环境影响报告表类别的项目，可根据项目实际情况对编制参考提纲进行适当简化，编制现状环境影响评估表。由具有审批权限的环保部门进行现状环境影响评估的备案工作。对符合现行环保要求的项目，应出具备案意见，纳入日常管理；对不符合要求的项目，书面提出整改意见，整改完成经查符合要求后方可办理备案手续。对不符合产业政策、规划或规划环评要求，区域环境质量超标、污染物排放超标，且整改无望的项目，各级环保部门要建议地方政府依法予以关停取缔。

可以看出：环境影响评价是《环境影响评价法》规定的一项重要制度，是对规划或者建设项目事先的环境影响进行预测；环境影响后评价是对做过环境影响评价的建设项目运行一段时间后的评价；而环境现状评价是对一定区域的环境质量的评价，是环境影响评价的基础；现状环境影响评估却是在特定时期针对历史遗留问题对"未批先建"的建设项目的一种特别制度，其源自对违法违规项目的清理，依据是环保部和各省的规范性文件，既不是环境影响评价，也不是环境影响后评价。

二、联谊公司是否属于现状环境影响评估的范围

该厂于 1992 年建成投产，是一家高精类橡胶产品、各类胶种密封件产品及汽车橡胶产品的生产厂家。当时《环境影响评价法》尚未制定，故无环境影响评价手续。2015 年 7 月 24 日的现场检查笔录和原告联谊公司提供的生产设备和生产车间登记表显示，被告环保灞桥分局在 1998 年之后对其进行了改建和扩建，没有履行环境影响评价的审批手续。同时，该厂自己委托第三方所做的《西安市联谊橡胶制品有限公司现状环境影响评估报告》前言："由于年代久远，一直未履行环评手续和竣工验收手续，根据《陕西省环境保护违法违规建设项目清理整顿工作方案》（陕政办发【2016】47号），该工程属于'未批先建''未验先投'项目。"根据省市关于环境保护违法违规建设项目清理整顿工作方案规定的范围，该项目属于实施现状环境影响评估的范围。

三、被告环保灞桥分局是否是适格的备案主体

根据陕西省环境保护厅办公室《关于做好环境保护违法违规建设项目现状环境影响评估及备案审查工作的通知》（陕环办发【2016】63号）的规定，三、现状环境影响评估的备案：根据《环境保护部审批环境影响评价文件的建设项目目录（2015年本）》（公告2015年第17号）、《陕西省建设项目环境影响评价文件分级审批办法》（陕环发【2014】61号）以及各市建设项目环境影响评价分级审批规定确定的审批权限，由具有审批权限的环保部门进行现状环境影响评估的备案工作。对符合现行环保要求的项目，应出具备案意见，纳入日常管理。

根据《西安市建设项目环境影响评价文件分级审批办法》（市环发【2015】79号）第6条第2款的规定，被答辩人的项目属于答辩人备案的权限范围。

同时，西安市环境保护局办公室《关于做好环境保护违法违规建设项目清理整顿工作有关情况的通知》（市环办发【2016】122号）规定"凡属于市级（含市级）审批权限以下备案工作，一律由项目所在辖区的环保分（县）局进行环保备案工作"。

四、《建设项目环境影响登记表备案管理办法》是否适用于本案

1. 《建设项目环境影响登记表备案管理办法》第2条规定：本办法适用于按照《建设项目环境影响评价分类管理名录》规定应当填报环境影响登记表的建设项目，即该办法的适用范围是应当填报环境影响登记表的项目，对于环境影响报告表、环境影响报告书等并不适用。而上诉人的项目属于现状环境影响评价报告书，其中关于奶嘴生产线的项目是环境影响报告表。

2. 《建设项目环境影响登记表备案管理办法》第22条规定：本办法自2017年1月1日起施行。而上诉人的项目年代久远，既有未批先建、又有未验先投的情况，且从2015年始进行了多次查处，按照《陕西省人民政府办公厅关于印发环境保护违法违规建设项目清理整顿工作方案的通知》（陕政办发【2016】47号）要求，环保部门要依法责令违法违规建设项目停产，停产后建设单位可以委托有环境影响评价资质的机构按现行的环保标准开展环境现状评估，对存在

问题的要进行整改和优化调整；对符合现行环保要求的出具备案意见，纳入日常管理；对整改不到位的或者无法达到环保要求的项目，要依法予以关停取缔。

早在 2016 年 9 月 2 日，被上诉人就向上诉人下发了《西安市环境保护局灞桥分局关于西安联谊橡胶制品有限公司工艺废气噪声等环境问题整改的通知》，要求其对项目未批先建和未验先投、危险废物存放不规范、噪声超标、工业废气无组织排放等四个问题进行整改，同时责令其在 20 日之内完成现状评估和整改工作，并且告知如果逾期未整改，环保局将依法严肃处理。

根据法律不溯及既往的原则，《建设项目环境影响登记表备案管理办法》不适用于本案。

五、《建设项目竣工环境保护验收管理办法》是否适用于本案

1. 办法第 2 条规定：本办法适用于环境保护行政主管部门负责审批环境影响报告书（表）或者环境影响登记表的建设项目竣工环境保护验收管理。即办法适用的范围是进行环境审批的编制环评文件的项目，并且验收属于行政审批。而该项目并非编制上述文件且是备案项目。

2. 办法的适用对象是按照正常的流程尚未投产的项目，并非"未评先建"的项目。

3. 国务院关于第一批取消 62 项中央指定地方实施行政审批事项的决定（国发【2015】57 号）已经取消试生产审批。

六、环保灞桥分局不予延期是否是依法履行职责

环保灞桥分局本着整顿规范和保护企业生产经营的理念将环评备案先后两次延期，最后把截止日期定于 2017 年 3 月 31 日，而联谊公司认为多次延期备案的行为是随意实施的。事实上，环保灞桥分局早在 2016 年 9 月 2 日就向联谊公司下发了《西安市环境保护局灞桥分局关于西安联谊橡胶制品有限公司工艺废气噪声等环境问题整改的通知》，要求其对项目未批先建和未验先投、危险废物存放不规范、噪声超标、工业废气无组织排放等四个问题进行整改，同时责令其在 20 日之内完成现状评估和整改工作，同时也告知如果逾期未整改，将依法严肃处理。从 2016 年 9 月 2 日起算，至规定的截止日期 2017 年 3 月 31 日，已有整整 7 个月时间。在这期间，其分别于 2016 年 12 月 29 日、2017 年 1 月 20 日两次向环保灞桥分局申请环境现状评估延期，环保灞桥分局根据上述文件规定均作出同意，说明环保灞桥分局已经给了联谊公司足够的整改时间。造成没有按期完成整改任务的真正原因，是联谊公司片面追求企业利益，环保意识差，不愿意承担企业环境保护的主体责任，认为企业新厂区已经建成，大部分生产设备已经搬迁至临潼，旧厂区内现有的车间近期也将搬迁，不愿在污染治理设备购置上再进行投资，是联谊公司自身的原因致使其没有在规定的时间内完成备案。相关法律、法规并未对本案所涉延期备案行为作出明确规定，是否准予延期备案属于行政机关在行政执法中行使自由裁量权的范畴，根据以上事实，环保灞桥分局行使自由裁量权所作决定并无明显不当。

典型案例

某环境保护服务中心诉某市环境保护局不履行环境信息公开职责案

【基本案情】 本案争议的具体行政行为：2018年3月22日，广州绿网环境保护法律服务中心向西安市环境保护局申请公开两项信息：一是2016年、2017年某市危险废物产生单位名单信息（包括但不限于危险废物产生单位名称、地址，申报危险废物的种类、产生量、流向、贮存、处置信息）；二是2016年、2017年某市危险废物产生单位危险废物转移联单信息（包括但不限于单位名称、危险废物种类、危险废物代码、转移数量、转移期限等能够反映危险废物转移情况的信息）。2018年4月2日，某环境保护法律服务中心收到某市环境保护局复函，复函中针对此项申请的回复内容为"①根据《环境信息公开办法（试行）》及《大中城市固体废物污染环境防治信息发布导则》，此二项信息不属于应公开的相关内容。②根据《陕西省环境保护厅政府信息公开暂行办法》规定，现将可以公开的相关内容：2016年、2017年危险废物国家中心监管企业名单提供给您，希望对您的工作有所帮助"。

原告的诉讼请求及证据、依据：某环境保护服务中心不服某市环境保护局复函，依法提起诉讼，请求某市环境保护局依法履行公开其所申请的环境信息的法定职责。某环境保护法律服务中心认为某市环境保护局未能按照相关法律规定公开信息，损害了某市环境保护局的环境知情权、监督权。希望某市环境保护局依法履职，公开某环境保护法律服务中心申请的信息，事实理由陈述如下：其一，某环境保护法律服务中心申请的信息属于应主动公开的政府信息。2007年《中华人民共和国政府信息公开条例》第2条规定："本条例所称政府信息，是指行政机关在履行职责过程中制作或者获取的，以一定形式记录、保存的信息。"以及第9条第1项、第2项规定："行政机关对符合下列基本要求之一的政府信息应当主动公开：①涉及公民、法人或者其他组织切身利益的；②需要社会公众广泛知晓或者参与的。"某环境保护法律服务中心所申请的两项信息是某市环境保护局在履行危险废物监管职责时获取的信息，是上述法律所称"政府信息"。同时，此两项信息的公开是保障公众环境知情权、监督权得以实现的前提，依据相关法律规定，是属于应该主动公开的信息。在某市环境保护局未能主动公开此政府信息的情况下，某环境保护法律服务中心仅能采取提交信息公开申请的方式，希望获取该信息以参与环境保护的社会监督。其二，法律赋予了公民、法人或者其他组织申请公开政府信息的权利，确立了"公开为原则，不公开为例外"的规定。《中华人民共和国政府信息公开条例》（已修改）第13条规定"除本条例第9条、第10条、第11条、第12条规定的行政机关主动公开的政府信息外，公民、法人或者其他组织还可以根据自身生产、生活、科研等特殊需要，向国务院部门、地方各级人民政府及县级以上地方人民政府部门申请获取相关政府信息。"第14条规定"行政机关不得公开涉及国家秘密、商业秘密、个人隐私的政府信息。但是，经权利人同意公开或者行政机关认为不公开可能对公共利益造成重大影响的涉及商业秘密、个人隐私的政府信息，可以予以公开。"由此可见，法律赋予了公民、法人或者其他组织申请公开政府信息的权利，同时也确立了"公开为原则，不公开为例外"的规定，仅就涉及"国家秘密、商业秘密、个人隐私的政府信息"不得公开，且此"不得公开"也有"不公开可能对公共利益造成重大影响的，可以予以公开"的例外。法律的规定是为确保公众环境知情权、监督权得以实现，环境公共利益得以维护。此原则不应由某市环境保护局回复中所称"不属于应公开的政府信息内容"予以简单否决。相反，应依据某环境保护法律服务中心申请要求，明确提供其所有的政府信息，以开放、包容的态度回应公众参与环境保护的热情及需求。其三，某市环境保护局的回复有违法律相关规定。《中华人民共和国政府信息公开条例》（已修改）第21条第2项规定，"对申请公开的政府信息，行政机关根据下列情况分别作出答复……②属于不予公开范围的，应当告知某环境保护法律服务中心并说明理由……"。就某环境保护法律服务中心申请信息公开而言，某市环境保护局仅简单回复"根据《环境信息公开办法（试行）》及《大中城市固体废物污染环境防治信息发布导则》，此二项信息不属于应公开的政府信息内容"。并未列明上述提及法律中具体什么法条、理由来说明某环境保护法律服务中心所申请的两项信息不属于应公开的政府信息内容。《大中城市固体废物污染环境防治信息发布导则》明确"导则"制定的目的是"为贯彻落实《固体废物污染环境防治法》关于'大、中城市人民政府环境保护行政主管部门应当定期发布固体废物的种类、产生量、处置状况等信息'的规定，规范并指导信息发布"，未有任何内容说明某环境保护法律服务中心申请信息不属于应公开的政府信息内容。《环境信息公开办法（试行）》第1条明文规定该办法的制定宗旨是"为了推进和规范环境保护行政主管部门（以下简称环保部门）以及企业公开环境信息，维护公民、法人和其他组织获取环境信息的权益，推动公众参与环境保护"。某环境保护法律服务中心亦未从该办法中找出某环境保护法律服务中心申请的信息不属于应公开的政府信息内容的相关规定。某市环境保护局作为环境保护主管部门，环境政府信息的拥有者，有义务依据相关法律法规，主动公开危险废物的产生单位信息、危险废物转移信息，鼓励公众参与环保监督。就某市环境保护局认为某环境保护法律服务中心申请的信息不属于应公开的政府信息内容，应有理有据地予以解释说明，某环境保护法律服务中心更期待某市环境保护局及其他环境保护主管部门能就公众参与环境保护秉持开放、鼓励态度，共同推动环境质量的改善。

被告某市环境保护局辩称：2018年3月28日，某市环境保护局受理某环境保护法律服务中心的申请公开事项，某环境保护法律服务中心要求公开：①2016年、2017年陕西省某市危险废物产生单位信息（包括但不限于危险废物产生单位名称、地址，申报危险废物的种类、产生量、流向、贮存、处置信息）；②"2016年、2017年某市危险废物产生单位危险废物转移联单信息（包括但不限于单位名称、危险废物种类、危险废物代码、转移数量、转移期限等能够反映危险废物转移情况的信息）"。根据《环境信息公开办法（试行）》以及《大中城市固体废物污染环境防治信息发布导则》，某市环境保护局于2018年4月2日复函，认为某环境保护法律服务中心提请的公开事项不属于应公开内容，同时提供2016年、2017年危险废物国家重点监管企业名单的链接，便于某环境保护法律服务中心查询。

某环境保护法律服务中心所称"某市环境保护局未能按照相关法律规定公开信息，损害了某环境保护法律服务中心的环境知情权、监督权"的说法不成立。理由如下：其一，某环境保护法律服务中心认为"某环境保护法律服务中心申请的信息属于应主动公开的政府信息"的说法不成立。《环境信息公开办法（试行）》第11条第7项规定："环保部门应当在职责权限范围内向社会主动公开以下政府环境信息……⑦大、中城市固体废物的种类、产生量、处置状况等信息……"《关于发布〈大中城市固体废物污染环境防治信息发布导则〉的公告》明确导则制定的目的是"贯彻落实《固体废物污染防治法》关于'大、中城市人民政府环境保护行政主管部门应当定期发布固体废物的种类、产生量、处置状况等信息'的规定,规范并指导信息发布"。故,某市环境保护局认为有关固体废物政府信息公开严格按照《大中城市固体废物污染环境防治信息发布导则》规定的范围,某环境保护法律服务中心申请的两项内容均不在《环境信息公开办法(试行)》《大中城市固体废物污染环境防治信息发布导则》规定的范围内,不属于应主动公开的政府信息。其二,环境保护主管部门尊重公民、法人或者其他组织申请公开环境信息的权利,维护公民、法人或者其他组织获取环境信息的权益,保障公众环境知情权、监督权的实现。某市环境保护局严格按照《大中城市固体废物污染环境防治信息发布导则》规定的时间及范围在官网向公众发布固体废物污染环境防治信息。但正如某环境保护法律服务中心所说,《环境信息公开办法(试行)》制定的宗旨就是要规范环境保护主管部门公开环境信息,某市环境保护局应当严格遵守《环境信息公开办法(试行)》规定的公开范围依法行政,国家法律、法规未授权的不能随意公开,望某环境保护法律服务中心予以理解和支持。其三,《环境信息公开办法(试行)》第二章第一节明确环境信息公开范围,《大中城市固体废物污染环境防治信息发布导则》明确了公开内容,故某市环境保护局回复某环境保护法律服务中心"根据《环境信息公开办法(试行)》和《大中城市固体废物污染环境防治信息发布导则》,此二项信息不属于应公开的政府信息内容"不属于主观态度简单粗暴,仅是措辞上言简意赅而引起某环境保护法律服务中心的误解。

【案例分析】 这是一起环保组织申请政府机关环境信息公开的案件,《环境保护法》的出台,强化了公众在环境保护工作中的作用,专章规定了"信息公开与公众参与"。近年来,公众申请信息公开的案件成指数性增长,这对于环境多元治理和监督政府依法履职起到了很好的作用。从政府信息公开的范围和类型来看,信息公开分为两大部分,一部分为政府应当主动公开的信息,另一部分为依申请公开的信息。不过,从目前来看,公众申请公开的信息绝大部分都是政府应当公开的信息,尤其是环保组织更是本着研究和监督的目的,申请的信息几乎都是政府应当公开的信息,这从另一方面也说明我国的信息公开还有很大问题:应该公开的信息并未公开。

一、原告申请的信息是否是应当公开的信息

2013 年《固体废物污染环境防治法》第 12 条规定：国务院环境保护行政主管部门建立固体废物污染环境监测制度，制定统一的监测规范，并会同有关部门组织监测网络。大、中城市人民政府环境保护行政主管部门应当定期发布固体废物的种类、产生量、处置状况等信息。

《环境信息公开办法（试行）》（已修改）第 11 条第 7 项：环保部门应当在职责权限范围内向社会主动公开以下政府环境信息……⑦大、中城市固体废物的种类、产生量、处置状况等信息。

关于发布《大中城市固体废物污染环境防治信息发布导则》的公告第六部分关于信息发布的内容第 3 项之规定：条件成熟的大、中城市，应当发布下列固体废物污染环境防治信息，包括：

1. 本市固体废物处置设施状况：特别是生活垃圾、工业危险废物及医疗废物集中处置设施的状况，包括设施所属法人名称、设计处置能力、实际处置情况、设施地点、所采用的主要技术，执行国家有关污染控制标准或规范情况；对于填埋设施应公布使用年限及预期关闭时间；

2. 促进固体废物，特别是危险废物"减量化、资源化和无害化"方面工作的典型成功案例；

3. 危险废物跨行政区域转移信息：包括转移种类、转移量及转移目的（处置、贮存或利用）。直辖市发布跨省级行政区域转移危险废物的信息；其他城市发布的跨设区的市级行政区域转移危险废物的信息；

4. 本市产生、收集、贮存、运输、利用、处置危险废物的单位制定有关意外事故的防范措施和应急预案的情况。

某市环境保护局每年按照上述法律、规章和导则定期发布固体废物有关信息的公告，公告信息包括产生工业危险废物企业的总数，产生量前五位的企业名称，工业废物的产生量、利用量、处置量、贮存量，危险废物转移单位总数，转移联单的总份数，转移废物的总吨数等信息。

本案中原告申请公开的信息包括：一是 2016 年、2017 年西安市危险废物产生单位名单信息（包括但不限于危险废物产生单位名称、地址，申报危险废物的种类、产生量、流向、贮存、处置信息）；二是 2016 年、2017 年某市危险废物产生单位危险废物转移联单信息（包括但不限于单位名称、危险废物种类、危险废物代码、转移数量、转移期限等能够反映危险废物转移情况的信息）。这

些信息都是各个危险废物产生和转移单位的零散信息，是单个具体企业的具体信息。根据《固体废物污染环境防治法》《环境信息公开办法（试行）》（已修改）和《大中城市固体废物污染环境防治信息发布导则》的规定，原告申请公开的具体产生危废企业的名称、每个企业产生的危废的种类、数量、危废代码、转移数量、转移期限以及转移联单并不是上述规范性文件规定的应当公开的信息。从上述规范性文件可知，环保部门公开的信息只是各类固体废物的产生量、利用量、贮存量、处置方式和处置量等信息，并没有规定具体到每个具体的企业。按照法无授权不可为的原则，对于不属于规定应当公开的信息，其无权公开。

二、相关信息是否需要进行汇总、加工

《国务院办公厅关于做好政府信息依申请公开工作的意见》（国办发〔2010〕5号）明确指出"行政机关向申请人提供的政府信息，应当是现有的，一般不需要行政机关汇总、加工或重新制作（作区分处理的除外）。依据《条例》精神，行政机关一般不承担为申请人汇总、加工或重新制作政府信息，以及向其他行政机关和公民、法人或者其他组织搜集信息的义务"。《最高人民法院关于审理政府信息公开行政案件若干问题的规定》（法释〔2011〕17号）第2条第3项规定"公民、法人或者其他组织对下列行为不服提起行政诉讼的，人民法院不予受理……③要求行政机关为其制作、搜集政府信息，或者对若干政府信息进行汇总、分析、加工，行政机关予以拒绝的……"被告已经发布的信息是被告根据法律规定自己制作的，不需要加工整理；对于原告申请的信息并不是被告制作或者已经获取的，需要被告从固废管理系统提取、汇总甚至还要加工方能提供，在法律没有规定必须公布的情况下，该信息属于需要汇总、加工的，不属于现有的，不属于应当公开的信息。

三、原告申请的信息是否违反"一事一申请"原则

《国务院办公厅关于做好政府信息依申请公开工作的意见》（国办发【2010】5号）：……③明确"一事一申请"原则。在实际工作中，有时会遇到一个申请要求公开分属多个行政机关制作或保存的政府信息，有的申请公开的信息类别和项目繁多，受理机关既不能如需提供，又难以一一指明哪条信息不存在，哪条信息属于哪个行政机关公开，影响了办理时效。为提高工作效率，方便申请人尽快获取所申请公开的信息，对一些要求公开项目较多的申请，受理机关可

要求申请人按照"一事一申请"原则对申请方式加以调整，即一个政府信息公开申请只对应一个政府信息项目。

同时，对将申请公开的政府信息拆分过细的情况，即申请人就一个具体事项向同一行政机关提出多个内容相近的信息公开申请，行政机关需要对现有的信息进行拆分处理才能答复，受理机关可要求申请人对所提申请作适当归并处理。

四、妥善处理研究课题类申请

对于要求行政机关为其大范围提供课题研究所需资料、数据的申请，因其不同于《政府信息公开条例》规定一般意义上的申请，且在一定程度上超出了设置依申请公开的立法本意，行政机关可要求白水县污水处理厂对其申请方式作出调整：

对于课题研究所需政府信息，若已经主动公开的，可告知白水县污水处理厂通过政府网站、政府公报、部门统计年鉴、相关公开出版物和档案馆、图书馆信息查阅点等渠道自行查阅。

通过主动公开渠道确实难以获取的政府信息，白水县污水处理厂可按照"一事一申请"的方式，向相关行政机关分别提出申请。

原告申请公开的信息涉及2016年、2017年某市所有危险废物产生单位和转移单位的详细信息，即就一个具体事项向同一行政机关提出多个内容相近的信息公开申请，违背了一事一申请的原则；同时，其在庭审中也明确其申请信息公开的目的是用于课题研究，发布全国危废情况的报告，原告申请的信息是种类繁多的，从一定意思上来说，是不明确的：没有明确某市产生危废的单位的名称以及数量，如果某市环保局只公开其中的一部分，原告也无从判断真伪。如果法律规定了必须公开所有危废企业的名单和产生危废的情况，而某市环保局并未公开，则原告有权要求某市环保局公开每个企业的情况，某市环保局无论是否进行拆分都应公开。

五、原告申请公开的信息是否涉及商业秘密

《政府信息公开条例》第15条规定："涉及商业秘密、个人隐私等公开会对第三方合法权益造成损害的政府信息，行政机关不得公开。"《最高人民法院关于审理不正当竞争民事案件应用法律若干问题的解释》第13条第1款规定"商业秘密中的客户名单，一般是指客户的名称、地址、联系方式以及交易的习惯、意向、内容等构成的区别于相关公知信息的特殊客户信息，包括汇集众多客户的客户名册，以及保持长期稳定交易关系的特定客户。"危险废物转移联单是危险废物转移单位和接收危险废物单位之间的各种信息，其中必然涉及企业客户信息。对于产废单位而言，其危废处置客户单位相对比较单一，一般不存在商业竞争问题。但是，从另一方面来说，法律并没有要求公开所有产废单位，如果公开危废转移联单，则对危废处置单位而言，其所有的产废单位的信息就全部公开，必然会带来其他处置单位的竞争。所以，转移联单事实上含有客户信息等商业秘密的成分。

第二节 司法审查之诉案

➡典型案例

原告杨某某等13人诉被告咸阳市环保局、陕西省环保厅及第三人咸阳市城市建设投资控股集团有限公司环境影响评价批复违法案

【**基本案情**】本案争议的具体行政行为：被告咸阳市环境保护局于2009年7月15日对第三人咸阳市城市建设投资控股集团有限公司作出咸环函（2009）171号《关于咸阳市城中村（东陈杨寨）改造建设项目环境影响评价报告书的批复》。

2011年7月26日，陕西省环境保护厅作出陕环复决字（2011）2号行政复议决定书，维持了咸阳环境保护局作出的咸环函（2009）171号《关于咸阳市城中村（东陈杨寨）改造建设项目环境影响评价报告书的批复》。

原告的诉讼请求及理由：原告诉称，2011年4月26日，原告委托律师在调查中得知，被告于2009年7月15日作出了咸环函（2009）171号《关于咸阳市城中村（东陈杨寨）改造建设项目环境影响评价报告书的批复》的具体行政行为。该批复批准建设项目建设用地范围内包括原告享有使用权的宅基地和享有所有权的房屋，故与原告存在法律上的利害关系。原告不服申请行政复议，2011年7月26日，陕西省环境保护厅作出复议决定维持了被告的具体行政行为。原告认为该具体行政行为违法、错误。根据《中华人民共和国环境影响评价法》第21条的规定，建设单位应在报批建设项目环境影响报告书前，举行论证会、听证会，或者采取其他形式，征求有关单位、专家和公众的意见。建设单位报批的环境报告书应当附具对有关单位、专家和公众的意见采纳或者不采纳的说明。被告在作出以上批复之前，没有征求原告等广大利害人的意见，违反法定许可程序，没有依法保障原告的陈述、申辩和听证的权利，公众参与的调查问卷只提供两个人的调查问卷（共100份），而此二人并不是本村村民（调查问卷记载住东陈杨寨），也无身份证号码及联系方式。另外，根据《建设项目环境影响评价文件分级审批规定》第8条的规定，规定以外的建设项目环境影响评价文件的审批权限，由省级环境保护部门参照第4条及下述原则提出分级审批建议，报省级人民政府批准后实施，并抄报环境保护部。故，被告无审批主体资格，属于越权审批，应予撤销。综上，请求依法撤销被告作出的咸环函（2009）171号《关于咸阳市城中村（东陈杨寨）改造建设项目环境影响评价报告书的批复》。被告陕西省环境保护厅作出的陕环复决字（2011）2号行政复议决定书错误，依法应予以撤销；本案诉讼费由被告承担。

被告的答辩意见及依据：被告咸阳市环境保护局辩称，被告作出的咸环函（2009）171号《关于咸阳市城中村（东陈杨寨）改造建设项目环境影响评价报告书的批复》（以下简称171号批复）不存在越权审批的情形，根据相关规定，该项目的评价报告书应由其单位作出。原告起诉已超过诉讼时效，作出的批复时间是2009年7月，公示时间是2009年7月30日，原告申请复议的时间为2011年，已超过提起复议的期限，同时也已超过提起行政诉讼的期限，应依法驳回。

被告陕西省环保厅辩称，原告起诉已超过法定期限，应当驳回起诉；171号批复与原告无法律上的利害关系，不属于行政诉讼的受案范围。被告咸阳市环保局是适格的审批主体，其作出的相关批复，程序合法。原告于2011年5月27日提起行政复议申请，省厅于2011年6月1日向咸阳市环保局送达了行政复议受理通知书和行政复议申请书副本，咸阳市环保局于2011年6月9日提交了行政复议答复书及作出批复的证据等材料，省厅于2011年7月26日作出了维持171号批复的行政复议决定，实体合法，程序合法，请求驳回原告起诉。

第三人辩称，咸阳市环保局具备作出171号批复的职权，原告的起诉已超过时效，本案所涉及的陈杨寨村已全部拆迁完成，土地已招拍，安置小区建设已基本竣工，部分陈杨寨被征迁群众已入住，无法逆转。综上，请求驳回原告起诉。

【判决结果】一审法院经审理查明：2009年4月22日，第三人咸阳市城市建设投资有限公司依据咸阳市委、咸阳市人民政府咸字（2008）38 号《关于进一步加快旧城改造工作的意见》文件，向咸阳市发展和改革委员会报送了"关于咸阳市东陈阳寨城中村改造建设项目立项的报告"，及东陈阳寨城中村改造建设项目建议书。2009 年 5 月 4 日，经咸阳市发展和改革委员会研究后，对第三人作出咸发改（2009）257 号关于东陈杨寨城中村改造项目建议书的批复。2009 年 5 月 9 日，第三人委托核工业二〇三研究所对该项目进行环境评价工作。在环境评价期间，于 2009 年 6 月 1 日在咸阳市政府网站发布了"咸阳市城中村（东陈杨寨）改造项目环境评价公众参与公示"，公示期限为 10 天，同时在相关区域发放公众调查表。2009 年 6 月 13 日该项目环境报告书通过了专家技术评审会。随后，经第一被告研究后，对第三人于 2009 年 7 月 15 日作出咸环函（2009）171 号《关于咸阳市城中村（东陈杨寨）改造建设项目环境影响评价报告书的批复》，并于 2009 年 7 月 30 日在咸阳环保网站对该项目进行批建公示，公示期限为 10 日。原告得知 171 号批复后于 2011 年 5 月 27 日向第二被告申请行政复议。2011 年 7 月 26 日，第二被告陕西省环保厅作出了陕环复决字（2011）2 号行政复议决定书，维持了第一被告作出的《关于咸阳市城中村（东陈杨寨）改造建设项目环境影响评价报告书的批复》。2011 年 8 月 10 日，原告收到行政复议决定书。2011 年 8 月 16 日，原告即向咸阳市秦都区人民法院邮寄行政起诉状。2015 年 6 月 9 日，咸阳市秦都区人民法院立案受理。咸阳市中级人民法院于 2015 年 7 月 13 日以（2015）咸中行他字第 00018 号行政裁定书指定案件由三原县人民法院管辖。

　　一审法院认为，关于两被告及第三人提出原告起诉超法定起诉期限一节，经查该被诉批复行为是 2009 年 7 月 15 日作出，原告于 2011 年 5 月 27 日向第二被告申请行政复议，第二被告于 2011 年 7 月 26 日作出行政复议决定书，原告于 2011 年 8 月 10 日收到行政复议决定书，并在 2011 年 8 月 16 日向咸阳市秦都区人民法院邮寄行政起诉状，依据原《行政诉讼法》第 38 条第 2 款之规定，白水县污水处理厂不服复议决定的，可以在收到复议决定书之日起 15 日内向人民法院提起诉讼。原告起诉并未超法定起诉期限，两被告和第三人有关原告起诉超法定起诉期限的主张本院不予支持；两被告及第三人认为 171 号批复与原告无法律上的利害关系，原告不具备诉讼主体资格一节，本院认为因该批复涉及的范围包括原告的宅基地和享有所有权的房屋，与原告存在法律上的利害关系，因此原告具备该案诉讼主体资格；原告提出第一被告作出 171 号批复违反法定许可程序，没有依法保障原告的陈述、申辩和听证的权利一节，《中华人民共和国环境影响评价法》第 21 条第 1 款规定："除国家规定需要保密的情形下，对环境可能造成重大影响、应当编制环境影响报告书的建设项目，建设单位应当在报批建设项目环境影响报告书前，举行论证会、听证会，或者采取其他形式，征求有关单位、专家和公众的意见。"《陕西省实施〈中华人民共和国环境影响评价法〉办法》第 22 条规定："环境保护行政主管部门在审批建设项目环境影响评价报告书、报告表之前，应当召集有关部门和专家组成审查小组，对环境影响评价报告书、环境影响评价表进行审查，并提出书面审查意见。"第 37 条规定："环境保护行政主管部门应当在受理环境影响评价报告书、环境影响评价表后，在其政府网站和采用其他便利公众知悉的方式，公告环境影响报告书、环境影响评价表受理的有关信息。"本案涉及的批复在环境评价期间，已在咸阳市政府网站发布了公众参与公示，并在建设项目所在地及周边发放了公众调查表，于 2009 年 6 月 13 日邀请有关单位和专家进行了环境评价专家评审会。在作出批复后，第一被告又在相关网站对该环评批建项目进行了公示。第一被告已按照上述法定程序，依法履行了相关告知、公示等义务，原告主张第一被告程序违法的理由不能成立；关于原告提出第一被告越权审批的主张，根据《建设项目环境影响评价文件分级审批规定》以及《陕西省建设项目环境影响评价文件分级审批办法》同级审批的原则规定：设区市级环境保护行政主管部门负责设区市政府及其有关部分审批、核准和备案的建设项目的环境影响评价文件的审批。据此，第一被告具备本案批复的审批职权，原告关于第一被告越权审批的主张无法律依据。综上，第一被告作出的 171 号批复，符合相关法律法规的规定，程序合法，适用法律正确；被诉复议机关所作复议决定，认定事实清楚、程序合法、适用法律正确。因此，应依法驳回原告的诉讼请求。故根据《行政诉讼法》第 69 条之规定，经本院审判委员会讨论，判决如下：驳回原告的诉讼请求。

  二审法院：二审法院审理查明的事实与一审一致。二审法院认为，根据《行政诉讼法》第 25 条第 1 款的规定，提起行政诉讼的当事人，应当是与行政行为有利害关系的公民、法人或者其他组织。《中华人民共和国环境影响评价法》第 2 条规定，本法所称环境影响评价，是指对规划和建设项目实施后可能造成的环境影响进行分析、预测和评估，提出预防或者减轻不良环境影响的对策和措施，进行跟踪监测的方法与制度。因此，环境影响评价制度的立法目的，重点在于对建设项目等建成后对环境所造成的影响进行分析、预测和评估。本案所诉的批复内容即针对建设项目实施后有关环境影响的评估，该批复不会对实施前在征收拆迁范围内的土地或房屋相关权利人的权利义务产生影响。本案中，杨某某等13名上诉人以环评批复侵害了其宅基地使用权、房屋所有权及拆迁安置房的权益，其与所诉环评批复有利害关系的主张不能成立，即上诉人与被诉环评批复不具有法律上利害关系，应驳回其起诉。一审直接作出实体判决不当，应予纠正。依照《最高人民法院关于执行〈中华人民共和国行政诉讼法〉若干问题的解释》第79条第1项规定，裁定如下：

1. 撤销陕西省三原县人民法院（2015）三行初字第00012号行政判决。
2. 驳回杨某某等人的起诉。

【案例分析】近些年来，因为环境影响评价提起的诉讼越来越多，原告并不是环境影响评价批复的直接行政相对人，即建设项目的建设方，往往是建设项目周边的群众。群众提起撤销环评批复诉讼的目的一般是因为项目建设给他们带来的"邻避效应"，即不愿意自己的周边有污染类的项目，但同时也有借环评批复诉讼达到拆迁安置补偿的情况。本案就是典型的第二种类型：本案原告不仅起诉了咸阳市环境保护局，同时还把与该项目审批相关的所有行政机关全部起诉（咸阳市发展改革委员会、咸阳市国土资源管理局、咸阳市规划局、咸阳市建设局等）。就本案而言，我们注意到一审法院与二审法院最终的判决结果并不相同，本案的核心问题是原告是否具有诉讼主体资格。

环境影响评价是环境管理流程的肇始，是后续环境监管制度建立的前提和依据，尤其是在当前"简政放权"和实施排污许可证一证监管的改革中，环境影响评价的真实与否决定了环境监管的成败。在过去相当长的一段时间，环境影响评价制度几乎只是企业和环保行政主管部门的事情，老百姓知之甚少。然而随着公众环保意识的觉醒和"红顶中介"环评造假事件的频发，公众越来越意识到良好生活环境的享有不是靠对建成项目的投诉举报可以轻易获得的。一旦项目建成投产，再想通过治理污染、关停企业以恢复良好环境，就不是一件容易的事。故而，抛弃末端治理的老路，从源头把关，把污染扼杀在摇篮之中——参与环境影响评价的过程，要求举行听证会、论证会的项目越来越多。当环境影响评价过程性参与不被认可时，越来越多的人通过行政诉讼的方式要求法院依法撤销环保行政主管部门对建设项目的环评批复。从环境影响评价行政诉讼的类型来看，过去主要是建设方因为环保行政主管部门不批复的诉讼，而现在则主要是周围群众对已批复环评的行政诉讼，在这类诉讼中，建设方作为第三人出现。而在前种类型诉讼中，公众并没有出现，此处的第三人当然是有利害关系的第三人。那么，同理，在前种类型的诉讼中，周围的群众是不是第三人呢？如果是，就意味着他们与该建设项目有利害关系，如果不是，则没有利害关系。利害关系的有无决定了周围群众诉权的有无。那么，如何确定周围群众有无利害关系呢？环境影响评价的范围、环境影响评价的识别和因子的筛选以及环境保护目标的确定就成为关键要素，而这些要素的规范都来源于《环境影响评价技术导则》。

一、《环境影响评价技术导则》关于"社会环境影响评价"的演变

（一）《环境影响评价技术导则总纲》（HJ/T2.1-93）

我国最早的环境影响评价技术导则是1993年颁布的《环境影响评价技术导则总纲》（HJ/T2.1-93）。该导则在两个部分规定社会环境的内容：一是环境影响评价工作等级的划分。建设项目所在地区的环境特征，这些特征主要有自然环境特点、环境敏感程度、环境质量现状及社会经济环境状况等。二是环境影响评价报告书的编制。社会经济情况，包括现有工矿企业和生活居住区的分布情况，人口密度，农业概况，土地利用情况，交通运输情况及其他社会经济活动情况。

（二）《环境影响评价技术导则总纲》（HJ/T2.1-2011）

2011年9月对1993年的导则进行了修订，《环境影响评价技术导则总纲》（HJ/T2.1-2011）相较于之前，增加了环境要素和环境敏感区的定义，增加了环境影响因素识别与评价因子筛选、环境影响评价范围的确定和社会环境影响评价等内容。

1. 环境要素，是指构成环境整体的各个独立的、性质各异而又服从总体演化规律的基本物质组成，也叫环境基质，可以分为自然环境要素和社会环境要素。

2. 社会环境影响评价。

（1）社会环境影响评价包括征地拆迁、移民安置、人文景观、人群健康、文物古迹、基础设施等方面的影响评价；

（2）收集反映社会环境影响的基础数据和资料，筛选出社会环境影响评价因子，定量预测或定性描述评价因子的变化；

（3）分析正面和负面的社会环境影响，并对负面影响提出相应的对策与措施。〔具体案例详见《西安北方惠天化学工业有限公司建设年产25 000吨H-酸单钠盐项目环境影响报告书（报批稿）2016年5月》附表1、附表2〕。

(三)《建设项目环境影响评价技术导则总纲》(HJ/T2.1-2016)

2016年12月,环境保护部对2011年导则进行了修订,标准名称修改为《建设项目环境影响评价技术导则总纲》(HJ/T2.1-2016);删除了社会环境现状调查与评价相关内容;在环境影响评价工作程序中,将公众参与和环境影响评价文件编制工作分离。

1. 环境要素,指构成环境整体的各个独立的、性质各异而又服从总体演化规律的基本物质组成,也叫环境基质,通常是指大气、水、声、振动、生物、土壤、放射性、电磁等。

2. 环境保护目标,指环境影响评价范围内的环境敏感区及需要特殊保护的对象。

3. 环境保护目标的确定,依据环境影响因素识别结果,附图并列表说明评价范围内各环境要素涉及的环境敏感区,需要特殊保护对象的名称、功能、与建设项目的位置关系以及环境保护要求等。

《环境影响评价技术导则》的演变反映了环境影响评价科学化、规范化的趋势。尤其是对"社会环境评价"的最终删除,更是恢复了环境影响评价的本来面目。让我们再次回应前面提及的问题:拆迁地的村民是不是环境影响评价批复中的利害关系人。利害关系人一般被认为是合法权益受到行政行为侵害的直接当事人。"法律上利害关系"是公民、法人或其他组织的合法权益与行政行为之间存在的一种因果关系。从1993年的导则到2011年的导则都明确了社会环境现状的调查和评价,尤其2011年导则进一步细化为征地拆迁和移民安置都要做影响评价。而该案中的环境影响报告书更是将拆迁地的社会经济状况作为环境保护目标对待,这与拆迁地的村民有利害关系。

二、《环境影响评价技术导则》的适用

(一)《环境影响评价技术导则》合法性分析

1993年和2011年的《环境影响评价技术导则》都把社会环境现状调查以及社会环境影响评价作为环境影响评价内容的一部分,尤其是2011年导则更是进一步细化,不仅明确了环境要素的定义,而且详细列举了社会环境影响评价的三个方面。其中将环境要素定义为:构成环境整体的各个独立的、性质各异而又服从总体演化规律的基本物质组成,也叫环境基质,可以分为自然环境要素和社会环境要素。社会环境是环境保护法上的环境吗?

《环境影响评价法》(2016年修订)第2条规定:本法所称环境影响评价,

是指对规划和建设项目实施后可能造成的环境影响进行分析、预测和评估，提出预防或者减轻不良环境影响的对策和措施，进行跟踪监测的方法与制度。此处的环境影响是否包含"社会环境"影响评价呢？单从法律条文本无法判断，此处显然不能适用"语义解释"的规则，必须结合"立法解释""目的解释"和"体系解释"才能确定。

  1. 该法第4条规定：环境影响评价必须客观、公开、公正，综合考虑规划或者建设项目实施后对各种环境因素及其所构成的生态系统可能造成的影响，为决策提供科学依据。此处的"各种环境因素"结合下文"及其所构成的生态系统"明确表明了，此处的环境不包括"社会环境"，因为"社会环境"要素与生态系统的构成无涉。

  2.《环境保护法》（2014年修订）第2条规定：本法所称环境，是指影响人类生存和发展的各种天然的和经过人工改造的自然因素的总体，包括大气、水、海洋、土地、矿藏、森林、草原、湿地、野生生物、自然遗迹、人文遗迹、自然保护区、风景名胜区、城市和乡村等。1989年制定的《环境保护法》对环境的定义与2014年修订版相同，只是在环境要素列举中少了"湿地"。《环境保护法》中的环境指的是"影响人类生存和发展的各种天然的和经过人工改造的自然因素的总体"，也就是说，此处的环境分为两类：自然环境和人工环境，而并非责任环境与社会环境，无论是自然环境还是人工环境，他们的构成要素都是自然因素，并不包含社会经济因素的内容，也就是第2条列举的各种自然因素。所以，此处的环境并不包含"征地拆迁、移民安置等社会经济因素"。而从法律的位阶来看，《环境保护法》是环境保护领域的基本法（虽然不是全国人大制定的，但是起了基本法的作用，这一点毋庸置疑），而《环境影响评价法》是一部单行法，其规定的内容不能做扩大性解释，超出立法机关和法律体系的限制。就《环境影响评价技术导则》而言，其仅仅是一国家标准（具体性质在下文展开），当然不能篡越法律。所以，《环境影响评价技术导则》关于社会环境影响评价的部分违法，当然无效。

  （二）《环境影响评价技术导则》的性质

  《环境影响评价技术导则》是国家环境保护标准。根据《立法法》和《规章制定程序条例》，规章的名称一般称规定、办法、实施细则、规则、决定、通知等；国家标准的名称一般表现为标准、产品技术要求、规范、技术条件等。《环境影响评价技术导则》既不符合规章名称的一般表现形式，也不符合行政规范性文件名称的一般表现形式。当然也不符合法律规范的构成。一般认为，法律规范应由行为模式和法律后果两部分组成，随着社会经济情况的变化，法律的形式也在发生变化，随着政策法、框架法等新的法律形态的出现（该类法律没有法律后果），传统的法律规范构成也将受到冲击。不过，就《环境影响评价技术导则》而言，其强制性毋庸赘述，不过法律责任并未出现在标准内部，而是结合其他法律、法规、规章等才可适用。也就是说，法律的变化在于综合化，不再是在一个法律文件中将法律规范的所有要素全部纳入；其中行为模式可以出现在标准或其他规范性文件中。综上，《环境影响评价技术导则》不是严格意义的法律规范，只有与规范性法律文件相结合才具有规范效力。

三、法律上利害关系的认定

《行政诉讼法》第 25 条规定，行政行为的相对人以及其他与行政行为有利害关系的公民、法人或者其他组织，有权提起诉讼。"有利害关系的公民、法人或者其他组织"，不能扩大理解为所有直接或者间接受行政行为影响的公民、法人或者其他组织；所谓"利害关系"，仍应限于法律上的利害关系，不宜包括反射性利益受到影响的公民、法人或者其他组织（以下统称当事人）。同时，行政诉讼是公法上之诉讼，法律上的利害关系，一般也仅指公法上的利害关系；除特殊情形或法律另有规定，一般不包括私法上的利害关系[1]。法律上的利害关系实质就是利益关系，只有具有法律上保护的权益，才有资格作为原告提起诉讼。此处的法律上的保护的权益不能做扩大性解释，要严格依据行政机关在作出具体行政行为时依据的法律、法规及规范性法律文件的内容来确定，如果这些实体性的法律、法规、规范性法律文件没有涉及当事人在这方面的权益，则该当事人就不具有法律上保护的权益。

就前文的案件而言，《关于咸阳市城中村（东陈杨寨）改造建设项目环境影响评价报告书的批复》（咸环函【2009】170号）是咸阳市环保局依照《环境影响评价法》的规定，对建设单位咸阳市城市建设投资有限公司报送的《咸阳市城中村（西陈杨寨）改造建设项目环境影响报告书》的审批，审查的是该项目实施后可能造成的环境影响。环境影响是环境影响评价考虑的因素，拆迁安置补偿不是环境影响评价考虑的因素，是其他行政机关根据土地征收、安置补偿等方面的法律、法规应当依法考虑的事项。《咸阳市城中村（东陈杨寨）改造建设项目环境影响评价报告书》中"工程概况"载明，项目拟完成区域内（整个

---

[1] 参见最高人民法院（2017）最高法行申169号行政裁定。

西陈杨寨村）工业企业、城乡居民的搬迁，村民的住宅属于拆迁范围，不属于涉案项目实施后的环境保护目标。在建设项目对环境可能造成影响的分析、预测和评估中，无须对必须拆迁的住宅进行分析、预测和评估，拆迁范围内的住宅不是该区域新建建设项目实施后可能造成的环境影响的对象，也就不属于该项目环境影响评价的对象；环境影响评价的范围应当是建设项目周边的环境保护目标的环境影响评价，而不是对建设项目拆迁村落的环境影响评价。

建设项目用地范围内的西陈杨寨将在项目实施前被搬迁，环境影响评价将不会考虑建设项目对项目用地范围内单位和个人的影响，更不会将其列为环境保护的目标，虽然在当年被诉环评批复是建设项目核准、规划、征收土地的前提条件，但土地使用者的土地使用权益，并非环境保护部门在作出环境评价批复时依法所应考量和保护的权益。村民仅以其住宅等处于建设项目征收范围内，即提出被诉环评批复侵犯其权益的主张，明显不能成立。

虽然2016年的《环境影响评价技术导则》已经将"社会环境影响评价"以及环境要素的定义进行了删除和修正，以后作出的环境影响评价批复一般也不会再涉及该问题。但是，对于2017年以前的环境影响评价文件及批复来说，仍然潜伏着大量不确定因素，正确认识环境影响评价技术导则的性质，还原环境影响评价本来面目，可以使法院更好地集中精力处理其他行政诉讼，也可以减少环保行政机关的诉累，当然也可以更有效地引导公众合法、合理地参与环保工作。

第三节　环境行政执法案

● 典型案例

某县污水处理厂超标排放水污染物处罚案（一）

【基本案情】2017年6月22日晚，某市环保世纪行暗查组对某县污水处理厂检查期间，该企业法定外排口开始排水，消毒设施的自动或人工开启措施未实施，排水口紫外线消毒设施未同步开启，设施不正常运行，从随行记者拍摄的视频资料可以看出，检查人员现场认定该违法行为时，企业负责人现场承认，并未提出异议。依据《水污染防治法》第73条："违反本法规定，不正常使用水污染物处理设施，或者未经环境保护主管部门批准拆除、闲置水污染物处设施的，由县级以上人民政府环境保护主管部门责令限期改正，处应缴纳排污费数额1倍以上3倍以下的罚款。"参照《陕西省环境行政处罚自由裁量权适用规则及基准》第3类第1项，拟处以应缴排污费数额3倍罚款，拟罚款139 608元；对于氨氮超标的问题，有现场提取水样一份，经监测发现出口氨氮浓度为66.52mg/l，超标排放13倍，悬浮物浓度为16mg/l，超标排放1.6倍。该企业执行标准为《城镇污水处理厂污染物排放标准》一级A标准：氨氮5（8）mg/l，悬浮物10mg/l。依据《水污染防治法》第74条："违反本法规定，排放水污染物超过国家或者地方规定的水污染物排放标准，或者超过重点水污染物排放总量控制指标的，由县级以上人民政府环境保护主管部门按照权限责令限期治理，处应缴纳排污费数额2倍以上5倍以下的罚款。"参照《陕西省环境行政处罚自由裁量权适用规则及基准》第5类第1项，拟处应缴纳排污费数额5倍罚款，即232 680元。两项合并，共计罚款叁拾柒万贰仟贰佰捌拾捌元（372 288元）。

某市环保局委托蒲城县环保局所出具的蒲城县环境保护监测站《检测报告》（蒲环测水字第2017-046号），出水口氨氮浓度为66.52mg/l，悬浮物浓度为16mg/l，证明该水样氨氮浓度确实超标。经进一步查明发现，该案是某市环保世纪行检查组发现的违法行为，该案没有现场（勘验）检查笔录和询问笔录，只有水样监测报告一份，但取样单并无该企业人员签字。某县污水处理厂向陕西省环境保护厅申请行政复议，认为其超标属实，但是企业经营困难，请求从轻处罚；复议机关按照《行政复议法》的规定，全面审查案件，认为该案事实不清、证据不足、程序违法，予以撤销。

【案件分析】《行政处罚法》第37条规定："行政机关在调查或者进行检查时，执法人员不得少于两人，并应当向当事人或者有关人员出示证件。当事人或者有关人员应当如实回答询问，并协助调查或者检查，不得阻挠。询问或者检查应当制作笔录。"就本案而言，排污企业自己承认排污超标，但是某市环保局并没有按照正常的执法流程予以立案查处，仅仅在一次人大环保世纪行的检查中发现问题，就直接作出处罚。本身不符合执法程序，正常的执法程序是检查发现违法问题后，予以立案，而后展开调查，调查终结后起草调查报告，作出拟处理意见，向当事人发出行政处罚事先告知书，最后下发行政处罚决定书。本案中，某市环保局应该在发现问题后立案调查取证，但是它并没有依程序进行，而是直接依据当晚的一份监测报告就认定违法行为成立并予以处罚。程序不当并且证据不充分。

同时，《水质现场采样与样品交接登记表》没有单位负责人的签字，不能确定该样品的来源，违反法定程序，如此一来，最能证明企业违法排污的证据也将被推翻，该行政处罚决事实不清、证据不足并且违反法定程序，应当予以撤销。

本案反映了环境执法过程中一个非常重要的环节——环境监测，环境监测的真实、合规决定了最终的行政处罚能否实施。一份带有 CMA 认证的监测报告，并不能当然成为证明企业违法的证据，对于监测报告，我们应当从以下几个方面审查：

1. 采样人资格。2012 年 9 月 1 日施行的《环境监察办法》第 6 条规定："环境监察机构的主要任务包括……②现场监督检查污染源的污染物排放情况、污染防治设施运行情况、环境保护行政许可执行情况、建设项目环境保护法律法规的执行情况等。"第 13 条规定："从事现场执法工作的环境监察人员进行现场检查时，有权依法采取以下措施：①进入有关场所进行勘察、采样、监测、拍照、录音、录像、制作笔录。"与前一时期相比，《环境监察办法》非常明确地赋予环境监察人员在现场检查时可依法实施监督性采样、监测行为的权力。

《关于环境监察人员采样资格问题的复函》（环函【2014】75 号）规定，环境执法人员需取得采样资格才能进行现场取样。同样赋予了环境监察人员的采样权力。

2011 年 10 月 8 日环境保护部办公厅发布的《关于加强污染源监督性监测数据在环境执法中应用的通知》要求 "各级环保部门要建立环境监测机构和环境执法机构的协作配合机制。污染源监督性监测的现场监测工作由环境监测机构和环境执法机构共同开展。环境执法机构人员负责对排污单位污染防治设施进行检查，将采样过程记入现场检查（勘察）笔录，并要求排污单位当事人确认。环境监测机构人员负责采集样品，填写采样记录，开展现场测试工作"。即：环境监测机构（包含第三方监测机构）的监测人员和环境监察执法人员在取得采样资格后方可现场取样。

2. 采样的过程与保存。采样是监测的必经程序。监测数据中不提供采样记录或采样过程等相关环节证据，就无法证明其采样程序合法，进而无法证明送检样品的真实性，直接影响监测结果的证据使用。样品的采集除了要保证所采用的方法可行，人员的资格和能力具备外，还要保证样品采集设备到位，如石油类要使用专用采样器、选择符合标准要求的采样容器（包括材质），对样品进行合理的封存等，并对样品状态信息进行一一记录。

样品的保存也是容易被忽略的一个环节，监测数据中一般不体现如何在采样、运输、实验室交接前后的保存信息。例如，水质样品在保存和管理上有明确规定，高锰酸盐指数、5日生化需氧量、总氰化物等需要低温冷藏，有些在现场不及时加保存剂则要在-20℃冷冻保存。所以样品的保存方式及保存条件在监测过程中处于十分重要的位置，这些样品在采样完成后立即放入符合保存条件的运输工具中的保存，样品交接前后的保存等一系列有条件的保存信息，与监测数据的准确性密切相关。

从证据效力维度考虑，现场信息是监测报告客观性，以及监测结果与被测单位关联性的集中体现。在环境监测工作中，现场应详细收集被测单位的名称、地址、经纬度、排污口情况、主要原辅材料、主要产品、工艺流程、污染防治设施等基本信息，详细记录采样位置、生产工况、环保设施运行情况、采样时间、监测布点说明及示意图（明确废水外排情况）、监测频次及因子、采样方法、样品状态及标识、现场异常情况等信息。同时要进行现场封瓶、拍照留影。各类原始记录单要有被测单位陪同人签名确认。

3. 检测分析人员资格。《实验室资质认定评审准则》第5.1.2条强调"对所有从事抽样、检测和/或校准、签发检测/校准报告以及操作设备等工作的人员，应按要求根据相应的教育、培训、经验和/或可证明的技能进行资格确认并持证上岗。"第5.1.6条强调"实验室技术主管、授权签字人应具有工程师以上（含工程师）技术职称，熟悉业务，经考核合格"。

CNAS-CL10：2012《检测和校准实验室能力认可准则在化学检测领域的应用说明》对人员资质提出更高的要求，其第5.2.1条强调"实验室从事化学检测的人员具有化学或相关专业专科以上的学历，或者具有10年以上化学检测工作经历"。"实验室授权签字人具有化学及相关专业本科以上学历，并具有3年以上相关技术工作经历，如果没有化学及相关专业的本科以上学历，具有至少10年的化学检测工作经历"。这些都是对人员资质的具体规定。

根据《环境监测人员持证上岗考核制度》（环发【2006】114号）的要求：环境监测人员通过考核持有上岗合格证，方能从事相应的监测工作。同时，监测机构也需要对取得上岗合格证的内部人员进行授权，特别是关键岗位（如授权签字人、大型仪器的操作者等）。从现场采样人员到实验室分析人员，以及监测报告编制人员、审核人员和授权签字人，每一个岗位都须有相应的上岗合格证和内部授权。

4. 监测报告的规范性审核。对环境监测报告的证据能力认定主要围绕报告的制作过程是否规范、报告内容是否真实有效两个方面展开。具体表现为以下几个方面：

（1）环境监测报告的制作主体是否具备相应的资格，即监测机构是否具有相应的监测资质，是否具有国家计量认证标志（CMA），取样、检验等参与监测的工作人员是否具有执业资格和上岗证书。

（2）监测设备是否合格有效，即所使用的监测仪器设备是否具有计量检定书或校准书，是否在仪器设备的有效期内，监测报告中列出的仪器设备的型号、编号是否与检定证书的记载一致。

（3）取样、分析等监测过程是否符合相关环境标准和技术规范，即是否按照法定样本提取方法与程序固定待测样本，是否针对待监测污染物的不同按照不同的监测标准及方法进行监测，监测过程所使用的各类化学试剂是否符合相应技术规范的要求。

（4）监测报告制作是否规范，即是否加盖监测机构印章，是否经过编制、审核、签发等程序并由相关人员签名，监测人员是否有应当回避的情形。

（5）是否告知不服监测（检测）报告的救济途径等。

典型案例

某县污水处理厂超标排放水污染物处罚案（二）

【基本案情】2017年6月的行政处罚被省环境保护厅依法撤销后，某市环境保护局再次对某县污水处理厂进行执法检查：2017年10月9日某市环境保护局对某县污水处理厂进行"双随机"现场检查，并对某县污水处理厂的出口水质进行现场采样，渭南科迪环境检测有限公司作为被委托的第三方检测机构，随同执法人员进入某县污水处理厂的场所进行取样、监测，渭南科迪环境检测有限公司具有《检测机构资质认定证书》及国家计量认证标志（CMA），与某市环境保护局签订的《委托检测协议书》在该证书的有效期内。2017年10月9日在采样后形成《水质现场采样与样品交接登记表》（WNKD—04—JJ001），在该表上没有某县污水处理厂的签字确认。同日，在现场检查后形成了《某市环境保护局现场检查（勘验）笔录》和《某市环境保护局调查询问笔录》，在这两份笔录中都有关于现场采样情况的记录，且有某县污水处理厂副厂长张某某的签字确认。2017年10月12日渭南科迪环境检测有限公司出具《监测报告》（科迪监（水）字〔2017〕137号），监测报告结果显示污水排放超标，《监测报告》

中"说明④如被测单位对报告数据有异议，应于收到报告之日起15日内（若邮寄可依邮戳为准），向出具报告单位提出书面要求，陈述有关疑点及申诉理由。逾期视为认可检测结果。但对于一些不可重复的检测项目，我公司一概不受理"。2017年10月24日某市环境保护局向某县污水处理厂邮寄送达了"某市环境保护局责令改正违法行为决定书（渭环改字〔2017〕9号）"和"某市环境保护局行政处罚事先（听证）告知书（渭环罚告字〔2017〕9号）"。2017年11月20日某市环境保护局出具"某市环境保护局行政处罚听证通知书（渭环听通字〔2017〕2号）"载明"于2017年11月29日上午9:00在某市环境保护局三楼会议室不公开举行听证"。后下达行政处罚决定书，某县污水处理厂不服，申请行政复议。

申请人称：其一，对被申请人"某市环境保护局行政处罚决定书（渭环罚字〔2017〕7号）"所依据的监测报告存疑，被申请人对提取的水样没有采取现场封存措施，申请人也没有对提取的污水样品签字确认，监测报告中的样品不能确认是从申请人处提取的样品。其二，剥夺了申请人提出复检的权利。被申请人所提取的污水样品没有申请人的签字确认，从而导致申请人无法启动监测报告的复检程序，进而使复检权利丧失。其三，执法主体不明晰。检测机构受某市环境保护局的委托进行监测，同时还参与现场执法活动，超越其作为检测机构的权限和职责，丧失中立性。其四，听证程序应当公开，被申请人进行的所谓的"不公开听证"，缺乏法律依据，是在创设法律程序。

被申请人答复称：其一，被申请人在现场检查笔录、调查询问笔录中均对现场采样情况予以记录，申请人的现场负责人对笔录内容签字确认；渭南科迪环境检测有限公司是具有国家计量认证标志（CMA）的检测机构，其现场采集的所有样品，都是按照采样技术规范在现场采取技术封存，并对采样情况进行记录。其二，被申请人在听证之前，并未收到申请人关于监测报告的复检申请。同时，由于对细菌样品采集分析的时间要求比较严格，根据检测技术规范"粪大肠菌群样品留存时间：在10℃以下，从提取样品到检测的时间为24小时"。在现场（勘验）检查笔录和询问笔录中载明现场采样的情况，申请人的现场负责人对该笔录签字确认。其三，被申请人是该案件的执法主体，其委托具有CMA认证的渭南科迪环境检测有限公司作为第三方检测机构，第三方检测机构严格按照检测技术规范对申请人的污水排放出水口水质进行现场采样、分析，并出具监测报告。根据《中华人民共和国环境保护行政处罚办法》（以下简称《环境保护行政处罚办法》）第29条之规定："调查人员有权采取下列措施：

①进入有关场所进行检查、勘察、取样、录音、拍照、录像；②询问当事人及有关人员，要求其说明相关事项和提供有关材料；③查阅、复制生产记录、排污记录和其他有关材料。环境保护主管部门组织的环境监测等技术人员随同调查人员进行调查时，有权采取上述措施和进行监测、试验。"渭南科迪环境检测有限公司作为被申请人的被委托方，有权进入申请人的场所进行监测。其四，根据申请人的听证申请，被申请人于2017年11月29日依法举行不公开听证会，法律依据充分。一是根据《中华人民共和国行政处罚法》第42条第3款"除涉及国家秘密、商业秘密或者个人隐私外，听证公开举行"，及《中华人民共和国行政处罚法司法解释》第42条第5款第3项"商业秘密，是指不为公众所知悉、能为权利人带来经济利益、具有实用性并经权利人采取保密措施的技术信息和经营信息。个人隐私，是指公民个人不愿公开的、与其人身权密切相关的、隐秘事件或者事实"的规定，该行政处罚案涉及申请人的隐私和商业秘密，即申请人的水污染物（水质SS、粪大肠菌群）超标排放的事实。二是陕西省环境保护厅《关于印发〈陕西省环境行政处罚程序规定〉和〈陕西省环境行政执法文书格式〉的通知》（陕环办发〔2016〕117号）中附件17"行政处罚听证通知书"印有公开或者不公开的内容。三是申请人2017年10月27日《陕西省水务集团某县污水处理有限公司听证申请书》，未就公开听证或不公开听证提出明确要求。

后该案因为程序违法（听证不公开）被省环境保护厅确认违法。

【案例分析】 该案是某市环境保护局在第一次行政处罚被撤销后，对同一对象的同一违法行为再次实施的执法和行政处罚。某市环境保护局充分认识到了上一次执法的瑕疵，严格按照《行政处罚法》和《环境行政处罚办法》进行了现场检查、立案调查并制作了询问笔录和现场勘查笔录，应该说证据充分、程序合法，不过却在听证过程中再次出现了瑕疵，应该公开的没有公开。某县污水处理厂的第二次行政复议也充分学习了第一次行政复议决定书的说理部分，不再是简单主张经营困难，而是比较专业地提出了执法主体、采样过程、听证程序等多个问题。本案中存在以下几个关键法律问题：

一、第三方监测机构的监测报告是否可以作为执法依据

根据《工业污染源现场检查技术规范》（HJ606-2011）中"5.2.2 现场采样取证应由县级以上环境保护行政主管部门所属环境监测机构、环境监察机构或

其他具有环境监测资质的机构承担"的规定，可以委托有资质的第三方检测机构进行检测。根据《环境行政处罚办法》第 29 条第 2 款"环境保护主管部门组织的环境监测等技术人员随同调查人员进行调查时，有权采取上述措施和进行监测、试验"的规定，渭南科迪环境检测有限公司的采样人员在申请人厂区内的采样行为符合法律规定和法定程序。实践中，无论是行政执法还是刑事侦查中甚至是审查起诉和审理程序中，对于专门性的问题都有委托第三方有资质的机构进行监测、检测、评估、鉴定的情况，经过质证，可以作为证据使用。

二、执法对象没有在取样单上签字是否影响监测报告的效力

依据《环境行政处罚办法》第 34 条"需要取样的，应当制作取样记录或者将取样过程记入现场检查（勘察）笔录，可以采取拍照、录像或者其他方式记录取样情况"的规定，对于现场采样的情况可在《水质现场采样与样品交接登记表》中记录，也可在现场（勘验）笔录中载明。《某市环境保护局现场检查（勘验）笔录》以及现场取样的照片，可确定该污水样品来源于申请人，申请人水污染物超标排放事实清楚。本次执法有视频佐证，执法的过程、取样、封样的过程都有记录，虽然没有当事人在取样单上签字，存在一点瑕疵，但是，有其他证据可以证实本次取样的合法性和完整性，可以认定取样程序合法。但是，如果没有其他证据证实，该监测报告不能作为执法依据。

三、是否可以复检

法律法规对申请人监测报告的复检权利并未有相关规定，根据《监测报告》（科迪监（水）字〔2017〕号第 137 号）的说明，申请人可提起复核，而不是复检。同时，按照检测技术规范，污水样品的保存对时间和温度的要求比较高，所以样品现已丧失检测价值，复检的可能性已不存在。在实践中，尤其是污染物的监测中，都是采取瞬时样品，而该样品又不易保存，超过一定时间和温度会发生变化，所以没有规定复检，只是当事人对监测报告有异议的，可以向监测单位申请复核，复核的内容主要是采样人、采样过程、封样、保存、运输、检验、审核以及监测设备是否校验等。

四、听证程序违法情况下是否应当撤销行政处罚

根据《行政处罚法》第 42 条第 1 款第 3 项"除涉及国家秘密、商业秘密或者个人隐私外，听证公开举行"的规定，被申请人应当采用公开的方式举行听

证会。一是商业秘密是指技术信息和经营信息，申请人的超标排放事实并不是商业秘密，不符合商业秘密的法定含义。涉及商业秘密的不公开听证应当由申请人主动提出，不能由被申请人主观断定并选择公开还是不公开听证。二是《陕西省环境行政执法文书格式》对听证形式确有"公开""不公开"两种形式，只有在涉及国家秘密、商业秘密和个人隐私三种情形下，才可采用不公开听证的形式。三是在申请人未选择听证形式是"公开"或"不公开"时，被申请人应当公开听证。被申请人的"某市环境保护局行政处罚听证通知书（渭环听通字〔2017〕2号）"采用不公开听证会不是在创设法律程序，而是违反法定程序。

至于不公开听证程序违法是否必然导致撤销具体行政行为，不能机械地理解行政诉讼法的相关规定，只要是违反法定程序就一律撤销。关键是要看该程序是否侵害了行政相对人的实体权益，同时，听证在整个行政执法程序中仅仅是其中的一个部分，不公开听证并没有剥夺行政相对人的陈述、辩解的权利。所以，对该具体行政行为应确认违法而不是撤销。

第六章 环境刑事案例

第一节 污染环境犯罪案

⇨ 典型案例

河北省衡水市阜城县陶某、孙某1、孙某2污染环境案[1]

【基本案情】2017年10月初，安徽久易农业股份有限公司车间主任被告人陶某，在明知被告人孙某1没有危险废物经营许可证的情况下，将本厂的化工废料苯焦油30.5吨交付孙某1处理，孙某1以200元每吨的价格卖与被告人孙某2，并从中获利3600元。孙某2与其合伙人被告人石某某商议后，雇佣大车司机被告人张某装载该化工废料，以700元每吨的价格卖给李某1、李某2父子（另案处理）作烧火油使用。因该30.5吨化工废料中有部分固体废渣，李某1、李某2父子只收购了其中18.25吨，剩余的化工废料由孙某2、石某某指挥张某开车拉至阜城县南环路北土路（阜城镇肖村村南），孙某2、石某某、张某三人将废料丢弃于此。经沧州科技事务司法鉴定中心鉴定，倾倒于阜城镇肖村村南的不明物质属于危险废物，废物代码为263-008-04，危险特性为T（毒性，Toxicity）。案发后，被告人陶某积极对污染土地进行修复并补偿受害人损失，主动承担全部危废处理费用，得到了阜城镇人民政府及受害人赵某某的谅解。

河北省阜城县人民检察院以阜检公诉刑诉〔2018〕56号起诉书指控被告人陶某、孙某1、孙某2、石某某、张某犯污染环境罪，向法院提起公诉，经查，5

---

[1] 参见："陶某、孙某1、孙某2污染环境一审刑事判决书"，载 http://wenshu.court.gov.cn/content/content，访问于2018年7月25日。

名被告人均为完全刑事责任能力人。

被告人陶某、孙某1、孙某2、石某某、张某归案后,如实供述了自己的犯罪事实。被告人孙某1配合侦查机关,打电话将同案犯陶某约至安徽久易农业股份有限公司厂区外见面,协助司法机关抓捕同案犯陶某。被告人孙某1亲属主动向本院退交违法所得3600元,被告人孙某2亲属主动向本院退交违法所得1835元,被告人石某某亲属主动向本院退交违法所得1835元,被告人张某亲属主动向本院退交违法所得5500元。

被告人陶某、孙某1、孙某2、石某某、张某在开庭审理过程中亦无异议,且有5被告人的供述,受害人赵某的陈述,证人余某、汤某、王某、李某1的证言,现场勘验笔录、提取痕迹、物证登记表、污染环境现场方位图、现场平面图、照片,扣押决定书、扣押物品、文件清单,调取证据通知书,调取证据清单,合肥市环境保护局建设项目环境影响报告书的批复,危险废物转移联单,衡水精臻环保技术有限公司关于阜城县突发环境事件应急情况说明,鉴定聘请书,司法鉴定意见书,鉴定意见通知书,协助查询财产通知书,银行业务凭证,借记卡产品资料查询,银行卡交易明细清单,安徽久易农业股份有限公司证明,衡水精臻环保技术有限公司营业执照,河北省卫校废物经验许可证,沧州科技事物司法鉴定中心鉴定意见书说明,关于安徽久易农业股份有限公司无危废转移的情况说明,肖村污染环境取样视频,阜城县阜城镇人民政府证明,赵立柱证明,陶某、孙某1抓获经过,阜城县公安局环安大队情况说明3份、张某党员情况说明,关于抓获陶某的情况介绍,5被告人的户籍证明等。

【判决结果】根据《刑法》第338条、第25条及相关司法解释的规定,被告人陶某、孙某1、孙某2、石某某、张某的行为属于严重污染环境行为,符合污染环境罪的构成要件,并应以污染环境犯罪的共犯论处,公诉机关指控罪名成立。参照宽严相济的刑事政策,依照《刑法》第338条、第25条、第27条、第64条、第67条第3款、第68条及其相关司法解释,《最高人民法院关于适用〈中华人民共和国刑事诉讼法〉的解释》第365条,《最高人民法院、最高人民检察院关于办理环境污染刑事案件适用法律若干问题的解释》第1条第2款、第7条之规定,判决如下:被告人陶某犯污染环境罪,判处拘役6个月,并处罚金人民币20 000元。被告人孙某1犯污染环境罪,判处拘役6个月,并处罚金人民币20 000元。被告人孙某2犯污染环境罪,判处有期徒刑8个月,并处罚金人民币15 000元。被告人石某某犯污染环境罪,判处有期徒刑8个月,并处罚金人民币 15 000 元。被告人张某犯污染环境罪,判处有期徒刑 7 个月,并处罚金人民币 10 000 元。被告人孙某 1 犯罪所得 3600 元、被告人孙某 2 犯罪所得 1835 元、被告人石某某犯罪所得 1835 元、被告人张某犯罪所得 5500 元予以没收,上缴国库。侦查机关扣押财物由扣押机关负责处理。

2018 年 7 月 4 日一审完结,后被告人未上诉,一审判决生效。

【案例评析】本案 5 名被告人分别在不同时间实施了不同的违法行为,客观方面的表现各有不同,但最终均以污染环境罪定罪处罚,实际上是将 5 人的行为以共同犯罪定性的。因此本案需要掌握的知识点包括共同犯罪的认定、污染环境罪的认定和从轻处罚的情节。

一、共同犯罪的认定

早在 2013 年,最高人民法院和最高人民检察院发布的司法解释就十分明确地要求将类似此案的情形认定为共同犯罪,2016 年 12 月该司法解释作出修正,仍将该情形以共同犯罪论处。2013 年 6 月 19 日实行的《最高人民法院最高人民检察院关于办理环境污染刑事案件适用法律若干问题的解释》(法释〔2013〕15 号)第 7 条规定:"行为人明知他人无经营许可证或者超出经营许可范围,向其提供或者委托其收集、贮存、利用、处置危险废物,严重污染环境的,以污染环境罪的共同犯罪论处。"2017 年 1 月 1 日实施的《最高人民法院、最高人民检察院关于办理环境污染刑事案件适用法律若干问题的解释》(法释〔2016〕29 号)第 7 条作出了明确的规定:"明知他人无危险废物经营许可证,向其提供或者委托其收集、贮存、利用、处置危险废物,严重污染环境的,以共同犯罪论处。"这是本案对被告 5 人认定为共同犯罪的依据。

本案被告人陶某在安徽久易农业股份有限公司担任车间主任期间,明知被告人孙某 1 无处理危险废物资质,在履行本公司相关手续后向其提供危险废物;被告人孙某 1 为牟取不正当利益,违反国家环境保护法规,明知他人无处理危险废物质资,仍向其提供,以致该危险废物被非法处置,造成环境污染;被告人孙某 2、石某某、张某在没有处置运输危险废物从业资格的情况下,从进货渠道、运输情况等明知其处置废液为危险废物,为牟取不正当利益,违反国家环境保护法规,非法处置该危险废物。这些被告的违法行为均符合司法解释第 7 条的规定,必须按照污染环境罪的共同犯罪论处。

二、污染环境罪的认定

根据《刑法》第338条的规定，违反国家规定，向土地、水体、大气排放、倾倒或者处置有放射性的废物、含传染病病原体的废物、有毒物质或者其他有害物质，严重污染环境的行为，处3年以下有期徒刑或者拘役，并处或者单处罚金；后果特别严重的，处3年以上7年以下有期徒刑，并处罚金。

本罪的主观方面比较复杂，行为人对违法行为的主观心态为故意，但对造成环境污染的危害结果的认知为过失。在认定本案被告为共同犯罪的基础上，认定被告人行为构成污染环境罪的关键，就是被告人对自身违法行为和所造成的危害后果的主观认知是故意还是过失。

本案被告人陶某明知被告人孙某1无处理危险废物资质而向其提供危险废物，陶某对自己的违法行为主观认知为故意；被告人孙某1为明知他人无处理危险废物资质，仍向其提供，目的是牟取不正当利益，做出了违反国家环境保护法规的行为，孙某1对自己的违法行为主观认知为故意；被告人孙某2、石某某、张某在没有处置运输危险废物从业资格的情况下，从进货渠道、运输情况等明知其处置废液为危险废物，其对自己违反国家环境保护法规，非法处置该危险废物的行为的主观认知为故意。不论是陶某将危险废物提供给无资质的孙某1，还是孙某1将危险废物提供给无资质的孙某2，又或是孙某2、石某某、张某将危险废物的废渣最终被倾倒在县郊区的土路旁的行为，并非公众密切接触的位置，都说明被告人并非针对公共健康安全，认为自己的行为不会导致严重的后果，因此，5名被告人对土壤污染危害结果的认知应当认定为过于自信的过失。

经沧州科技事务司法鉴定中心鉴定，倾倒于阜城镇肖村村南的不明物质属于危险废物，废物代码为263-008-04，危险特性为T（毒性，Toxicity）。其倾倒行为违反了《固体废物污染环境防治法》第55条的规定，产生危险废物的单位，必须按照国家有关规定处置危险废物，不得擅自倾倒、堆放；不处置的，由所在地县级以上地方人民政府环境保护行政主管部门责令限期改正；逾期不处置或者处置不符合国家有关规定的，由所在地县级以上地方人民政府环境保护行政主管部门指定单位按照国家有关规定代为处置，处置费用由产生危险废物的单位承担。

三、从轻处罚的情节

本案各被告在案发后，均有符合从轻处罚的情节，被告人陶某、孙某1、孙某2、石某某、张某自愿认罪，依法酌情从轻处罚。被告人陶某对被污染土地进行修补和补偿受害人损失，并主动承担全部危废处理费用，得到了地方政府及受害人的谅解，酌情从轻处罚；被告人孙某1归案后，协助司法机关抓捕其他犯罪嫌疑人，有立功表现，依法从轻处罚；被告人张某在共同犯罪中起辅助作用，系从犯，依法应从轻处罚。各被告人亲属主动退交非法所得、交纳罚金，酌情从轻处罚。各辩护人辩称被告人到案后，如实供述犯罪事实，属坦白，依法酌情从轻处罚的辩护意见予以采纳；各辩护人辩称其被告人系初犯、偶犯，对酌情从轻处罚的辩护意见予以采纳。

【争议焦点】本案公诉方与被告方的主要争议点是陶某、孙某1并无直接倾倒、堆放危险废物的行为，是否应当对陶某、孙某1认定构成污染环境罪。

被告人陶某辩称，陶某在他人上门求购的情况下，被动向他人交付危险废物，将本案所涉危险废物交付无资质他人的行为，确属违法处置行为，但其同时也要求他人将废物用掉，不能污染环境，陶某在交付危险废物过程中没有谋取任何个人利益，陶某不应对丢弃93桶污染物这一行为承担责任。

被告人孙某1辩称，孙某1参与犯罪的主观恶性，应当与实行犯加以区别，由于孙某1不知司法解释对污染物出售给没有经营资质的买方构成犯罪的规定，出卖时只知道买方是为了做燃料用于生产，对倾倒丢弃行为不知情，也没有参与，主观恶性不深。

在2013（15）号两高司法解释实施前，对陶某、孙某1的这类行为，按照《固体废物污染环境防治法》第75条："违反本法有关危险废物污染环境防治的规定，有下列行为之一的，由县级以上人民政府环境保护行政主管部门责令停止违法行为，限期改正，处以罚款：……⑤将危险废物提供或者委托给无经营许可证的单位从事经营活动的……"的规定仅需要承担行政责任，即由环保主管部门责令停止违法行为，限期改正，处以罚款。两高司法解释的出台，认定了对于提供危险废物和联系危险废物业务的行为人，同样以污染环境罪论处，主要是考虑到危险废物造成环境污染的高度危害性、不可逆转性及修复成本极高等因素，为彻底遏制环境污染犯罪行为，从源头抓起，〔2013〕15号法释和〔2016〕29号法释均作此规定。本案陶某、孙某1不能以不知司法解释的内容为理由拒绝承担共同犯罪的刑事责任。

【法律依据】

《刑法》

第 338 条：违反国家规定，排放、倾倒或者处置有放射性的废物、含传染病病原体的废物、有毒物质或者其他有害物质，严重污染环境的，处 3 年以下有期徒刑或者拘役，并处或者单处罚金；后果特别严重的，处 3 年以上 7 年以下有期徒刑，并处罚金。

第 25 条：共同犯罪是指 2 人以上共同故意犯罪。2 人以上共同过失犯罪，不以共同犯罪论处；应当负刑事责任的，按照他们所犯的罪分别处罚。

第 27 条：在共同犯罪中起次要或者辅助作用的，是从犯。对于从犯，应当从轻、减轻处罚或者免除处罚。

第 64 条：犯罪分子违法所得的一切财物，应当予以追缴或者责令退赔；对被害人的合法财产，应当及时返还；违禁品和供犯罪所用的本人财物，应当予以没收。没收的财物和罚金，一律上缴国库，不得挪用和自行处理。

第 67 条第 3 款：犯罪嫌疑人虽不具有前两款规定的自首情节，但是如实供述自己罪行的，可以从轻处罚；因其如实供述自己罪行，避免特别严重后果发生的，可以减轻处罚。

第 68 条：犯罪分子有揭发他人犯罪行为，查证属实的，或者提供重要线索，从而得以侦破其他案件等立功表现的，可以从轻或者减轻处罚；有重大立功表现的，可以减轻或者免除处罚。

《最高人民法院、最高人民检察院关于办理环境污染刑事案件适用法律若干问题的解释》

第 1 条第 2 项：实施《刑法》第 338 条规定的行为，具有下列情形之一的，应当认定为"严重污染环境"：……②非法排放、倾倒、处置危险废物 3 吨以上的……

第 7 条：明知他人无危险废物经营许可证，向其提供或者委托其收集、贮存、利用、处置危险废物，严重污染环境的，以共同犯罪论处。

【典型意义】 危险废物行业近年来此类案件发生较为频繁。这类案件往往有多个犯罪主体，包括产生危险废物的犯罪主体，无危险废物经营许可证或者无收集、运输、贮存、利用、处置危险废物资质的犯罪主体。他们在不同时间、不同地点实施了多个相互关联的犯罪行为，最终导致严重污染环境的危害后果。法院在审理此类案件时，如果仅就每个犯罪主体单独的犯罪行为审判，则只有最终倾倒、堆放、处置的行为人受到刑事处罚，而产生、转卖、运输等源头和中间环节的违法行为却不承担刑事责任。实际上，倾倒、堆放、处置危险废物的违法者通常不是危险废物的产生者，他们为了牟取经济利益，以极低的价格买入"作为生产原料"的危险废物，同时产生者给付高额运输补贴，变相为危险废物产生者处理"麻烦"。因为这些购入者根本没有危险废物处理资质和能力，最终的处理方式只能是倾倒入河流、山沟，堆放在偏远郊区或者简易填埋。而危险废物的产生者以这样的处理方式代替了本应投入高成本建设无害化处置设施对危险废物无害化处置的环节，反向获得高额利润；与此同时，危废产生者也非常清楚这些购入者是没有资质的并且没有能力处置的，运输补贴再高也不会高于无害化的成本，危险废物最终只能被非法处置造成污染。因此，危险废物的产生者、中间环节的违法者和最终处置者，他们在不同时间、地点分别实施的行为实际上是密切关联的，他们每一个犯罪主体的违法行为都与环境污染结果有着直接的因果关系，这个因果关系如若不予认定，就会放任危险废物源头和中间环节的违法者，单处倾倒、堆放、处置者的力度是远远不够的。两高司法解释专门将此类情形以共同犯罪论处，这样的指导思想和法律规范对遏制危险废物污染环境的行为起到了根治的效果，对防治污染、保护生态的意义深远。

◉ 典型案例

安徽省马鞍山市博望区某某牛污染环境案[1]

【基本案情】2017年11月至2018年1月22日期间，被告人某某牛租赁马鞍山市博望区新市镇横山村东徐自然村一间简易厂房经营一金属表面处理加工厂（未取得工商营业执照），主营机械配件碱洗、防锈业务，该厂既未按国家规定办理环境影响评价审批手续，亦未建设配套水污染防治等环保设施。在未通过环评的情况下，该厂通过墙角裂缝的方式将生产产生的废碱液直接排放到无任何防护措施的厂区西侧树林中，严重污染环境。2018年1月22日，马鞍山市博望区环境保护局工作人员依法对上述厂房进行检查时，发现某某牛涉嫌污染环境，遂对其所排废液进行取样检测。经马鞍山文天工程技术研究有限公司检测，厂区生产车间外排水渠和生产车间外小树林积水的pH值分别为12.8和

---

[1] 参见："某某牛污染环境一审刑事判决书"，载http://wenshu.court.gov.cn/content/content，访问于2018年5月30日。

13.5，为强碱性。该厂机械配件表面处理产生的废碱属2016版《国家危险废物名录》HW35类代码为（900-352-35）的危险废物，即片碱，化学名为氢氧化钠，具有极强腐蚀性，属于有毒物质。2018年1月25日，马鞍山市环境保护局认定某某牛直接外排至厂区外树林中的废液属于危险废物，危险废物需由有资质单位处置，禁止随意排放。2018年2月27日，某某牛经公安机关电话通知后自动投案并如实供述主要犯罪事实。经查，被告人为完全刑事责任能力人。马鞍山市博望区人民检察院向同级人民法院提起公诉，认为应当以污染环境罪追究某某牛刑事责任。

公诉机关当庭出示了受案登记表、立案决定书、到案经过、常住人口基本信息查询单、案件移送函、废水取样图片、监测报告、博望区环境保护局请示函及马鞍山市环境保护局复函等书证，证人唐某、江某的证言，被告人某某牛的供述与辩解，现场勘验检查笔录、辨认笔录及照片等证据。并经庭审质证、依法查证属实。

【判决结果】依照《刑法》第338条，第61条，第67条第1款，第72条第1、3款，第73条第2、3款，第52条，第53条第1款及《最高人民法院、最高人民检察院〈关于办理环境污染刑事案件适用法律若干问题的解释〉》第1条第5项之规定，判决如下：被告人某某牛犯污染环境罪，判处有期徒刑6个月，缓刑1年，并处罚金人民币50 000元。

2018年7月4日一审完结，后被告人未上诉，一审判决生效。

【案例评析】

一、关于"严重污染环境"的认定

根据《环境保护法》相关条款的规定，利用暗管、渗井、渗坑、裂隙等逃避监管的方式违法排放污染物，构成犯罪的，依法追究刑事责任；同时，根据《刑法》第338条关于污染环境罪的规定，违反国家规定，排放、倾倒或者处置有放射性的废物、含传染病病原体的废物、有毒物质或者其他有害物质，严重污染环境的，处3年以下有期徒刑或者拘役，并处或者单处罚金；依照《最高人民法院、最高人民检察院关于办理环境污染刑事案件适用法律若干问题的解释》第1条第5项的规定，通过暗管、渗井、渗坑、裂隙、溶洞、灌注等逃避监管的方式排放、倾倒、处置有放射性的废物、含传染病病原体的废物、有毒物质的，应当认定为"严重污染环境"。该司法解释第1条共列举出18种应当认定为"严重污染环境"的情形,十分详尽,对司法实践中认定污染环境危害后果起到了非常有效的指导和定性作用。

二、关于污染环境罪与投放危险物质罪

本案被告人经营期间,通过厂房墙角裂缝的方式将生产产生的废碱液直接排放到无任何防护措施的厂区西侧树林中,严重污染环境。这一行为表现与投放危险物质罪的客观方面的行为表现非常相似。《刑法》第 114 条和第 115 条规定了放火罪、决水罪、爆炸罪、投放危险物质罪等以危险方法危害公共安全罪的罪名,其中"投放危险物质罪"的行为表现为投放毒害性、放射性、传染病病原体等物质,本案中被告人投放的是废碱液,属于危险废物,能否认定被告人投放危险物质罪呢?不能。主观方面是判断被告人的行为是构成污染环境罪或投放危险物质罪的关键。污染环境罪的主观方面应当分成两部分来判断,对于环境造成的污染可能是故意也可能是过失,但对于财产损失和人身伤亡只能是过失而不能是故意。而投放危险物质罪主观方面,不论是对投放危险物质的行为本身还是对最终造成人身伤亡、公私财产损失的认知均是故意,包括直接故意和间接故意。本案被告人排放废液的地方是树林,较为偏僻,人群不易接触,其主观心态符合污染环境罪的构成要件,因此以污染环境罪定罪处罚。

三、关于从轻处罚的情节

被告人某某牛案发后主动投案并如实供述了犯罪事实,根据《刑法》第 67 条第 1 款的规定,系自首,依法可从轻处罚;被告人某某牛无前科,系初犯,主观恶性较小,可以酌情从轻处罚;被告人某某牛自愿认罪,悔罪表现较好,可酌情从轻处罚;被告人某某牛的污染行为持续时间短、污染范围小,社会危害后果显著轻微,可酌情从轻处罚。

【争议焦点】 本案一审终审,被告人及其辩护人对起诉指控的犯罪事实及罪名均不持异议。

【法律依据】

《刑法》

第 338 条:违反国家规定,排放、倾倒或者处置有放射性的废物、含传染病病原体的废物、有毒物质或者其他有害物质,严重污染环境的,处 3 年以下有期徒刑或者拘役,并处或者单处罚金;后果特别严重的,处 3 年以上 7 年以下有期徒刑,并处罚金。

第 61 条：对于犯罪分子决定刑罚的时候，应当根据犯罪的事实、犯罪的性质、情节和对于社会的危害程度，依照本法的有关规定判处。

第 67 条：犯罪以后自动投案，如实供述自己的罪行的，是自首。对于自首的犯罪分子，可以从轻或者减轻处罚。其中，犯罪较轻的，可以免除处罚。

被采取强制措施的犯罪嫌疑人、被告人和正在服刑的罪犯，如实供述司法机关还未掌握的本人其他罪行的，以自首论。

犯罪嫌疑人虽不具有前两款规定的自首情节，但是如实供述自己罪行的，可以从轻处罚；因其如实供述自己罪行，避免特别严重后果发生的，可以减轻处罚。

第 72 条：对于被判处拘役、3 年以下有期徒刑的犯罪分子，同时符合下列条件的，可以宣告缓刑，对其中不满 18 周岁的人、怀孕的妇女和已满 75 周岁的人，应当宣告缓刑：

1. 犯罪情节较轻；
2. 有悔罪表现；
3. 没有再犯罪的危险；
4. 宣告缓刑对所居住社区没有重大不良影响。

宣告缓刑，可以根据犯罪情况，同时禁止犯罪分子在缓刑考验期限内从事特定活动，进入特定区域、场所，接触特定的人。

被宣告缓刑的犯罪分子，如果被判处附加刑，附加刑仍须执行。

第 73 条：拘役的缓刑考验期限为原判刑期以上 1 年以下，但是不能少于 2 个月。

有期徒刑的缓刑考验期限为原判刑期以上 5 年以下，但是不能少于 1 年。

缓刑考验期限，从判决确定之日起计算。

第 52 条：判处罚金，应当根据犯罪情节决定罚金数额。

第 53 条：罚金在判决指定的期限内一次或者分期缴纳。期满不缴纳的，强制缴纳。对于不能全部缴纳罚金的，人民法院在任何时候发现被执行人有可以执行的财产，应当随时追缴。

由于遭遇不能抗拒的灾祸等原因缴纳确实有困难的，经人民法院裁定，可以延期缴纳、酌情减少或者免除。

《最高人民法院、最高人民检察院关于办理环境污染刑事案件适用法律若干问题的解释》

第 1 条：实施《刑法》第 338 条规定的行为，具有下列情形之一的，应当认定为"严重污染环境"：

1. 在饮用水水源一级保护区、自然保护区核心区排放、倾倒、处置有放射性的废物、含传染病病原体的废物、有毒物质的；

2. 非法排放、倾倒、处置危险废物 3 吨以上的；

3. 排放、倾倒、处置含铅、汞、镉、铬、砷、铊、锑的污染物，超过国家或者地方污染物排放标准 3 倍以上的；

4. 排放、倾倒、处置含镍、铜、锌、银、钒、锰、钴的污染物，超过国家或者地方污染物排放标准 10 倍以上的；

5. 通过暗管、渗井、渗坑、裂隙、溶洞、灌注等逃避监管的方式排放、倾倒、处置有放射性的废物、含传染病病原体的废物、有毒物质的；

6. 2 年内曾因违反国家规定，排放、倾倒、处置有放射性的废物、含传染病病原体的废物、有毒物质受过两次以上行政处罚，又实施前列行为的；

7. 重点排污单位篡改、伪造自动监测数据或者干扰自动监测设施，排放化学需氧量、氨氮、二氧化硫、氮氧化物等污染物的；

8. 违法减少防治污染设施运行支出 100 万元以上的；

9. 违法所得或者致使公私财产损失 30 万元以上的；

10. 造成生态环境严重损害的；

11. 致使乡镇以上集中式饮用水水源取水中断 12 小时以上的；

12. 致使基本农田、防护林地、特种用途林地 5 亩以上，其他农用地 10 亩以上，其他土地 20 亩以上基本功能丧失或者遭受永久性破坏的；

13. 致使森林或者其他林木死亡 50 立方米以上，或者幼树死亡 2500 株以上的；

14. 致使疏散、转移群众 5000 人以上的；

15. 致使 30 人以上中毒的；

16. 致使 3 人以上轻伤、轻度残疾或者器官组织损伤导致一般功能障碍的；

17. 致使 1 人以上重伤、中度残疾或者器官组织损伤导致严重功能障碍的；

18. 其他严重污染环境的情形。

第 5 条：实施《刑法》第 338 条、第 339 条规定的行为，刚达到应当追究刑事责任的标准，但行为人及时采取措施，防止损失扩大、消除污染，全部赔偿损失，积极修复生态环境，且系初犯，确有悔罪表现的，可以认定为情节轻微，不起诉或者免予刑事处罚；确有必要判处刑罚的，应当从宽处罚。

【典型意义】污染环境罪的构成要件"严重污染环境"在《刑法》中并未

明确界定，这给司法审判带来一定困难。由于环境要素的多元化和环境污染行为的多样性，各级、各地法院审判时，认定"严重污染环境"的判断标准就会有较大差异。对此，2013年和2016年的《最高人民法院、最高人民检察院关于办理环境污染刑事案件适用法律若干问题的解释》都用了较多的篇幅详尽列举了应当认定为"严重污染环境"的情形。污染物违法排放的地点、种类、数量、方式，造成人身伤亡的情况、公司财产损失的数额，造成水源地、森林、土地等生态环境的损害，多次受罚屡教不改的行为，破坏监测数据系统的行为，等等，都被一一列举，覆盖面之广前所未有，不仅统一了判断标准，而且不给任何污染环境的行为留下可乘之机。本案认定"严重污染环境"，正是因为被告人通过墙角裂缝的方式将废碱液直接排放的行为，符合"通过暗管、渗井、渗坑、裂隙、溶洞、灌注等逃避监管的方式排放、倾倒、处置有放射性的废物、含传染病病原体的废物、有毒物质的"情形。让被告人承担刑事责任，充分体现了我国环境保护法律规范在遏制环境污染行为上的坚定决心。环境污染已然严重地威胁着人们的生产、生活和生存，我们要通过最严厉的刑事责任，让造成或者可能造成污染的违法者感受到法律的震慑力，从而规范他们的行为。

第二节 破坏资源犯罪案

⇨典型案例

汤某等12人非法捕捞水产品案

【基本案情】2016年3月24日23时许，在汤某、彭某等6人的授意下，万某等人前往岳阳县东洞庭湖麻拐石水域捕捞螺蛳。3月25日凌晨2时许，万某等人停止捕捞，根据汤某、彭某的指示，先后携带捕捞的螺蛳前往北门船厂码头。3月25日6时许，万某等人被岳阳县渔政局执法大队查获，其捕捞的螺蛳重约7.6吨，所有渔获物由岳阳县渔政局执法大队现场放生。岳阳县人民检察院以汤某等12人犯非法捕捞水产品罪提起公诉。

【法院判决】湖南省岳阳县人民法院认为，汤某等12人违反我国渔业法的规定，在禁渔期、禁渔区进行非法捕捞，情节严重，构成非法捕捞水产品罪，依法应予惩处。根据各人在共同犯罪中的作用、案发后的自首、坦白等情节，判决汤某、彭某等人犯非法捕捞水产品罪,分别处以 2~5 个月不等的拘役;万某等人犯非法捕捞水产品罪,分别处以 3000 元至 5000 元不等的罚金。

【案例评析】 洞庭湖位于长江中下游荆江南岸,是我国五大淡水湖之一,也是我国重要的调蓄湖泊和生态湿地。近年来,洞庭湖水生生物多样性指数持续下降,多种珍稀物种濒临灭绝,洞庭湖的湖泊、湿地功能退化严重。为加强水生生物物种保护,洞庭湖每年都会设定禁渔期和禁渔区,但依然有不法分子在禁渔期、禁渔区内违法捕捞水产品。本案中,岳阳县东洞庭湖从 2016 年 3 月 1 日至 6 月 30 日全面禁渔,被告人汤某等人违反《渔业法》的规定,在禁渔期、禁渔区非法捕捞,已构成非法捕捞罪。捕捞的螺蛳是东洞庭湖生态环境的重要组成部分,对于净化水质、促进水藻生长、为鱼类提供食物、维持湖内生态系统的平衡起着重要作用。本案判决对引导沿岸渔民的捕捞行为,有效遏制非法捕捞,保护洞庭湖乃至长江中下游流域生物链的完整具有指导意义。

非法捕捞水产品罪的认定:①区分合法行为与犯罪的界限。根据《渔业法实施细则》第 19 条的规定,因科学研究等特殊需要,在禁渔区、禁渔期捕捞或者使用禁用的渔具、捕捞方法,或者捕捞重点保护的渔业资源品种,只要经过省级以上人民政府渔业行政主管部门批准,即为合法,不构成本罪。②区分一般违法行为与犯罪的界限。不具备"情节严重"这一条件的非法捕捞水产品的行为,如未按《渔业法》规定取得捕捞许可证而擅自进行捕捞,数量不大的;使用禁用的渔具和方法捕捞水产品但未造成严重危害后果的;偶尔违反捕捞许可证关于作业类型、场所、时限等方面的规定进行捕捞的,属于一般违法行为,尚未构成犯罪,由渔业主管部门或公安机关予以行政处罚。情节是否严重,是区分两者的标准。

典型案例

江苏省连云港市连云区人民检察院诉尹某等人非法捕捞水产品刑事附带民事诉讼案

【基本案情】 2012 年 6 月初至 7 月 30 日,尹某召集李某友、秦某、秦某涛、李某明、秦某波等人,在伏季休渔期间违规出海作业捕捞海产品,捕捞的海产品全部由尹某收购。至 2012 年 7 月 30 日,尹某收购上述另 5 人捕捞的水产品价值 828 784 元人民币。连云港市连云区人民检察院以上述 6 人犯非法捕捞水产品罪向连云港市连云区人民法院提起公诉,同时根据相关职能部门出具的修复方案，提起刑事附带民事诉讼，要求 6 人采取一定方式修复被其犯罪行为破坏的海洋生态环境。

【判决结果】江苏省连云港市连云区人民法院一审认为，尹某召集李某友、秦某、秦某涛、李某明、秦某波等人违反保护水产资源法规，在禁渔期、禁渔区非法捕捞水产品，情节严重，6 人的行为均已构成非法捕捞水产品罪。6 人主动退缴部分违法所得，确有悔罪表现，还主动交纳了海洋生态环境修复保证金，同意以实际行动修复被其犯罪行为损害的海洋生态环境，量刑时可酌情从轻处罚。6 人在禁渔期、禁渔区非法捕捞海产品的犯罪行为，影响海洋生物休养繁殖，给海洋渔业资源造成严重破坏。为了保护国家海洋渔业资源，改善被 6 人犯罪行为破坏的海洋生态环境，6 人应当根据《侵权责任法》的规定，采取科学、合理的方式予以修复。根据专业机构出具的修复意见，采取增殖放流的方式，放流中国对虾苗可以有效地进行修复。遂对 6 人分别判处 1 年至 2 年 3 个月不等的有期徒刑，部分适用缓刑，没收全部违法所得。同时判决 6 人以增殖放流 1365 万尾中国对虾苗的方式修复被其犯罪行为破坏的海洋生态环境。一审判决作出后，尹某以一审量刑过重为由，上诉至江苏省连云港市中级人民法院，该院经审理后裁定驳回上诉，维持原判。

【案例评析】本案系江苏省首例由检察机关提起刑事附带民事诉讼的环境资源刑事案件。该案在审判及执行方式上的探索创新，对环境资源案件审理具有较好的借鉴价值。一审法院在依法受理检察机关提起的刑事附带民事起诉后，查明案件事实并充分听取了各被告对修复方案的意见，将生态修复方案向社会公开，广泛征求公众的意见，在汇总、审查社会公众意见后，确认了相关职能部门出具的根据产出比 1:10 增殖放流中国对虾苗的修复方案的科学性、合理性，开创了引导社会公众参与环境司法的新机制。本案对环境资源审判贯彻恢复性司法理念审理海洋生态环境破坏案件，引导社会公众参与审判具有较好的示范意义。

本案是由检察机关在提起公诉追究犯罪行为人非法捕捞水产品罪刑事责任时提起的附带民事诉讼案件。本案的典型意义在于：

1. 本案充分发挥了刑事附带民事诉讼制度在维护环境公共利益方面的功能。我国设立刑事附带民事诉讼制度的主要目的在于，通过使民事赔偿与刑事制裁一体化，实现预防与控制犯罪、救济被害人的刑事政策目标。根据我国现行立法规定，在追究破坏环境资源保护罪犯罪行为人的刑事责任时，检察机关通过提起刑事附带民事诉讼，能够有效实现保护国家财产、集体财产等生态环境公共利益之目的。因此，针对犯罪嫌疑人构成破坏环境资源保护罪的案件，检察机关除提起公诉追究行为人刑事责任外，还应通过提起刑事附带民事诉讼的途径维护国家财产、集体财产等生态环境公共利益。例如，在本案中，检察机关通过提起附带民事诉讼请求依法判令6名被告人修复被其犯罪行为损害的海洋生态环境或赔偿生态环境修复费用81 900元的请求得到了法院支持，法院最终判决6名被告以增殖放流中国对虾苗1365万尾的方式修复被其破坏的海洋生态环境，实现了维护海洋生态环境公共利益之目的。

2. 本案在审判和执行方式方面引入了信息公开和公众参与机制，有利于制定科学、合理的生态修复方案。由于生态环境损害调查、鉴定评估、修复方案编制等工作会涉及生态环境公共利益，法院在审判和执行过程中对相关重大事项向社会公开，并推行公众参与机制，便于公众监督，有利于制定科学、合理的生态环境修复方案。如在本案中，人民法院充分听取了各被告对修复方案的意见，并将生态修复方案通过地方新闻媒体、法院官方微博、微信公众号等方式向社会公开，广泛征求公众的意见。这种在生态环境损害赔偿司法裁判过程中引导社会公众参与民主、科学决策的创新方式，具有积极的借鉴价值。

➡ 典型案例

吴某非法收购珍贵、濒危野生保护动物案

【基本案情】新兴县人民检察院指控，被告人吴某于2012年10月25日分别在新兴县六祖镇的六祖圩和船岗圩的集贸市场，以每只12元至13元人民币共88元的价钱向农户购买了2只猫头鹰和2只猴面鹰及3只鹰仔后，于2012年10月26日上午9时到新兴县六祖镇龙山旅游度假区悦和庄对面空地处出售时被公安民警当场查获。查获的野生动物经肇庆市濒危野生动物救护中心鉴定为：国家二级保护野生动物领角鸮2只、东方角鸮2只、鹰鸮3只。

被告人吴某对公诉机关指控的犯罪事实及罪名均无异议，表示认罪，请求从轻处罚。

【判决结果】广东省云浮市新兴县人民法院于2013年2月1日作出（2013）云新法刑初字第14号刑事判决：被告人吴某犯非法收购、出售珍贵、濒危野生动物罪，判处有期徒刑5年，并处罚金5000元。

法院生效裁判认为：被告人吴某以营利为目的，非法收购、出售国家二级

保护的鸮形目野生动物 7 只，其行为已构成非法收购、出售珍贵、濒危野生动物罪。根据最高人民法院《关于审理破坏野生动物资源刑事案件具体应用法律若干问题的解释》（［法释〔2000〕37 号］）所附非法猎捕、杀害、收购、运输、出售珍贵、濒危野生动物刑事案件"情节严重""情节特别严重"的数量认定标准，其中鸮形目动物 6 只以上属于"情节严重"的标准，故被告人吴某的行为属于该解释第 5 条第 1 款第 3 项所规定的其他严重情节的行为，论罪应当判处 5 年以上 10 年以下有期徒刑，并处罚金。为维护国家重点保护野生动物资源的管理制度，根据被告人的犯罪事实、性质、情节和对于社会的危害程度及其悔罪表现，依照《刑法》和最高人民法院《关于审理破坏野生动物资源刑事案件具体应用法律若干问题的解释》（［法释〔2000〕37 号］）的规定，判决被告人吴某犯非法收购、出售珍贵、濒危野生动物罪，判处有期徒刑 5 年，并处罚金 5000 元。

【案例评析】野生动植物不仅是重要的自然资源，也是重要的环境要素，是自然生态系统中能量转化、物质循环和信息传递的不可或缺的环节。国家对珍贵、濒危的野生动物实行重点保护，我国法律禁止猎捕、猎杀国家重点保护野生动物。1988 年通过的《野生动物保护法》是我国第一部野生动物保护的综合性法律，对野生动物的保护和管理作了原则性规定，2004 年和 2009 年我国对该法进行了两次修正。另外，与之配套的法律法规还有《进出境动植物检疫法》《水生野生动物保护实施条例》《濒危野生动植物进出口管理条例》《国家重点保护野生动物名录》等。

一、非法收购珍贵、濒危野生动物定罪对生态环境保护的重要意义

非法收购珍贵、濒危野生动物罪为 1997 年《刑法》新增的罪名，该罪的设立对于有效地制止非法收购国家重点保护珍贵濒危野生动物的犯罪现象，保护珍贵濒危野生动物资源，完善破坏野生动物资源犯罪的法制建设，具有重要意义。野生动物的生存及发展不仅对维持生态系统的平衡与稳定有着重大作用，而且对保护人类自身生存和经济社会可持续发展同样不可或缺。目前，由于人们的生态观念和环境保护意识薄弱，对野生动物资源保护认识严重不足，对于野生动物在经济社会发展和生态文明建设上的重要性、野生动物资源危机的严重性、动物福利保护的必要性存在认识上的不足，有的甚至认为连人的生存发展问题都没解决好，哪有精力来保护野生动物。《刑法》第 341 条第 1 款明确规定："非法猎捕、杀害国家重点保护的珍贵、濒危野生动物的，或者非法收购、

运输、出售国家重点保护的珍贵、濒危野生动物及其制品的，处五年以下有期徒刑或者拘役，并处罚金。"《野生动物保护法》第二章第 9 条规定："国家对珍贵、濒危的野生动物实行重点保护。国家重点保护的野生动物分为一级保护野生动物和二级保护野生动物。"

二、非法收购珍贵、濒危野生动物如何定罪

非法收购珍贵、濒危野生动物罪侵犯的客体是国家对珍贵、濒危野生动物的管理制度。根据《野生动物保护法》的规定，公民或单位要收购、出售珍贵、濒危野生动物的，必须经国家有关部门批准，履行必要的法律手续，取得有关法律证明文书，方可进行，否则就视为违法或犯罪。客观方面表现为违反《野生动物保护法》的规定，擅自收购、出售国家重点保护珍贵、濒危野生动物的行为。我国《野生动物保护法》禁止非法出售、收购国家重点保护野生动物及其产品。因科学研究、驯养繁殖、展览等特殊情况，需要出售、收购、利用国家一级保护野生动物及其产品的，必须经国务院野生动物行政主管部门或者其授权的单位批准；需要出售、收购、利用国家二级保护野生动物及其产品的，必须经省、自治区、直辖市政府野生动物行政主管部门或者其授权的单位批准。行为人若违反该规定及其他相关法规，出售、收购国家重点保护野生动物及其产品的，则可能构成非法收购珍贵、濒危野生动物罪。在主观方面表现为故意，即行为人明知所收购的是国家重点保护野生动物及其制品还依然实施该行为。犯罪主体可以是自然人，也可以是单位。

三、非法收购珍贵、濒危野生动物罪"情节严重"的认定

对非法收购珍贵、濒危野生动物罪的处罚规定：一般情形处 5 年以下有期徒刑或拘役，并处罚金；情节严重的，处 5 年以上 10 年以下有期徒刑，并处罚金；情节特别严重的，处 10 年以上有期徒刑，并处罚金或没收财产。《最高人民法院关于审理破坏野生动物资源刑事案件具体应用法律若干问题的解释》第 1 条规定："刑法第 341 条第 1 款规定的'珍贵、濒危野生动物'，包括列入国家重点保护野生动物名录的国家一、二级保护野生动物。"第 2 条规定："刑法第 341 条第 1 款规定的'收购'，包括以营利、自用等为目的的购买行为；'出售'，包括出卖和以营利为目的的加工利用行为。"本案中，涉及的鸮形目野生动物，属国家二级保护野生动物，而吴某在农贸市场以低价收购后又在六祖镇龙山旅游度假区悦和庄对面空地处将其出售的行为很明显是以营利为目的的收

购和出售行为，根据《最高人民法院关于审理破坏野生动物资源刑事案件具体应用法律若干问题的解释》的规定，非法收购 6 只鹦形目（所有种）为情节严重，10 只为情节特别严重。故根据《刑法》《野生动物保护法》和最高人民法院《关于审理破坏野生动物资源刑事案件具体应用法律若干问题的解释》的相关规定，吴某已构成非法收购珍贵、濒危野生动物罪，并达到情节严重情形，被告人吴某归案后如实供述犯罪事实，坦白认罪，新兴法院依法对其从轻处罚，判处 5 年有期徒刑，并处罚金。

新兴县人民法院已建议新兴县相关部门积极开展野生动物保护宣传活动，宣传保护野生动物相关法律知识和重要意义，引导广大群众自觉抵制使用、食用非法利用珍稀野生动物的制成品；保护野生动物生存环境，不滥捕滥杀野生动物，不参与非法买卖野生动物等各种破坏野生动物资源的违法犯罪行为；提高广大群众保护野生动物的法律意识和主动检举揭发破坏野生动物资源行为的积极性，逐步形成共同关爱野生动物的良好氛围，维护生态系统平衡，促进新兴县生态文明建设的发展。

目前我国野生动物保护存在多头管理的弊端，多头管理会使管理责任松散，难以实现保护野生动物的目标。我国林业、渔业行政主管部门分别主管陆生、水生、野生动物管理工作，省级林业部门主管本行政区内的陆生野生动物管理，并对下级行政主管部门进行监督管理。我国野生动物的保护政出多门，造成职能不清的现象，各部门相互推诿、相互争夺职权，各自为政。出现这种现象的原因在于我国野生动物管理设置是按主管部门及行政区划为标准，考虑的是部门利益，而没有考虑野生动物的整体利益。

◎ 典型案例

谢某在禁猎期内非法狩猎案

【基本案情】 2017 年 5 月 12 日上午，谢某在未办理狩猎证的情况下，在 A 市 C 区 a 乡附近村子的山上，通过爬树的方式陆续捉了 5 个鸟窝的 32 只幼鸟，并将捉到的幼鸟放在自己带来专门装鸟的木箱里，欲回 B 市出售获利。当天 14 时许，A 市 C 区石埠公安派出所民警在出警过程中发现谢某非法狩猎，遂将其移送 C 区森林公安局查处。次日，经 A 市野生动植物保护管理局鉴定，上述幼鸟为乌鸦，系省"三有"（有益的或者有重要经济、科学研究价值）保护野生动物。C 区林业局野保站将上述 32 只乌鸦（活体）移交给省野生动植物救护繁育中心。

【判决结果】C 区人民法院根据《刑法》第 341 条第 2 款、第 67 条第 3 款、第 52 条、第 53 条，《最高人民法院关于审理破坏野生动物资源刑事案件具体应用法律若干问题的解释》第 6 条第 1 项之规定，判决谢某犯非法狩猎罪，判处罚金人民币 3000 元。

【案件评析】根据《江西省实施〈中华人民共和国野生动物保护法〉办法》第 22 条规定，每年的 4 月至 11 月为省保护的有益的或者有重要经济、科学研究价值的鸟类、兽类野生动物的禁猎期。《最高人民法院关于审理破坏野生动物资源刑事案件具体应用法律若干问题的解释》第 6 条第 1 项之规定，违反狩猎法规，在禁猎区、禁猎期或者使用禁用的工具、方法狩猎，非法狩猎野生动物 20 只以上的，属于非法狩猎"情节严重"。本案中，谢某在禁猎期内非法狩猎国家"三有"野生保护动物乌鸫 32 只，情节严重，其行为已经构成非法狩猎罪。谢某到案后能如实供述犯罪事实，依法从轻处罚。根据被告人在本案中的犯罪事实、性质、情节以及对社会的危害程度，区人民法院判决谢某犯非法狩猎罪，判处罚金人民币 3000 元。

典型案例

湖南省岳阳楼区人民检察院诉何某某等非法杀害珍贵、濒危野生动物罪、非法狩猎罪刑事附带民事诉讼案

【基本案情】2014 年 11 月至 2015 年 1 月期间，何某某、钟某某在湖南省东洞庭湖国家级自然保护区收鱼时，与养鱼户及帮工人员方某某、龙某如、龙某明和涂某某、余某某、张某某、任某某等人商定投毒杀害保护区内野生候鸟，由何某某提供农药并负责收购。此后，何某某等人先后多次在保护区内投毒杀害野生候鸟，均由何某某统一收购后贩卖给李某介绍的汪某某。2015 年 1 月 18 日，何某某、钟某某先后从方某某及余某某处收购了 8 袋共计 63 只候鸟，在岳阳市君山区壕坝码头被自然保护区管理局工作人员当场查获。经鉴定，上述 63 只候鸟均系中毒死亡；其中 12 只小天鹅及 5 只白琵鹭均属国家二级保护野生动物；其余苍鹭、赤麻鸭、赤颈鸭、斑嘴鸭、夜鹭等共计 46 只，均属国家"三有"保护野生动物。查获的 63 只野生候鸟核定价值为人民币 44 617 元。

湖南省岳阳楼区人民检察院以何某某等 7 人犯非法猎捕、杀害珍贵濒危野

生动物罪,向岳阳市岳阳楼区人民法院提起公诉。岳阳市林业局提起刑事附带民事诉讼,请求 7 名被告人共同赔偿损失 53 553 元,湖南省岳阳楼区人民检察院支持起诉。

【判决结果】湖南省岳阳市岳阳楼区人民法院一审认为:何某某伙同钟某某、方某某在湖南东洞庭湖国家级自然保护区内,采取投毒方式非法杀害国家二级保护动物小天鹅、白琵鹭及其他野生动物,李某帮助何某某购毒并全程负责对毒杀的野生候鸟进行销售,何某某、钟某某、方某某、李某的行为均已构成非法杀害珍贵、濒危野生动物罪,属情节特别严重。龙某如、龙某明、龙某在何某某的授意下,采取投毒方式,分别在国家级自然保护区内猎杀野生候鸟,破坏野生动物资源,情节严重,其行为均已构成非法狩猎罪。何某某、钟某某的犯罪行为同时触犯非法杀害珍贵、濒危野生动物罪和非法狩猎罪,应择一重罪以非法杀害珍贵、濒危野生动物罪定罪处罚。此外,因何某某等 7 人的犯罪行为破坏了国家野生动物资源,致使国家财产遭受损失,各方应承担赔偿责任。相应损失以涉案 63 只野生候鸟的核定价值认定为 44 617 元,根据各人在犯罪过程中所起的具体作用进行分担。判决何某某、钟某某、方某某、李某犯非法杀害珍贵、濒危野生动物罪,判处有期徒刑 6 年至 12 年不等,并处罚金。龙某如、龙某、龙某明犯非法狩猎罪,判处有期徒刑 1 年至 2 年不等,其中 2 人缓刑 2 年。由何某某等 7 人共同向岳阳市林业局赔偿损失人民币 44 617 元。

【案例评析】本案系非法猎捕、杀害珍贵、濒危野生动物刑事附带民事诉讼案件。刑罚是环境治理的重要方式,面对日趋严峻的环境资源问题,运用刑罚手段惩治和防范环境资源犯罪,加大环境资源刑事司法保护力度,是维护生态环境的重要环节。本案发生于东洞庭湖国家级自然保护区内,在检察机关提起公诉的同时,由相关环境资源主管部门提起刑事附带民事诉讼、检察机关支持起诉,依法同时追究行为人刑事责任和民事责任,具有较高借鉴价值。一审法院在认定 7 名被告人均具有在自然保护区内投毒杀害野生候鸟的主观犯意前提下,正确区分各自的客观行为,根据主客观相一致原则对 7 名被告人分别以杀害珍贵、濒危野生动物罪和非法狩猎罪定罪;并根据共同犯罪理论区分主从犯,分别对 7 名被告人判处 1 年至 12 年不等的有期徒刑,部分适用缓刑,既体现了从严惩治环境资源犯罪的基本价值取向,突出了环境法益的独立地位,又体现了宽严相济的刑事政策,充分发挥了刑法的威慑和教育功能。此外,本案不仅追究了被告人杀害野生候鸟的刑事责任,还追究了被告人因其犯罪行为给国家野生动物资源造成损失的民事赔偿责任,对环境资源刑事犯罪和民事赔偿案件的一并处理具有较好的示范意义。

案件也体现了打击环境违法行为中的多部门协作。本案中,首先,湖南省东洞庭湖自然保护区管理局发现犯罪行为后立即将该案移交岳阳市森林公安局办理。公安机关积极进行案件侦办和移送工作,并由检察机关依法提起公诉,最终由法院依法作出判决。同时,检察机关还派员支持了由岳阳市林业局提起的刑事附带民事诉讼。行政机关、公安机关、检察机关、审判机关等多部门的协作配合不仅有效打击了环境违法行为,而且也代表了新时期我国环境司法机制的发展方向。其次,本案提升了公众保护环境、特别是野生生物的意识。本案中人民法院依法对环境犯罪行为进行了判决,不仅使违法行为人得到了应有的处罚,而且证据鉴定、法律适用等内容向公众呈现了我国司法机关保护生态环境的具体运行机制。同时,人民陪审员的加入以及开庭审理的方式体现了司法机关保障公众参与环境保护的权利,进而提升了公众的环境保护意识。最后,本案积极探索了生态环境修复机制。在附带民事赔偿部分,法院判决被告赔偿其违法行为造成的国家野生动物资源损失。虽然单纯的经济赔偿难以完全填补和修复生态环境损失,但本案判决体现了我国环境司法实践的积极探索,对于建立健全我国的生态环境修复机制具有重要意义。

典型案例

文某某非法占用农用地案

【基本案情】文某某是澄江县右所镇人,做砂矿生意。2008年1月,他承包了澄江县阳宗镇脚步哨砂场,同时按规定办理了采矿许可证,经允许的矿区面积为0.9公顷。同年2月18日,文某某登记注册了澄江县华文工贸有限公司(以下简称华文公司),但没有开工采砂。2009年6月28日,其与一个叫徐某某的人签订协议,将该砂场1/3的经营权转让给徐某某,自己经营2/3。同年8月14日,云南省林业厅审核同意华文公司脚步哨砂场建设项目征用脚步哨村委会集体用材林0.8884公顷(即13.326亩)。2009年9月,文某某正式动工采砂。2010年1月12日,因华文公司超出征用面积9亩开采砂石,澄江县林业局责令限期恢复原状并对其作出罚款79 039元的行政处罚。后华文公司继续进行采砂作业,至2011年9月因超范围开采被阳宗镇林业局制止。经鉴定,被告人文某某超出审批范围采砂,非法毁坏脚步哨村委会小箐村林地38.291亩,毁坏林地内原林木蓄积45.4立方米。

同时查明，2011年12月30日，昆明市森林公安局对被告人文某某涉嫌非法占用农用地案立案侦查。2012年1月9日，公安机关对被告人文某某实施传唤，被告人文某某在公安机关通知或传唤时均按时到场，归案后如实供述了其主要犯罪事实。被告人文某某非法占用的38.291亩林地中，包括用材林14.155亩（9436.667平方米）、特种用途林地12.892亩（8494.667平方米）。

【判决结果】云南省宜良县人民法院于2012年9月24日作出（2012）宜刑初字第199号刑事附带民事判决，判决：以非法占用农用地罪判处被告人文某某有期徒刑2年，并处罚金人民币10万元；由被告人文某某赔偿昆明市阳宗海风景名胜管理委员会农村工作局森林植被恢复费185 345.3元。宣判后，被告人文某某提出上诉。在上诉过程中其认罪态度诚恳，主动缴纳全部罚金及森林植被恢复费。昆明市中级人民法院于2012年12月20日作出（2012）昆环保刑终字第10号刑事判决，以非法占用农用地罪改判上诉人文某某有期徒刑2年，缓刑2年，并处罚金人民币10万元。同时维持由被告人文某某赔偿昆明市阳宗海风景名胜区管理委员会农村工作局森林植被恢复费185 354.3元的判决。当前判决已生效。

【案例评析】

一、本案侵害的客体及附带民事诉讼主体问题

1. 农用地（林地）的特殊保护。非法占用农用地罪，是指违反土地管理法规，非法占用耕地、林地等农用地，改变被占用土地用途，数量较大，造成耕地、林地等农用地大量毁坏的行为。本案被告人文某某超出采矿许可证范围非法占用38.291亩林地进行采砂作业，其中包括：用材林14.155亩（9436.667平方米）、防护林地11.244亩（7496平方米）、特种用途林地12.892（8594.667平方米），构成非法占用农用地罪。该罪侵害的客体是社会管理秩序，但从林地植被的破坏角度而言，是侵害了环境公共利益，不仅应当对非法占有农用地的犯罪行为进行处罚，同时，也应当对破坏的自然环境进行修复。

2. 公诉人代表环境公益（集体）利益提起附带民事诉讼。近年来，随着我国社会经济快速发展，破坏环境案件也日益频发，尤其在有关土地使用的犯罪中屡见不鲜，被告人为获得巨大的经济利益，不惜以牺牲公众环境利益为代价满足一己私利。本案中，公诉机关宜良县人民检察院在对被告人文某某提起刑

事公诉的同时,又代表昆明市阳宗海风景名胜区管理委员会农村工作局提起附带民事诉讼,要求被告人缴纳森林植被恢复费,对环境利益进行修复。两级法院在支持检察机关追究被告人刑事责任的基础上,同时也支持了检察院作为环境(集体)利益的代表人,对被告人提起附带民事赔偿的请求,体现了司法机关对环境公共利益的特殊保护,突出了环境修复的特点,对在刑事领域进行环境公共利益保护进行了有益的尝试。

二、酌定从轻处罚情节

本案二审上诉过程中,被告人文某某积极主动缴纳全部罚金及森林植被恢复费,可作为对其酌定从轻处罚的情节考虑。

本案在二审期间,上诉人文某某主动缴纳了森林植被恢复费 185 345.3 元,该笔款项最终交付昆明市阳宗海风景名胜区管理委员会农村工作局用于阳宗镇小箐砂场植被恢复造林项目,建设高规格防护林 70 亩,成功修复了被损害的生态环境,打击了损害环境的侵权者,为当地的生态环境保护起到了良好的示范作用。

● 典型案例

被告人梁甲、梁乙非法采矿案

【基本案情】2013 年下半年,被告人梁甲和温岭市箬横镇下山头村村委会商定,由梁甲出面以村委会的名义办理该村杨富庙矿场的边坡治理项目。2013 年 11 月、2014 年 9 月台州市国土资源局审批同意其开采建筑用石料共计 27.31 万吨。被告人梁乙受梁甲指使在该矿负责管理日常事务,所采宕碴矿销售给温岭市东海塘用于筑路。至案发,该矿场超越审批许可数量采矿,经浙江省国土资源厅鉴定,该治理工程采挖区界内采挖量合计 415 756 吨,界外采挖量合计 829 830 吨,两项共计 1 245 586 吨。扣除台州市国土资源局审批许可的 27.31 万吨及风化层、土体、建筑废料等,二被告人共非法采矿 822 585 吨,价值 13 161 360 元。

【判决结果】浙江省温岭市人民法院一审认为,被告人梁甲、梁乙违反《矿产资源法》的规定,未取得采矿许可证擅自采矿,情节特别严重。在共同犯罪中,梁甲起主要作用、系主犯,梁乙起次要、辅助作用,系从犯,依法可以从轻或减轻处罚。鉴于梁乙系从犯，归案后能如实供述其犯罪事实，且当庭自愿认罪，确有悔罪表现，决定对梁乙依法予以减轻处罚并适用缓刑。一审法院以非法采矿罪，判处梁甲有期徒刑 4 年 6 个月，并处罚金人民币 35 万元；判处梁乙有期徒刑 2 年，缓刑 3 年，并处罚金人民币 15 万元；对梁甲、梁乙的犯罪所得人民币 13 161 360 元，予以追缴没收，上缴国库。浙江省台州市中级人民法院二审维持原判。

【案例评析】对集体所有土地的河沿滩地、国有河道在未根据《矿产资源法》的规定取得采矿许可证情况下开采砂石资源，即使向权利人支付价款取得相应使用权，也应当认定为"违反矿产资源法的规定，未取得采矿许可证擅自采矿"，构成非法采矿罪。

《刑法修正案（八）》颁布后，非法采矿罪由结果犯变为行为犯，只要符合《刑法修正案（八）》规定的几种行为且情节严重的，即可认定为非法采矿罪。具体来讲，修正后的刑法规定的非法采矿罪的行为方式有：一是未取得采矿许可证擅自采矿；二是擅自进入国家规划矿区采矿；三是擅自进入对国民经济具有重要价值的矿区采矿；四是擅自进入他人矿区范围采矿；五是擅自开采国家规定实行保护性开采的特定矿种。其中只有第一种要求行为人未取得采矿许可证，其余四种情形一般指的是行为人虽取得采矿许可证，但其超越许可的采矿种类、跨越经许可的采矿范围或领域的行为。以上五种行为均要求达到"情节严重"，方可认定为犯罪。

本案系非法采矿刑事案件。矿产资源是国家自然资源的重要组成部分，各地滥采、盗采矿产现象较为严重，对此类非法采矿的行为应予严惩。司法实践中，对于被告人非法采矿的数量及价值的认定往往成为案件审理的焦点。本案通过委托有资质的鉴定机构进行鉴定，较为合理地确定了非法采矿数量及价值，为准确量刑奠定了较好基础。本案在判处主犯有期徒刑 4 年 6 个月并处罚金的同时，追缴二被告人的犯罪所得 1300 余万元，有力地震慑了此类犯罪，维护了国家利益，对增强社会公众对矿产资源的保护意识和守法意识，促进自然资源的有序开发和合理利用有着积极的示范作用和现实意义。

典型案例

任某非法采伐国家重点保护植物案

【基本案情】2016 年 10 月 31 日，被告人任某以 4000 元的价格向郑某某购买 2 株桢楠树后，在未取得采伐许可证的情况下，雇佣李某某、陈某、任某某等人于 2016 年 11 月 2 日凌晨到邛崃市天台山镇某某村 4 组中地头（小地名）郑某某的自留地里将 2 株胸径为 28 厘米的桢楠树砍伐。当日 1 时 55 分许，公安机关接到举报后，到现场将已经砍伐尚未装车运走的 12 件楠木查获，并依法扣押。经鉴定，被砍伐的林木树种为樟科、楠属、楠木。经检尺，被砍伐的 2 株楠木的立木蓄积合计为 0.9 立方米。

【判决结果】四川省邛崃市人民法院认为，被告人任某违反国家规定，在未取得林木采伐许可证的情况下，非法采伐国家重点保护的珍贵树木楠木 2 株，情节严重，其行为已构成非法采伐国家重点保护植物罪，依法应予刑事处罚。被告人任某到案后如实供述其罪行，系坦白，依法从轻处罚。审理中，被告人任某表示自愿认罪，并主动缴纳罚金，确有悔罪表现，酌情从轻处罚。遂判处被告人任某有期徒刑 3 年，并处罚金人民币 5000 元；对公安机关扣押在案的楠木 12 件，予以没收，上缴国库。宣判后，被告人任某未提起上诉，检察院也未抗诉，该判决已经发生法律效力。

【案例评析】环境是社会健康发展的重要因素，也是刑法保护的重要法益。近年来，一些不法之徒将目光锁定于能牟取暴利的珍稀树种，盗伐行为使我国山区、丘陵地区的森林资源遭到较为严重的破坏。本案的裁判有力地打击了破坏环境资源犯罪，震慑涉环境资源犯罪分子，较为典型地表现了司法机关积极应对生态环境保护问题、大力打击各类"涉林"犯罪行为的决心。本案宣判后在当地引起了较大的反响，但也有少部分群众表示不理解，认为对该类犯罪处以刑罚与其"靠山吃山"的传统思想相违背，限制了其赖以谋生的手段。本案的亮点还在于，案件办理过程中，法官通过充分、耐心的说理，向广大群众宣传普法，最终也取得了当地群众的理解和支持，纷纷表示今后将主动保护自己所在山区林地里的国家重点保护的野生动、植物资源。"以案释法"社会效果良好，进而从纠正错误的思想观念上实现保护林地植被、修复生态环境的目的，体现了保护生态环境的价值理念，该判决具有很好的评价、指引和示范作用。

长期以来，很多人认为自家自留地或者自留山上生长的树木，属于自己的私有财产，可以自行处置或者通过交易允许他人采伐。殊不知，不是任何树木都可以自行采伐。郑某某自留地里的桢楠树，根据《国家珍贵树种名录》和《国家重点保护的野生植物名录》所列树木，属于国家二级保护的珍贵树种，受国家法律保护，不得任意采伐。本案被告人任某在没有取得采伐许可证的情况下私自采伐，即构成"非法采伐"，触犯了我国《刑法》第 344 条之规定，构成非法采伐国家重点保护植物罪。且其采伐的桢楠木为 2 株，根据相关司法解释的规定，属于"情节严重"，当处"3 年以上 7 年以下有期徒刑"。因被告人任某自愿认罪，并主动缴纳罚金，有悔罪表现，法院酌情从轻判处其有期徒刑 3 年。本案不仅定罪准确，量刑适当，取得了较好的法律效果，而且通过"以案释法"的方式进行普法宣传，警示潜在的不法分子，取得了良好的社会效果。本案的审判彰显了人民法院打击破坏生态环境犯罪的决心和信心，以实际行动贯彻落实党的十九大报告提出的"坚决制止和惩处破坏生态环境行为"要求，有助于在全社会培养和形成"绿色发展"理念。因此，本案具有典型和示范意义。

典型案例

被告人罗某滥伐林木案

【基本案情】2010 年农历八月至十月间，为便于造杉木林，被告人罗某在与本村村民刘某文口头商定由被告人罗某砍伐刘某文在汝城县热水镇横瑞村责任山"芋荷垅"山场内的杂木并造杉木林，所得杉木林各家一半后，在未申请办理任何林木采伐许可手续的情况下，被告人罗某与其妻子黄某两人用油锯、钩刀将"芋荷垅"山场内的林木砍下，之后又雇请外地劳力刘某云等人将其自家责任山"牛头垅"（又名桐子坪）山场内的林木砍下。经技术鉴定，"牛头垅"采伐山场面积为 0.6 公顷，"芋荷垅"采伐山场面积为 2.7 公顷。"芋荷垅""牛头垅"山场采伐杂木活立木蓄积总量为 31.754 立方米，杂原木出材量为 15.877 立方米。被告人罗某违反国家保护森林法规，未经林业行政主管部门及法律规定的其他主管部门批准并核发采伐许可证，任意滥伐山场林木活立木蓄积共计 31.754 立方米，数量较大，其行为已触犯了《刑法》第 345 条第 2 款，犯罪事实清楚，证据确实充分，应当以滥伐林木罪追究其刑事责任。

【判决结果】法院经审理后认定，被告人罗某违反国家森林法规，未经林业行政主管部门及法律规定的其他主管部门批准并核发采伐许可证，擅自采伐其山场林木，且数量较大，其行为确已构成滥伐林木罪，公诉机关指控的罪名成立，本院予以支持。但鉴于被告人罗某在案发后，能如实交待全部犯罪事实，认罪态度好，且主动缴纳罚金，有悔罪表现，依法可酌情从轻处罚。本院为保护森林资源，惩治毁林犯罪，依照《刑法》第345第2款、第72条、第73条、第52条、第53条之规定，判决如下：被告人罗某犯滥伐林木罪，判处有期徒刑6个月，缓刑1年，并处罚金10 000元人民币。

【案例评析】本案被告人罗某为便于造杉木林，在未申请办理任何林木采伐许可手续的情况下，擅自采伐"芋荷坳""牛头坳"山场，采伐杂木活立木蓄积总量为31.754立方米，且数量较大，其行为确已构成滥伐林木罪，应追究其刑事责任。《森林法》明确规定，国有林业企业事业单位、机关、团体、部队、学校和其他国有企业事业单位采伐林木，由所在地县级以上林业主管部门依照有关规定审核发放采伐许可证；铁路、公路的护路林和城镇林木的更新采伐，由有关主管部门依照有关规定审核发放采伐许可证；农村集体经济组织采伐林木，由县级林业主管部门依照有关规定审核发放采伐许可证；农村居民采伐自留山和个人承包集体的林木，由县级林业主管部门或者其委托的乡、镇人民政府依照有关规定审核发放采伐许可证。在本案中被告人罗某在未取得林木采伐许可证的情况下，擅自采伐林木活立木蓄积总量为31.754立方米，其行为显然构成滥伐林木罪。审判机关对被告人以滥伐林木罪定罪处罚，符合我国刑法相关规定。

滥伐林木罪的客观方面主要表现为以下几种情形：一是未经林业主管部门或者法律规定的其他主管部门的批准并核发林木采伐许可证，或者虽有采伐许可证，但违反林木采伐许可的时间、树种、数量、方式或者查处核准的采伐数量，任意采伐本单位或者本人所有的林木。二是超过采伐许可证规定的数量采伐他人所有的森林或者其他林木。三是林木权属争议一方在权属尚未明确前擅自砍伐森林或者林木。

林业资源是一项极其宝贵的资源，国家制定了相应的法规，对林业资源予以规范和保护。法律规定，任何单位与个人砍伐林木必须先经有关部门批准并核发采伐许可证，并严格按照采伐证所规定的地点、数量、树种方式进行采伐林木。笔者认为，这不仅要在实体法上加以完善，还要在采伐证的发放程序上来完善。

第三节　环境职务犯罪案

生态文明建设是我国经济社会发展中的重要内容，党的十八大报告将生态文明建设摆在了突出地位，强调努力建设美丽中国，实现中华民族永续发展。

当前我国破坏土地、矿业、林业、水源、空气等生态资源和生态环境的违法犯罪案件时有发生，隐藏在这些案件背后的职务犯罪已然成为重要因素之一。在全面深化改革的今天，通过制度保护生态环境，设置强有力的法律责任，加强环境职务犯罪的规制与防控成为当务之急。

我国《刑法》第九章"渎职罪"规定了国家机关工作人员滥用职权或者玩忽职守，致使公私财产、国家和人民利益遭受重大损失的37种职务犯罪罪名。其中滥用职权罪、玩忽职守罪与其他35个罪名为一般和特殊的关系，特殊罪名中有7个特殊的环境职务类的渎职罪：违法发放林木采伐许可证罪，环境监管失职罪，非法批准征收、征用、占用土地罪，非法低价出让国有土地使用权罪，动植物检疫徇私舞弊罪，动植物检疫失职罪，失职造成珍贵文物损毁、流失罪。对国家机关工作人员超出权力滥用职权，或者不作为、不认真作为、监管不力，符合特殊的罪名构成的按特殊罪名处罚，不符合特殊罪名的，但造成了公私财产、国家和人民利益遭受重大损失的，可以根据情形按照滥用职权罪、玩忽职守罪定罪处罚。

典型案例

程某、周某环境监管失职罪、玩忽职守罪案[1]

【基本案情】 程某、周某分别于2006年12月6日、2007年11月12日被泰兴市交通局任命和聘任为泰兴市地方海事处泰兴海事所副所长。根据职责分工，负责在某运河过船闸至入江口门航道，依法对所辖水域的危险品运输船舶停泊、作业和水域环境及重大违法事件进行巡视检查并采取必要的应急措施。程某、周某因涉嫌玩忽职守罪于2013年6月26日被取保候审，2014年9月24日被逮捕。该案先后于泰兴市人民法院和泰州市人民法院进行了一审和二审，最终裁定驳回原被告人的上诉请求，维持一审判决结果，即依照《刑法》第408条、第67条第1款之规定，以环境监管失职罪分别判处被告人程某、周某各有期徒刑1年。

【判决结果】 被告人程某、周某分别带领工作人员轮流在某运河过船闸至入江口门航道，依法对所辖水域的危险品运输船舶停泊、作业和水域环境及重大

---

[1] 感谢内蒙古自治区高级人民法院审监二庭黄凯博士提供的案件资料。

违法事件进行巡视检查并采取必要的应急措施。

被告人程某、周某在任职期间内对所辖水域进行巡视检查过程中，未对戴某甲伙同姚某未持有合格的检验证书、登记证书和必要的航行资料擅自航行和未经泰兴市地方海事处批准进行散装液体污染危害性货物过驳作业，船号为赣抚州化×××号危险品运输船进行巡视检查，并采取必要的行政处罚。自 2012 年 1 月至 2012 年 12 月 19 日间发现船号为赣抚州化×××号危险品运输船所停泊的某运河过船闸至入江口门航道水域严重污染后，未进行初步调查，未首先以口头快报、事后以工作简报或航行监督快报等形式报告泰兴市地方海事处、泰州市地方海事局和江苏省地方海事局。致使泰州市地方海事局、泰兴市地方海事处于 2012 年 4 月至 2012 年 12 月间在泰兴市辖区水域开展船舶载运危险货物安全专项整治活动中，未能发现并将停泊在某运河过船闸至入江口门航道泰兴市超盛贸易有限公司码头的外省籍低质量的船号为赣抚州化×××号危险品运输船强制驱离泰兴市管辖水域；致使泰州市江中化工有限公司原法定代表人戴某甲伙同姚某自 2012 年 1 月至 2012 年 12 月间指使驾驶员张某甲、杨某、周某甲分别驾驶牌号为苏 M×××××、苏 M×××××、苏 M×××××的危险品运输车，由押运员戴某乙、戴某丙、鞠某将从江苏常隆农化有限公司、泰兴锦汇化工有限公司、泰兴市富安化工有限公司、江苏施美康药业股份有限公司运出的尾气吸收液 15 564.935 吨运输至某运河泰兴市超盛贸易有限公司码头，并通过已经戴某甲、姚某改装的停泊在上述码头的船号为赣抚州化×××号危险品运输船排放进入某运河，严重污染水体。经江苏省环境科学学会评估，戴某甲等人收集的尾气吸收液属于《国家危险废物名录》中的废物。

经江苏省环境科学学会评估，治理戴某甲等人倾倒危险废物中的废盐酸需要花费人民币 3662.0644 万元；消减戴某甲等人倾倒危险废物中酸性物质对水体造成的损害需要花费人民币 2541.205 万元；经江苏卫视公共频道于 2012 年 12 月 19 日播出"泰兴疯狂槽罐车工业废酸偷排长江连续多年"的新闻后，给泰兴市人民政府执行国家环境保护制度和生态环境安全等方面造成了恶劣的社会影响。

案发后，被告人程某、周某均主动向泰兴市人民检察院投案，并如实供述自己的罪行。戴某甲等人污染环境事件发生后，被告人程某、周某积极协助配合泰兴市环保局对船号为赣抚州化×××号危险品运输船进行查扣。

泰兴市人民检察院对程某、周某的违法行为，向泰兴市人民法院以涉嫌玩忽职守罪提起公诉。

泰兴市人民法院认为,被告人程某、周某身为依照法律从事公务的人员,在法律规定的幅度内,对水污染防治具有一定的监管职责,不认真履行国家法律、行政法规所赋予的水污染防治行政监管职责,对于群众反映强烈的水污染问题迟迟不予处理,导致发生严重污染环境事件,致使公私财产遭受重大损失,严重侵害了国家对水污染防治的监督管理活动,其行为均已构成环境监管失职罪,依法应予以惩处。被告人程某、周某犯罪以后均自动投案,并如实供述自己的罪行,均是自首,依法均可以从轻处罚。被告人程某、周某均自愿认罪,并在污染环境事件发生后能够积极协助配合泰兴市环保局对船号为赣抚州化×××号危险品运输船污染环境事件进行查处,均可酌情从轻处罚。依照《刑法》第408条、第67条第1款之规定,以环境监管失职罪分别判处被告人程某、周某有期徒刑各1年。

二审及裁定结果:程某、周某不服一审判决,提出上诉。理由如下:

1. 一审判决认定事实错误。①偷排者用车辆将废酸运输到违章的船舶上向内河排放,并非属于海事部门的监管职责;②戴某甲等人通过船舶过驳危险废物至河内直接向水体偷排废酸的行为,不是《水污染防治法》所指的过驳作业,不属于地方海事管理机构的监督管理职责权限;③海事部门从未接到群众关于戴某甲等14人偷排行为的举报;④一审判决认定的损失金额和鉴定程序存在错误。

2. 一审判决认定上诉人构成环境监管失职罪系适用法律错误。①上诉人在巡查中未能发现、查处偷排船舶属于一般的工作失误,不应承担污染事故的主要责任;②环境污染的损失与上诉人的工作失误没有刑法上的因果关系。

3. 一审判决量刑过重。即便上诉人构成环境监管失职罪,因具有自首等量刑情节,依法可以免予刑事处罚或适用缓刑。综上,请求依法改判两上诉人无罪。

上诉人程某、周某的辩护人提出的辩护意见与上述上诉理由相同。

江苏省泰州市人民检察院出庭检察员当庭提出如下意见:原审判决认定事实清楚,证据确实充分,适用法律正确,量刑适当,建议驳回上诉,维持原判。

二审经开庭审理查明两项事实:两上诉人的主体身份事实,两上诉人环境监管失职的事实。

本院认为,上诉人程某、周某身为依照法律从事公务的人员,在法律规定的幅度内,对水污染防治具有一定的监管职责,因其不认真履行国家法律、行政法规所赋予的水污染防治行政监管职责,导致发生严重污染环境事件,致使公私财产遭受重大损失,严重侵害了国家对水污染防治的监督管理活动。其行为均已构成环境监管失职罪,依法应予以惩处。上诉人程某、周某在案发后主动投案,如实供述自己的犯罪事实,系自首,依法可以从轻处罚;上诉人程某、周某在案发后能积极配合相关职能部门对涉案船舶进行扣押、查处,具有悔罪表现,可酌情从轻处罚。原审判决认定事实清楚,证据确实充分,定罪准确,量刑适当,审判程序合法,依法应予维持。出庭检察员当庭发表的意见与事实和法律相符,本院予以采纳。据此,依照《刑事诉讼法》第 225 条第 1 款第 1 项之规定,裁定如下:驳回上诉,维持原判。本裁定为终审裁定。

相关证据:检察机关提交,并经庭审举证、质证的下列证据证实了案件事实:

证人证言:证人李某甲、黄某、雍某、蒋某、何某、陈某、胡某、戴某甲、姚某、戴某乙、张某甲、杨某、戴某丙、鞠某、王某、董某、李某、钟某、张某乙、曹某、殷某、徐某、赵某、冯某、陆某(江苏常隆农化有限公司环保科科长)的证言。

书证:侦查机关调取的戴某乙的《记账本》《泰兴市申龙化工有限公司磅码单》,侦查机关调取的泰州市江中化工有限公司 2012 年 1 月至 2013 年 3 月的《采购盐酸统计表及记账凭证》《江苏增值税专用发票》《工业品买卖合同》《易制毒化学品购买备案证明》,侦查机关调取的《中华人民共和国船舶所有权登记证书》《船舶国籍证书》《内河船舶散装运输危险化学品适装证书》《江西省抚州市地方海事局复函》,书证侦查机关调取的船号为"苏盐化×××""赣抚州化×××"危险品运输船《进港签证记录》,侦查机关调取的《泰州市地表水功能区划登记表》《泰兴市水务局关于将宝塔水厂确定为应急饮用水源地并加以保护的请示》《泰兴市创建国家卫生城市工作简报》《泰兴市水务局出具的情况说明》,侦查机关调取的《泰州市地方海事局关于泰州市船舶载运危险货物安全专项整治方案》《泰兴市地方海事处 2012 年船舶载运危险货物安全专项整治方案》《泰兴市地方海事处文件阅办单》,侦查机关调取的《新浦化学(泰兴)有限公司出具的管架桥下方警示牌制作情况说明》,泰兴市环境监测站出具的《水质监测采样记录》《水质监测报告》,江苏省环境保护厅出具的《关于对泰兴市环境监测数据认可的函》、江苏省环境监测中心出具的《监测报告》、泰兴市环境监测站出具的《废水现场采样及交接记录表》、江苏省环境科学学会出具的《技术评估意见》等,江苏省环境科学学会出具的《泰州市泰兴市古马干河、某运河 12.19 废酸倾倒事件环境污染损害评估技术报告》,侦查机关调取的《泰兴市羌溪论坛网页》。

当事人供述：上诉人程某的供述，上诉人周某的供述。

【案例评析】

一、玩忽职守罪的构成要件

玩忽职守罪是指国家机关工作人员严重不负责任，不履行或不认真履行自己的工作职责，致使公共财产、国家和人民利益遭受重大损失的行为。主要表现为工作人员不作为，不认真作为，监管不力。

本罪侵犯的客体是国家机关的正常活动，侵犯的对象可以是公共财产或者公民的人身及其财产。本罪在客观方面表现为国家机关工作人员违反工作纪律、规章制度，擅离职守，不尽职责义务或者不认真履行职责义务，致使公共财产、国家和人民利益遭受重大损失的行为。玩忽职守行为与造成的重大损失结果之间，必须具有刑法上的因果关系，即直接的必然的因果关系，否则一般不构成玩忽职守罪，而是属于一般工作上的错误问题，应由行政主管部门处理。本罪的主体是国家机关工作人员。国家机关包括国家权力机关、各级行政机关和各级司法机关，凡是在各级人大及其常委会、各级人民政府、各级人民法院和人民检察院中依法从事公务的人员都属于国家机关工作人员。本罪在主观方面由过失构成，故意不构成本罪。行为人应当知道自己擅离职守或者在职守中马虎从事对待自己的职责，可能会发生一定的社会危害结果，但是他疏忽大意而没有预见，或者是虽然已经预见到可能会发生，但他凭借着自己的知识或者经验而轻信可以避免，以致发生了造成严重损失的危害结果。

二、环境监管失职罪的构成要件

环境监管失职罪是指负有环境保护监督管理职责的国家机关工作人员严重不负责任，导致发生重大环境污染事故，致使公私财产遭受重大损失或者造成人身伤亡的严重后果的行为。主要表现为负有环保监督管理职责的工作人员不作为，不认真作为，监管不力。环境监管失职罪与玩忽职守罪是特殊与一般，具体与概括的关系。违法者的情形符合特殊罪名的应按特殊罪名论处。本罪侵犯的客体是国家环境保护机关的监督管理活动和国家对保护环境防治污染的管理制度。

本罪在客观方面表现为严重不负责任，导致发生重大环境污染事故，致使公私财产遭受重大损失或者造成人身伤亡的严重后果的行为。这些行为违反了我国《环境保护法》《水污染防治法》《大气污染防治法》《海洋环境保护法》《固体废物污染防治法》等法律及其他有关法规规定，如对违法排污行为只罚款不作行为处罚，不提出治理意见。这些行为同时造成了严重的环境污染事故，致使人身伤亡、公私财产遭受损失后果。1999年9月16日最高人民检察院发布施行的《关于人民检察院直接受理立案侦查案件立案标准的规定（试行）》中明确规定了4种涉嫌环境监管失职罪需要立案的情形。客观要件的违法行为和危害结果之间必须具有刑法上的因果关系，即直接的必然的联系。

本罪主体为负有环境保护监督管理职责的国家机关工作人员，为特殊主体，这些国家机关包括国务院环境保护行政主管部门、县级以上地方人民政府环境保护行政主管部门，以及国家海洋行政主管部门、港务监督、渔政渔港监督、军队环境保护部门和各级公安、交通、铁路、民航管理部门等；此外还包括县级以上人民政府的土地、矿产、林业、农业、水利行政主管部门。凡是依法对环境资源的保护实施监督管理的人员，都可成为构成本罪的主体。

本罪的主观方面是过失和间接故意。间接故意可以表现为对违法者非法排放污染物可能造成重大环境污染事故的行为，严重不负责任，不采取任何措施予以制止，而是采取放任的态度，以致产生严重后果。

三、从轻处罚的情节

案发后，上诉人程某、周某主动向泰兴市人民检察院投案，并如实供述自己的罪行。戴某甲等人污染环境事件被发现后，上诉人程某、周某积极协助配合泰兴市环保局对船号为赣抚州化×××的危险品运输船进行了查扣。

上述事实，有检察机关提交并经庭审举证、质证的自首笔录、立案决定书等证据证实，足以认定。

【争议焦点】本案上诉审理期间，主要的争议焦点有三：①一审判决认定事实是否存在错误；②环境污染的损失与上诉人的行为有无刑法上的因果关系，一审判决适用法律是否准确；③一审判决量刑是否适当。

关于争议焦点一，本案的事实认定。

1. 两上诉人对本案中的水污染是否具有监督管理的职责。根据《水污染防治法》的规定，交通主管部门的海事管理机构对船舶污染水域的防治实施监督管理。未经作业地海事管理机构批准，船舶进行残油、含油污水、污染危害性货物残留物的接受作业等，由海事管理机构、渔业主管部门按照职责分工责令停止违法行为，处以罚款；造成水污染的，责令限期采取治理措施，消除污染。

本案中，戴某甲等人在两上诉人负责巡航的水域、不具有危险货物港口作业资格的码头，或是以赣抚州化×××号危险品运输船做掩护向某运河直接倾倒危险废物，或是通过改装后的赣抚州化×××号危险品运输船向某运河倾倒危险废物，均应视为利用船舶违法从事危险废物的接受作业，属于两上诉人监管职责范围内应当发现并处理的违法行为，由此可见，两上诉人对该水污染事件负有监管职责。

2. 两上诉人履行职责过程中是否存在严重不负责任的情形。经查，两上诉人负有轮流在事发水域巡查的职责，对于在不具有危险货物港口作业资格的码头，长期滞留的外省籍低质量危险品运输船，应当发现并作出相应的处理；对于事发水域出现的水色发黄、气味难闻等严重水体污染的现象，应当予以重视并排查原因。但两上诉人因工作不负责任没有发现涉案船舶，导致戴某甲等人利用该船舶长期大量排放危险废物，造成对水环境的严重污染。两上诉人的行为已构成《刑法》第408条所称的"严重不负责任"。但对于原审判决认定的两上诉人"对于群众反映强烈的问题迟迟不予处理"的情形，因得不到现有证据的证实，应不予确认。

3. 损害数额的认定程序是否合法，结果是否可以采信。江苏省环境科学学会经评估出具的《环境污染损害评估技术报告》的评估程序合法，评估过程和方法符合相关规范要求，故依法予以采信。

关于争议焦点二，即上诉人的行为与损害后果之间是否具有因果关系，本案适用法律是否正确。两上诉人具有对事发水域船舶进行监管的法律职责，因两上诉人在履职过程中存在严重不负责任的情形，应当发现的问题没有发现，应当做出处置的问题没有得到充分的关注和及时处置。上诉人的失职行为与水污染后果之间存在法律上的因果关系。至于该水域污染事件的发生是否还存在其他行政执法机关未正当履行职责的情形，并不影响两上诉人环境监管失职罪的构成。

关于争议焦点三，即原审判决对两上诉人的量刑是否适当。一审判决根据本案的犯罪事实、犯罪性质、情节和危害程度，充分考虑两上诉人自首、悔罪表现等法定、酌定从轻处罚情节，作出的量刑结果适当，对上诉人及辩护人提出的建议免予刑事处罚或适用缓刑的上诉理由及辩护意见应不予采纳。

【法律依据】

《刑事诉讼法》

第 225 条：第二审人民法院对不服第一审判决的上诉、抗诉案件，经过审理后，应当按照下列情形分别处理：

1. 原判决认定事实和适用法律正确、量刑适当的，应当裁定驳回上诉或者抗诉，维持原判；

2. 原判决认定事实没有错误，但适用法律有错误，或者量刑不当的，应当改判；

3. 原判决事实不清楚或者证据不足的，可以在查清事实后改判；也可以裁定撤销原判，发回原审人民法院重新审判。

《刑法》

第 408 条：负有环境保护监督管理职责的国家机关工作人员严重不负责任，导致发生重大环境污染事故，致使公私财产遭受重大损失或者造成人身伤亡的严重后果的，处 3 年以下有期徒刑或者拘役。

第 67 条：犯罪以后自动投案，如实供述自己的罪行的，是自首。对于自首的犯罪分子，可以从轻或者减轻处罚。其中，犯罪较轻的，可以免除处罚。

最高人民检察院《关于人民检察院直接受理立案侦查案件立案标准的规定（试行）》（高检发释字［1999］2 号）

【典型意义】 本案是与 2014 年江苏省泰州市"1.6 亿元天价环境公益诉讼案"同一事件中的环境职务犯罪案件。在本案之前，江苏省泰州市人民法院和江苏省高级人民法院已经就该事件中的严重污染行为判处污染者有期徒刑，以及通过环境民事公益诉讼要求污染者承担 1.6 亿元环境修复的费用。泰兴市检察院反渎职侵权部门在已生效判决基础上，开始紧锣密鼓地追查本案背后的渎职行为，最终程某、周某因环境监管失职罪分别被判处有期徒刑 1 年。刑事审判+民事公益诉讼+职务犯罪公诉案件的"三合一"的审判模式，不仅充分反映出司法的大局观，也让我们看到了以后环境污染案件审判的发展趋势。今后，加强检察机关与相关行政部门的协作配合，建立相关行政调查案件的通报机制，尽快提高侦查人员发现线索的能力，反贪、侦监、公诉、民行等部门形成打击合力等，将是完善"三合一"审判模式的重要抓手。本案对构建环境污染案件审判的新模式实现了良好开局。

第七章 国际环境法案例

国际争端是指国家或其他国际法主体之间在法律或事实上的意见分歧及在权利或利益上的相互冲突。导致国际争端的原因往往十分复杂，还可能涉及重大利益，因此，有许多国际争端长期未能解决，对世界和平与安全构成了潜在或现实的威胁，严重者有可能导致武装冲突或战争。国际环境争端是指在国际环境领域由于各种人为的原因造成的污染和破坏而产生的冲突和纠纷。随着人类社会的发展，科学技术的进步，环境问题越来越严重，国际环境争端的涉案范围越来越广。如跨界环境污染争端、因输出污染危害引起的争端、资源利用争端、环境与贸易保护争端等。由于环境问题的复杂性和重要性，而且国际环境争端关系到区域、国家乃至全人类的利益，解决好国际环境争端同样具有重要意义。国际环境争端主要特点：国际环境争端可能带来严重后果，危及全球生态环境安全；国际环境争端可能导致不可逆转的损害；国际环境争端的主体不限于主权国家；国际环境争端往往涉及重大利益，起因比较复杂，既有政治的因素，也有法律的因素，比其他争端更加复杂和难以解决；国际环境争端具有很强的科学技术性；国际环境争端的解决往往受到国际关系力量对比的制约；国际环境争端的解决方法和程序是随着历史的发展变化而发展变化的。

和平解决国际环境争端的法律方法包括国际仲裁和国际司法两种方法。WTO建立专门机构——贸易与环境委员会，明确了委员会的授权范围以及首先需要重点探讨和解决的贸易与环境问题。在WTO框架下解决贸易与环境争端，已成为重要的争端解决机制。

第一节 WTO关于环境与贸易仲裁案件
——墨美金枪鱼案

随着国际经济贸易的发展,贸易与环境保护案件其中协调贸易与环境保护两者之间的关系已经成为多边贸易体制和多边贸环境协议的重要内容。贸易与环境保护的主要冲突表现:污染转嫁问题和绿色贸易壁垒问题。

➡ 典型案例

墨美金枪鱼案[1]

【基本案情】海豚是一种珍贵的海洋生物,在太平洋东部热带海域,海豚和金枪鱼存在一种奇妙的共生现象,海豚通常在金枪鱼群上方水体活动。因为海豚的这一活动特点,在运用大型围网捕捞金枪鱼作业时会将海豚卷入拖网中,可能造成海豚的损伤或者死亡。为了把鱼赶拢还常动用摩托艇、直升机,乃至炸弹,20世纪70年代,这种捕捞法每年大约造成30万头海豚死亡。面对这种残酷的捕捞行为,美国以保护海豚资源为由,对金枪鱼和金枪鱼产品贸易采取了一系列的限制措施,这些措施涉及金枪鱼及金枪鱼产品进口、市场和销售等方面。

美国政府于1972年通过了《海洋哺乳动物保护法》(MMPA),要求美国渔民遵守人为意外导致海豚死亡的数量限制,以求尽可能减少商业捕捞中对哺乳动物(包括海豚)造成的意外伤亡,在《海洋哺乳动物保护法》管制下,美国捕捞业中造成的海豚死亡量急剧下降,其中部分原因是捕捞技术的改进,部分原因来自商业压力。20世纪80年代,美国还两次修改《海洋哺乳动物保护法》,规定凡向美国出口金枪鱼的外国渔船必须达到美国的海豚人为死亡的允许水准。

1990年10月,占美国金枪鱼市场份额达80%的一些金枪鱼罐装公司宣布,他们对不符合"海豚安全"(Dolphin-safe)标准的金枪鱼不予购买销售,包括鲜鱼和金枪鱼制成品,并且拒绝接受墨西哥的申辩,坚持实施禁令。同年通过

---

[1] 参见:"从金枪鱼案到海龟、海虾案——浅析WTO体制下环境与贸易争端解决机制的发展、不足与建议",载 http://www.chinalawinfo.com/news/NewsFullText.aspx? NewsId = 60224&NewsType = 0,访问于2018年7月20日。

的《关于海豚保护的消费者情报法》为"海豚安全"标签确定了标准，该标签仅适用于不使用大拖网围捕的方式捕获的金枪鱼及其产品。于是 1991 年 2 月 6 日，墨西哥向关贸总协定（General Agreement on Tariffs and Trade，简称 GATT）申诉，要求解决美国禁止金枪鱼进口的问题。

【案件处理过程及结果】1991 年 3 月，GATT 成立了专家组处理此事，专家组在广泛收集材料，充分听取双方意见后，认为：GATT 仅规定了可对产品引起的污染用贸易手段进行限制，但却未对因产品的制造方式引起的污染作任何规定。况且，《海洋哺乳动物保护法》仅是美国的一项国内法，不能用来约束美国境外的生产过程。最后，专家组认为美国对墨西哥采取的措施违反了 GATT 第 11 条的关于取消数量限制的规定，并且又不属于第 20 条例外情况之列，裁决美国败诉。虽然该报告因美国阻挠未获通过，但在世界上引起了关于贸易与环保的激烈争论。

【争议焦点】本案主要争议有：

1. 从国际环境角度与贸易角度分析，该案的核心问题是 GATT 例外条款即第 20 条第 b 款、第 g 款的域外效力问题。作为原告的墨西哥认为：美国在海豚保护法律法规中的进口禁令，违反了 GATT 第 11 条关于取消进口数量限制的规定；此禁令为特定的地理区域设定了特定的歧视条件，违反了 GATT 第 3 条关于国民待遇的规定。

作为被告的美国认为：其所采取的进口禁令属于 GATT 第 3 条所指影响产品国内销售和购买的国内法规；即使不符合，该禁令也属于 GATT 第 20 条第 b 款和第 g 款规定的环境例外措施。关于金枪鱼原产地的规定，美国只区分了金枪鱼的捕获水域，而非金枪鱼本身的产地，并不违背国民待遇原则。

2. 美国标签措施是否构成强制性技术法规。《技术性贸易壁垒协议》（Agreementon Technical Barriersto Trade，以下简称《TBT 协定》）第 2 条的适用对象是各成员中央政府机构制定、采用和实施的技术法规。关于技术法规的定义在《TBT 协定》附件 1.1 中有规定。墨西哥和美国首先在"海豚安全"标签措施是否属于《TBT 协定》附件 1.1 意义上的"强制性"的技术法规发生了争议。对于"强制性"的理解各方发生了分歧。

3. 美国标签措施是否构成对墨西哥的歧视。墨西哥依据《TBT 协定》第 2.1 条，认为美国标签措施对从墨西哥进口的金枪鱼和金枪鱼制品构成歧视。美国否认该项指控。

4. 美国标签措施对贸易的限制是否超过合法目标所必要的限度。墨西哥依据《TBT 协定》第 2.2 条，提出请求，要求认定美国标签措施对贸易的限制超过了合法目标所必需的限度。专家组支持了墨西哥的诉请。专家组认为：美国措施只能部分实现其合法目标，同时墨西哥已经证明了有对贸易产生更小限制的措施存在。上诉机构推翻了专家组的该项裁决。上诉机构认为：墨西哥未能证明美国的标签措施超越了其合法目标所必要的限度，同时认为专家组在分析和对比方法上存在缺陷。

5. 美国标签措施是否以相关国际标准为基础。墨西哥依据《TBT 协定》第 2.4 条，向专家组提出诉求，认为美国的标签措施没有以相关国际标准为基础，违反第 2.4 条的规定。专家组没有支持墨西哥的诉请。专家组认为：尽管墨西哥提出的国际标准——《国际海豚保护项目协定》（Agreementon the International Dolphin Conservation Program，简称 AIDCP）确实属于保护海豚相关的国际标准且美国没有以该标准为基础，但是该标准对于美国实现其合法目标是不合适或者说无效的，所以，美国并未违反第 2.4 条的规定。上诉机构在该项裁决上与专家组产生分歧。上诉机构认为：美国未违反第 2.4 条的规定，但是上诉机构反对专家组认定《国际海豚保护项目协定》是与"海豚安全"标签措施相关的国际标准，因为上诉机构认为该协定没有向所有国家开放。

【法律依据】

《关税与贸易总协定》

1. 第 3 条国内税与国内规章的国民待遇。

（1）各缔约国认为，国内税和其它国内费用，影响产品的国内销售、推销、购买、运输、分配或使用的法令、条例和规定，以及对产品的混合、加工或使用须符合特定数量或比例要求的国内数量限制条例，在对进口产品或国产品实施时，不应用来对国内生产提供保护。

（2）缔约国领土的产品输入到另一缔约国领土时，不应对它直接或间接征收高于对相同的国产品所直接或间接征收的国内税或其它国内费用。同时，缔约国不应对进口产品或国产品采用其它与本条第 1 款规定的原则有抵触的办法来实施国内税或其它国内费用。

（3）与本条第 2 款有抵触的现行实施的国内税，如果是 1947 年 4 月 10 日有效的贸易协定中所特别规定允许征收的，而且在有关贸易协定中还规定了凡已征收这种国内税的产品，它的进口关税不能任意增加，则征收这种国内税的缔约国，可以推迟实施本条第 2 款的规定，直到在贸易协定中所承担的义务得到解除，它能够增加进口关税增以补偿国内税保护因素的取消之时为止。

（4）一缔约国领土的产品输入到另一缔约国领土时，在关于产品的国内销售、推销、购买、运输、分配或使用的全部法令、条例和规定方面，所享受的待遇应不低于相同的本国产品所享受的待遇。但本款的规定不应妨碍国内差别运输费用的实施，如果实施这种差别运输费用纯系基于运输工具的经济使用而与产品的国别无关。

（5）缔约国不得建立或维持某种对产品的混合、加工或使用须符合特定数量或比例的国内数量限制条例，直接或间接要求某一特定数量或比例的条例对象产品必须由国内来源供应。缔约国还不应采用其它与本条第1款规定的原则有抵触的办法来实施国内数量限制条例。

（6）本条第5款的规定不适用于1939年7月1日，或1947年4月10日，或1948年3月24日（各缔约国可以从这三个日期中自行选择一个日期）在一个缔约国领土内有效实施的国内数量限制条例；但这种条例如与本条第5款的规定有抵触，不应采取损害进口货的利益的办法来加以修改，应该把它们当作关税来进行谈判。

（7）任何对产品的混合、加工或使用须符合特定数量或比例要求的国内数量限制条例，在实施时不得把这种数量或比例在不同的国外供应来源之间进行分配。

（8）（a）本条的规定不适用于有关政府机构采购供政府公用、非商业转售或非用以生产供商业销售的物品的管理法令、条例或规定。（b）本条的规定不妨碍对国内生产者给予特殊的补贴，包括从按本条规定征收国内税费所得的收入中以及通过政府购买国产品的办法，向国内生产者给予补贴。

（9）各缔约国认为，规定国内物价最高限额的管理办法，即使符合本条的其它规定，对供应进口产品的缔约国的利益，可能产生有害的影响。因此，实施这种办法的缔约国，应考虑出口缔约国的利益，以求在最大可能限度内，避免对它们造成损害。

（10）本条的规定不妨碍缔约国建立或者维持符合本协定第4条要求的有关电影片的国内数量限制条例。

2. 第11条数量限制的一般取消。

（1）任何缔约国除征收捐税或其它费用以外，不得设立或维持配额、进出口许可证或其它措施以限制或禁止其它缔约国领土的产品的输入，或向其它缔约国领土输出或销售出口产品。

（2）本条第 1 款的规定不适用于：

（a）为防止或缓和输出缔约国的粮食或其它必需品的严重缺乏而临时实施的禁止出口或限制进出口；

（b）为实施国际贸易上商品分类、分级和销售的标准及条例，而必需实施的禁止进出口或限制出口；

（c）对任何形式的农渔产品有必要实施的进口限制，如果这种限制是为了贯彻；

（d）限制相同国产品允许生产或销售的数量，或者，相同国产品若是产量不大，限制能直接代替进口产品国产品的允许生产或销售数量的政府措施；

（e）通过采用免费或低于现行市场价格的办法，将剩余品供国内某些阶层消费以消除相同国产品的暂时过剩，或者，相同国产品若是产量不大，以消除能直接代替进口产品的国产品的暂时过剩的政府措施；

（f）限制生产系全部或主要地直接依赖于进口而国内产量相对有限的动物产品允许生产的数量的政府措施。

缔约国按照本款（c）项对某项产品实施进口限制时，应公布今后指定时期内准予进口的产品的全部数量或价值以及可能的变动。同时，根据上述（a）项而实施的限制，不应使产品的进口总量与其国内生产总量间的比例，低于若不执行限制可以合理预期达到的比例。缔约国在确定这个比例时，对前一有代表性的时期的比例以及可能曾经影响或正在影响这个产品贸易的任何特殊因素，均应给予适当的考虑。

3. 第 20 条一般例外。本协定的规定不得解释为禁止缔约国采用或加强以下措施，但对情况相同的各国，实施的措施不得构成武断的或不合理的差别待遇，或构成对国际贸易的变相限制：

（a）为维护公共道德所必需的措施；

（b）为保障人民、动植物的生命或健康所必需的措施；

（c）有关输出或输入黄金或白银的措施；

（d）为了保证某些与本协定的规定并无抵触的法令或条例的贯彻执行所必需的措施，包括加强海关法令或条例，加强根据协定第 2 条第 4 款和第 14 条而实施的垄断，保护专利权、商标及版权，以及防止欺诈行为所必需的措施；

（e）有关罪犯产品的措施；

（f）为保护本国具有艺术、历史或考古价值的文物而采取的措施；

（g）与国内限制生产与消费的措施相配合，为有效保护可能用竭的天然资

源的有关措施;

（h）如果商品协定所遵守的原则已向缔约国全体提出，缔约国全体未表示异议，或商品协定本身已向缔约国全体提出，缔约国全体未表示异议，为履行这种国际商品协定所承担的义务而采取的措施；

（i）在国内原料的价格被压低到低于国际价格水平，作为政府稳定计划的一部分的期间内，为了保证国内加工工业对这些原料的基本需要，有必要采取的限制这些原料出口的措施；但不得利用限制来增加此种国内工业的出口或对其提供保护，也不得背离本协定的有关非歧视的规定；

（j）在普遍或局部供应不足的情况下，为获取或分配产品所必须采取的措施；但采取的措施必须符合以下原则：所有缔约国在这些产品的国际供应中都有权占有公平的份额，而且，如采取的措施与本协定的其他规定不符，它应在导致其实施的条件不复存在时，立即予以停止。最迟于 1960 年 6 月 30 日以前，缔约国全体应对本项规定的需要情况进行检查。

【影响分析】在这个案件中，美国主要根据的是 GATT 概念非常模糊的"一般例外"条款和本国没有普遍适用性的环境保护法规，而墨西哥可以胜诉的重要依据是作为 GATT 基石的非歧视原则中的国民待遇原则。

对于 GATT 环保例外条款是否具有域外效力这一问题，GATT 与 WTO 都没有得出一致的结论，相关术语含义解释也不明确，国家单边环境保护措施与贸易产生冲突时究竟依据何种规范解决仍是未知的。

金枪鱼案所涉及的主要问题就是产品的加工和生产方法 PPMs（Processand Production Methods）标准问题，因为用不同的方式制造加工出来的具有相同性质的产品，对于环境的影响也是不同的。所以很多国家的环保法规对于会产生环境污染的或者是造成严重生态破坏的生产方法进行禁止。PPMs 近年来被越来越多的国家运用到规范产品生产的标准中，成为一种技术标准，即 PPMs 标准，由于该标准被越来越多地采用，对国际贸易产生了很大的影响，也引发了不少的争议，虽然专家组对金枪鱼案的处理否定了单边贸易措施的域外效力，但是在实践中，许多国家的国内环保法和越来越多的国际环境协定都规定了对产品全过程的环境跟踪和监测。

保持环境规则和贸易规则的标准协调和统一仍是世界贸易组织的重要任务之一。根据近些年的发展变化，可以看出，随着国家经济的发展，技术性贸易壁垒协议执行中自愿性措施强制化和技术性法规体系化等将成为发展新特点。这些新动向可以使我们更客观的看待技术性贸易壁垒的现状和未来，对于促进相关制度的完善具有重要意义。

因为美墨金枪鱼案提出了 GATT 历史上的一个新问题——环境保护与国际贸易关系的问题，该案 GATT/WTO 下的争端解决机制在处理贸易与环境问题时，援引 GATT 第 20 条环境例外的争端案例，对推动贸易与环境关系的协调发展的意义在于从外部间接推动"环境优先"的思路成为 GATT/WTO 争端裁决的主流观点。从"美国——禁止进口金枪鱼及其制品案"到 1998 年"欧共体——影响石棉及含石棉制品的措施案"，GATT/WTO 下的争端解决机制在处理贸易与环境问题时，潜移默化地进行着"环境优先的司法理念的形成"。[1]

美墨金枪鱼案暴露出贸易争端解决机制的不足：如实体法律适用上的狭隘性，与贸易有关的环境措施（TREMS）有三类。第一类是基于国内环境立法的单边措施，第二类是多边环境公约，第三类是依据多边环境公约而采取的与贸易有关的旨在保护环境的措施。在金枪鱼案的审理过程中，专家组的法律适用完全局限于第 g 款的法律范围之内，导致其观点过分狭隘。再如：案件审理程序的疏漏性。在审理过程中，专家组断案处于近乎封闭的状态，没有透明度和公开性，这也是专家组的暗箱操作广遭批评的原因。另外，按照世贸组织争端解决谅解文件的规定，专家组成员应是从事国际贸易的专家，这使得本案专家组成员中缺少环境专家，从而也缺少制衡作用。

尽管美墨金枪鱼案暴露出贸易争端解决机制的不足，但是，WTO 争端解决机制依然成为各方博弈的主战场。和谐共存的贸易与环境机制已经不存在，在环保政策措施与贸易议题挂钩的时候，各方只能重新回归世贸组织多边贸易机制。环境与贸易问题不单单是一个法律问题，也是一个政治问题。需要世界各国的合作，其中最主要的是发展中国家与发达国家的合作。

---

[1] 李威："世贸组织贸易与环境争端的创新发展"，载倪受彬、冯军：《国际贸易法论丛》（第 6 卷），中国政法大学出版社 2015 年版。

第二节　跨国公司环境损害的案例
——印度博帕尔毒气泄漏案

◆典型案例

印度博帕尔毒气泄漏案[1]

【基本案情】 1984年12月3日，联合碳化物印度有限公司在博帕尔的一家化工厂贮存甲基异氰酸盐的金属罐泄露，致使当地居民两千多人丧生（在随后的几年里死亡人数上升逾四千人），二十多万人受到损害，不计其数的家畜死亡，给周边的环境造成毁灭性的破坏。造成事故的化工厂是由"联合碳化印度有限公司"所拥有和经营的，其主要经营范围是农药杀虫剂。

该公司是美国联合碳化公司在印度设立的子公司，于1934年依照印度法律成立，美国联合碳化公司持有50.9%的股权，印度政府所占股份约为22%，其余的股份属于约2万多名印度人。公司制造各种产品，包括化学品、塑胶、化肥、杀虫剂等。

1985年印度通过一项"博帕尔毒气泄漏惨案法"，规定印度政府在印度以及与此案有联系的其他地方，有代表印度受害者的专属权利。确定印度政府为博帕尔事故唯一的代理人。1985年印度政府以代理人身份向美国联邦法院纽约法庭提出标的为31.2亿美元的诉讼请求，状告联合碳化物有限公司，被法官凯南以"管辖不宜"并附加"联合碳化物有限公司应服从印度法院判决"为由送交印度法院。

1986年印度博帕尔地区法院启动审判程序，印度政府正式向法院提出要求该公司赔偿31.5亿美元。有关幸存者组织请愿要求联合碳化物有限公司给受害者先行支付临时救济金。这一请求得到法官的支持，联合碳化物有限公司先行支付2.7亿美元的临时救济金。对此，联合碳化物有限公司辩称，在没有审理之前让其承担责任开创了司法救济的危险先例，并上诉至印度最高法院。

1989年2月14日，印度最高法院宣布由印度政府和联合碳化物有限公司达成的附含3项条件的最终解决方案：联合碳化物有限公司支付4.7亿美元的赔偿

---

[1] 参见"在印度博帕尔的联合碳化物公司爆炸灾难"，载 https://1.next.westlaw.com/Document/Ibf28ef3a8b9111d98aaaa007097b7893，访问于2018年7月6日。

金。三项条件是：①永远免除所有民事责任；②取消所有刑事指控；③未来的任何针对联合碳化物有限公司的诉讼均由印度政府应对。根据这一裁决的安排，法院根据受害人及其家属的请求，逐一对受害者发放赔偿金，其中中毒身亡者获得 2000 美元的赔偿，伤者 500 美元的救治费。由印度政府成立基金，分配给各死难者。但随后仅有 115 亿卢比（1 美元约合 45 印度卢比）赔偿资金到位。

【争议焦点】

一、美国与印度关于管辖法院的争议

事故发生后，受害者和印度政府在美国纽约南部联邦地方法院向美国联合碳化公司提起了总额约为 31.2 亿美元的索赔诉讼。原告主张：尽管博帕尔化工厂在印度完全由印度人管理、经营和维护，但同时也是联合碳化公司这样一个跨国公司的组成部分，是联合碳化公司一手设计、开发和建造的，所从事的是超危险性、固有危险性活动，其经营管理模式、组织结构、财务以及技术资源等都受母公司控制。[1] 但是美国法院最终以"不方便法院"为由作出了驳回诉讼的裁决。

双方就印度法院是否为适当替代法院产生了分歧，美国法院认为替代法院只要能够提供某种救济，该替代法院就是适当的，并不要求所提供的救济与美国相当。但印度方辩称印度法院并不是一个适当的替代法院，印度的法律制度还没有充分发展到能解决这一复杂的诉讼问题；在程序法方面，印度的调查制度、共同诉讼制度、私法救济等都存在诸多限制，并且印度法院的案件积压现象严重，案件很有可能会被无限期地延迟审理。但是，美国法院没有采纳这些观点，所谓"适当的替代法院"的标准非常低。

二、关于"不方便法院"原则的争议

美国法院最终以不方便法院驳回了原告向美国联合碳化公司提起的索赔诉讼，这一案例说明：不方便法院原则的存在增加了处理跨国公司环境纠纷案件的法律不确定性。

在美国，学者一般认为"不方便法院"是平衡原告、被告以及法院利益并

---

[1] 姜明："论跨国公司环境法律责任与不方便法院原则——以博帕尔案为例"，载《生态文明与环境资源法——2009 年全国环境资源法学研讨会（年会）论文集》2009 年。

且具有自由裁量性质的一项原则。如果法院发现其是审理案件的一个严重不方便的法院,且诉讼当事人和公共利益要求原告到另一个更为方便的法院诉讼,法院便可行使自由裁量权,拒绝行使管辖权。美国法院在决定是否适用该项原则的逻辑依据是:首先分析案件是否存在一个适当的替代法院,再综合平衡与案件有关的所有相关利益因素,最后综合决定是否以不方便法院为由拒绝诉讼。[1]

该案中美国法院侧重强调的是地理距离带来的不便,却回避了法律发展程度的差异,印度的侵权赔偿法在实际赔偿数额上远远低于美国,如果以前者的标准对受害者进行补偿,就意味着受害者承受了来自美国这样一个发达国家的先进技术导致的环境事故的恶劣后果,却无法享受这个国家所提供的较高赔偿标准。

美国拒绝了案件的审理,并对被告附有三个条件:①被告必须同意服从印度法院的管辖权,以及必须放弃任何诉讼时效的抗辩;②被告必须同意满足任何印度法院最终的判决,只要该判决符合正当程序的最低要求;③在原告正当的要求下,被告必须遵守美国民事诉讼法所规定的美国联邦调查规则。

"不方便法院"原则使跨国公司环境侵权责任的追究在司法实践中变得更加困难,如果东道国的相关法律制度不健全,受害人获得救济就更困难。

三、关于损害赔偿金额的争议

关于赔偿金,印度律师代表向美国联合碳化物有限公司提出的费用包括赔偿和罚款、受害者先行支付临时救济金和清理环境的费用等,双方在此发生了争议。首先,律师代表曾向美国联合碳化物有限公司提出 150 亿美元的赔偿和罚款要求。联合碳化物有限公司却将事故责任推卸给印度雇员,只愿提供 2.3 亿美元的赔偿,并且在 20 年内分期付清。其次,有关幸存者组织请愿要求联合碳化物有限公司给受害者先行支付临时救济金。法官也支持这一请求,命联合碳化物有限公司先行支付 2.7 亿美元的临时救济金。但是联合碳化物有限公司辩称,在没有审理之前让其承担责任开创了司法救济的危险先例,并上诉至印度最高法院。最后,经评估对事故地区进行有效清理,需要花费至少 5 亿美元以上。而联合碳化物公司及道化学公司却辩称,清理环境的费用已经包含在

---

[1] 姜明、蔡守秋:"博帕尔案的不方便法院原则研究——兼谈跨国公司环境法律责任问题",载《华中科技大学学报》2009 年第 2 期。

1989年的最终方案中支付的 4.7 亿美元之中了。关于赔偿金额双方存在明显的分歧。

【法律依据】

一、不方便法院原则法律依据

不方便法院原则也有人称之为非方便法院原则、不便管辖原则，是指"在国际民事诉讼活动中，由于原告可自由选择一国法院而提起诉讼，他就可能选择对自己有利而对被告不利的法院。该法院虽然对案件具有管辖权，但如审理此案将给当事人及司法带来种种不便之处，从而无法保障司法公正，不能使争议得到迅速有效的解决。此时，如果存在对诉讼同样具有管辖权的可替代法院，则原法院可以自身属不方便法院为由，依职权或根据被告的请求作出自由裁量而拒绝行使管辖权"。

二、无过错责任原则的适用

从环境侵权归责原则的角度看，工业化初期，大陆法系和英美法系国家基本上都采用传统的过错责任原则来处理工业事故。由于雇主的优越地位、工业生产技术的复杂性造成的举证困难，使工业事故的受害者几乎承担了所有的风险和实际损失。在历史上雇主主要以"共同过失""自担风险"和"同伴规则"作为抗辩事由逃避责任。为扭转这一局面，19 世纪末期，各工业国在工业事故领域先后确立了无过错责任原则。无论雇员之行为是否有过错，雇主都要为生产过程中受到了事故伤害的雇员承担赔偿责任。美国联邦在 1980 年的《综合环境对策、赔偿与责任法》中，明确规定了"严格责任"原则。这一原则最初起源于英国，后在美国被广泛应用于因有毒有害危险废弃物的处置以及其他污染风险大的活动所导致的环境侵权案件中。由联合碳化物公司设计、建造、维护和经营的博帕尔化工厂，所从事的制造、加工、处理和储存甲基异氰酸盐等活动都是超危险性和固有危险性活动，据此，联合碳化物公司对造成的事故和损害应当承担侵权法上的严格责任。而且，联合碳化物公司负有防止毒气从工厂泄露，保护人们不受不合理的危险和有缺陷的工厂状况损害的义务，负有对与该厂及其制造工艺相联系的危险和风险向人们提出警告的义务。但是，在本案中，联合碳化物公司违反了上述义务。

【案件评析】

一、污染转嫁，市场准入门槛标准不统一

作为在美国注册的联合碳化物有限公司在印度控股开设的农药厂，其建造、设计的安全标准究竟应适用美国标准还是印度本地的标准应该认真分析。美印两国在对劳动者保护（包括职业安全健康标准）及其他方面（例如环保）的标准不可能处于同一水平。跨国公司纷纷选择在经济落后国家投资，其中很重要的理由之一就是这类国家在安全标准、劳动保护、环境标准等方面要求不高，可以节约大量的投资成本，构成投资方面的比较优势。

博帕尔事件是发达国家将高污染及高危害企业向发展中国家转移的一个典型恶果。1964年，印度农业"绿色革命"运动正如火如荼，中央政府多年为亿万饥民的危机所困扰，急于解决全国粮食短缺问题，而其成败很大程度上取决于国内有无足够的化肥和农药。因此，当时世界著名的美国联合碳化物公司提出的开办一座生产杀虫剂农药厂的建议，对印度政府来说正中下怀，求之不得。1969年，一家小规模的农药厂在博帕尔市近郊应运而生。但美国联合碳化物公司设在印度博帕尔的工厂与设在美国西弗吉尼亚的工厂，在环境安全维护措施方面，采取了"双重标准"。博帕尔农药厂只有一般的安全装置；而设在美国的工厂除此之外，还装有电脑报警系统。由于在印度杀毒剂的销售情况越来越不如美国投资方原来想象的那么好，于是，这个庞大的新工厂在1984年中期就开始面临停产。工厂大量削减雇工人数，70多只仪表盘、指示器和控制装置只有1名操作员管理，异氰酸酯生产工人的安全培训周期也从6个月降到了15天。在博帕尔惨案发生的时候，农药厂生产线上的6个安全系统无一正常运转。厂里的手动报警铃、异氰酸酯的冷却及中和等设备不是发生了故障，就是被关闭了。据了解，异氰酸酯的冷却系统停止运转一天，就可以节约30美元。联合碳化物有限公司对安全操作系统的不规范使用是造成这起事故的重要原因。

二、跨国公司法律适用问题

随着国际资本流动的加速，公司跨境商事交易越来越成为一种常态。一方面，跨国公司可借由资本、服务、人员等方面的优势在全球范围内开展业务，并为追求公司利益最大化而将总部迁移至合适的国度。另一方面，即使不经总部迁移，跨国公司也可通过设立子公司和分公司的方式，将其主要业务集中于某一个市场范围内。跨国公司的跨境迁移，既包括其总部、注册地的整体性搬

迁，又包括其通过子公司、分公司等实现管理或经营活动之地的改变。跨国公司在全球化时代下的跨境迁移必然会使其国籍乃至法人属人法的认定复杂化，而其母国及东道国对公司国籍认定及属人法适用的不同标准也可能导致公司的经营、税收等活动受到影响。[1]

在本案中，联合碳化物有限公司在印度设立的子公司即涉及跨国公司的法律适用问题。该公司在美国与在印度适用不同的法律规定、设立不同的安全生产标准，对公司的经营、公司员工的安全福利保障以及侵权损害赔偿方面具有重要的影响。

三、不方便原则适用问题

美国法院检测是否应采纳"不方便法院"的方法也不尽适当，很显然，该案中"适当的替代法院"标准非常低。就实际情况而言，美国的侵权救济体制，不管是法律体系还是赔偿标准，都比印度更为先进和完善，以印度的法律标准来审理此案对受害人而言无疑是难以救济的。美国法院在该案中适用"不方便法院"原则有失公平合理，不方便法院原则的本意是防止原告在自己的母国提起诉讼以不公正地压制被告，损害被告利益。通过该案的最终审理结果和以上分析可以看出，不恰当地适用不方便法院原则，不仅无助于受害方合法权益的维护，而且会在某种意义上限制东道国受害人选择法院的自由和充分获得救济的权利，更有可能帮助跨国公司逃避法律责任。

第三节 海油油污染案——墨西哥湾漏油损害赔偿案

典型案例

墨西哥湾漏油损害赔偿案

【基本案情】[2] 2010年4月20日，英国石油公司（BP）位于美国路易斯安那州威尼斯东南约82千米处海面的"深水地平线"（Deepwater Horizon）钻井

---

〔1〕 张璟：“跨国公司跨境迁移的法律适用问题”，载《现代法学》2016年第6期。
〔2〕 赵炳昊：“从墨西哥湾泄油事件透视大规模侵权案件的立体诉讼路径”，载《中国社会科学报》2011年3月1日，第10版。

平台发生爆炸并引发大火,约 36 小时后钻井平台沉入墨西哥湾海底,11 名工作人员死亡。随后,平台所在油井发生井喷,大量原油泄漏入海。漏油点直到 2010 年 7 月 15 日才被完全控制住,累计漏油五百多万桶,浮油面积超过数十万平方千米。2010 年 9 月 14 日,美国海岸警卫队和海洋能源管理局公布的墨西哥湾漏油事件原因最终调查报告认为,英国石油公司应在这起事故中承担主要责任。该报告称,英国石油公司对油井的运营负有"最终责任",应确保人员安全,保证设备、自然资源和环境不受破坏。同时,向英国石油公司出租运行钻井平台的瑞士越洋钻探公司也对确保安全操作和保护平台上人员安全负有责任。英国石油公司的承包商、负责油井水泥工程的哈利伯顿公司,亦应担负监管油井的相关责任。这份报告将在可能涉及巨额赔偿的相关诉讼中发挥了关键作用,它增加了英国石油公司、瑞士越洋钻探公司和哈利伯顿公司面临刑事判决的可能性。

【争议焦点】墨西哥湾漏油事件引发了上百起诉至联邦和州法院的诉讼,涉及数千名原告,被告均为英国石油公司、越洋有限公司和其他与墨西哥湾"深水地平线"钻井事故有关的公司。这些诉讼主要包括:人身伤害/过失致人死亡索赔,海事侵权,财产损害/利润损失,股东请求权和环境法上的诉讼。案件涉及的主要法律问题有以下几点:

原告:任何依法可提出相关请求的个人、私主体、政府官员、代理人或者机构,都可以作为案件原告参与到诉讼中来。现有原告中包括了普通居民、渔民、各类企业和组织等。此外,美国以及受漏油事件直接影响的阿拉巴马州和路易斯安那州也作为原告提起了诉讼。而另一个受漏油事件影响的密西西比州,因为担心影响正在进行中的索赔,则要求推迟该州对英国石油公司的起诉,以使得索赔程序和《石油污染法》下的自然资源损害评估顺利进行。

由于案件数量众多,联邦法院系统将所有诉至联邦法院的诉讼集中到路易斯安那州东区地方法院,作为"多区诉讼"(Multidistrict Litigation),交由卡尔·J. 巴比尔法官负责审理。多区诉讼是美国一种特殊的联邦法律程序,用以加快复杂案件的审理进程。当不同地区尚待解决的多个民事诉讼中包含一个或多个共同的事实问题时,就可能会适用"多区诉讼"。对于那些在几十个联邦法院,涉及成百上千名原告,又包含有共同的事实问题的案件来说,为了有效推进案件的处理进程,多区诉讼司法委员会有权决定是否将这些案件作为多区诉讼进行合并,移送给某个法院集中进行所有的预审程序和取证。没有和解或者被法院驳回的案件，发回原法院进行正式审理。

为方便诉讼，法院将原告的诉讼请求合并组编为几个"请求束"（Pleading-bundles）。这种设定只是临时性的，可能会因法院自身的动议或者一方当事人的合理缘由而进行修改。人身伤害和死亡赔偿，包括由漏油事件直接造成的所有人身伤害和过失致人死亡的索赔，个人和商业损失赔偿。这些请求束根据以下划定的主诉求——提出申诉，包括以下类型：非政府的经济损失和财产损失赔偿，《诈骗影响和腐败组织法》下的请求权，与爆炸后的清理有关的请求权，针对爆炸后应急响应者的请求权。公共损害赔偿，包括政府主体提出的索赔，尤其是资源损失、税收损失、应急和修复费用，以及民事处罚。禁令和监管要求。由私主体提出，质疑监管行为或监管主体，以及/或者寻求禁令救济。包括针对私主体的请求权，针对政府、政府官员或机构的请求权。

【法律依据】 墨西哥湾漏油事件是一起发生在一国领域内的跨国环境侵权事件。不仅涉及美国的环境，由于油污随着洋流移动还会影响到加拿大和墨西哥甚至南美洲一些国家的海域，而且作业方不只是英国石油公司，其参股的还有日本三井物业等多家跨国公司。在这种大规模的跨国环境污染案件中，对污染者的追索赔偿不只依据美国国内法体系，还参考了相关国际法。

一、美国国内法的适用

对墨西哥湾漏油事件侵权诉讼中，美国《石油污染法》《清洁水法》是主要的裁判依据。美国 1990 年的《石油污染法》扩大了石油污染的赔偿范围和标准：对船舶（包括海上钻井平台）和相关设施负有责任的所有者、作业者和其他主体，应对漏油负责。该法广泛包含了各种受损害的客体，不仅要求英国石油公司对因环境破坏造成的企业和个人的财产损失、政府收入减少进行赔偿，还要求对额外的消防、安全和健康等公共服务费用进行赔偿，而恢复受损自然资源的费用则以修复费用计量而不是当前市价计量，同时允许受害人和相关团体依据其他制定法，向责任者索赔以及政府对责任人的刑事处罚。此外，对于《石油污染法》中关于责任限额设定在 7500 万美元的这一条文，在其中的第 1004 条第 3 款第 1 项的规定也有所补充：负责方的以下行为具有排除责任限额的效果：①重大过失或故意不当行为；②违反适用的联邦安全、构造或操作规则。据此，对于这一损失远远超出 7500 万美元的石油泄漏事故的索赔就有法可依。美国《清洁水法》311（33 U.S.C. 1321）条款也规定："……发生石油泄漏事故的设施的所有者和运行者应承担严格责任……"依照严格责任原则，受侵害方只需要证明侵害方的行为与自身受到的侵害有因果联系即可认定责任。

根据此法，美国及当地民众作为受侵害方只需提供由于英国石油公司的错误行为，造成了漏油事件这样一个结果，就可以向英国石油公司索赔。这样才能更好地保护弱势受害民众的利益和防治环境污染。英国石油公司除了承担美国《石油污染法》《清洁水法》等法律规定的强制责任外，还要面对众多的私人索赔以及特定行业或群体的集团诉讼。墨西哥湾漏油事件发生后，已有渔民、租船船长、承运人、饭店、度假村经营者及当地居民提起集体诉讼，要求赔偿其业务或生计损失。除了《石油污染法》和《清洁水法》，美国依据1980年《综合广泛环境反应、赔偿和责任法》中"谁污染谁负担"的基本原则，实行"可追溯的、严格的和连带多方的"责任，由此所涉及的责任人不仅有污染制造者，还可能会牵扯到项目以往的所有者甚至母公司的经理及股东。[1]

二、相关国际公约

美国依据《国际油污损害民事责任公约》1984年和1992年议定书之规定：当某一事件在一个或若干个缔约国的领土包括领海中造成油污损害，或已在上述领土包括领海中采取了防止或减轻油污损害的预防措施时，索赔诉讼可在上述一个或若干个缔约国法院发起。还有1994年《联合国海洋法公约》和1971年《设立油污损害赔偿国际基金公约》，都为采用诉讼手段解决石油污染事件提供了可靠的程序保障。尽管追究英国石油公司的环境刑事责任并不可能恢复已受破坏的环境或者减轻当地居民的痛苦及损失，但是我们可以看到这样处罚的力度与公正性，不仅给污染者一个沉痛的教训，也给世人一个警示。

三、惩罚性赔偿依据

《石油污染法》只规定了清理费用和损害赔偿，并未规定惩罚性赔偿。不过巴比尔法官认为，普通法中长期适用惩罚性赔偿，而这种传统自然延伸到海事请求权中。尽管不能依据《石油污染法》来适用惩罚性赔偿，但是在本案中同样适用的海事法可以作为惩罚性赔偿的法律根据，况且适用惩罚性赔偿也不会妨碍到《石油污染法》的赔偿责任制度。因此，巴比尔法官认为海事请求权人

---

[1] 靳婷："从英国石油公司墨西哥湾漏油事件看美国刑事责任的追究机制"，载《中国检察官》2012年第12期。

可以向责任方主张惩罚性赔偿。[1]

四、赔偿基金依据

根据《石油污染法》的规定，作为漏油事件责任方的英国石油公司，应当建立一套临时性短期损害赔偿金的支付或清偿程序。在事故发生后最初的几个月里，英国石油公司开始直接接受并支付因漏油而产生的临时性索赔。随后，2010年6月16日，白宫宣布，英国石油公司将设立一个"独立理赔机构"和200亿美元的附条件转让基金，以履行其法律义务。2010年8月23日起，墨西哥湾沿岸理赔机构取代原来的理赔程序，履行《石油污染法》下英国石油公司关于私人经济损失赔偿的义务。对此，法院要求英国石油公司不得误导索赔人，并且必须充分告知其接受最后付款以外《石油污染法》下的其他选择，包括提起诉讼。当事人应当就英国石油公司是否以及如何完全遵循《石油污染法》的规定，提交附加的情况说明。

【案例分析】

一、英国石油公司承担事故损害赔偿金

2015年7月2日，英国石油公司同意为美国一次石油泄漏事故损害赔偿187亿美元。

英国石油公司在与美国司法部和南部墨西哥湾沿岸的5个州达成的协议中说，公司将在未来18年每年支付大约10亿美元。美国司法部长洛蕾塔·林奇（Loretta lynch）说，如果协议最终得到一个审理石油泄漏事故赔偿案的法院批准，这一赔偿将是美国有史以来单一公司付出的最大一笔。她说，赔偿金将用来帮助改善破坏墨西哥湾经济、捕鱼业、湿地和野生动物的环境问题。

英国石油公司表示除了宣布的赔偿之外，与石油泄漏事故有关的开支已经超出420亿美元，包括45亿美元刑事处罚。[2]

二、事故发生后生态恢复救济措施

1. 事发后及时支付各种赔偿和清污费用。2010年5月17日，英国BP公司

---

[1] 王树义、皮里阳："墨西哥湾漏油案及其对于我国的启示"，载《中国法学》2013年第1期。
[2] 参见："英国石油为石油泄漏事故损害赔偿187亿美元"，载 http://news.cableabc.com/world/20150703012124.html，访问于2018年7月9日。

承诺帮助因漏油事件而导致旅游业衰退的佛罗里达、阿尔巴马、密西西比和路易斯安那，支付给佛罗里达州 2500 万美元，其他 3 州各 1500 万美元用于重振旅游业。2010 年 6 月 16 日，英国 BP 公司与美国政府达成一致，设立 200 亿美元基金，用于支付民众的各种索赔、政府恢复环境的各种支出，以及自然资源受到的伤害等。英国 BP 公司已支付了 50 亿美元作为启动基金，此后每季度支付 12.5 亿美元，到 2013 年底。200 亿美元可全部到位。BP 还同意，从石油收益中捐献出部分给美国国家渔业和野生动物基金会，已经捐献出第 1 笔资金 2200 万美元。截至 2011 年 7 月 21 日，BP 共计为油污事件支付了 67.09 亿美元，其中从油污基金中向超过 195 000 个索赔人支付了 50.36 亿美元。支付给个人和企业的索赔款 51.72 亿美元，支付给联邦和 4 个州政府预付金及索赔款 12.74 亿美元。

2. 确保油污沿岸区域居民的安全与健康。BP 与美国海岸警卫队以及国家生产安全与健康监管机构紧密合作，及时对各种可能危及健康的潜在危险进行评估和标示，避免有害食物危及大众健康。

3. 积极资助研究机构评估损害，找出避免类似事故发生的方法。英国 BP 公司与墨西哥湾联盟共同发起成立了墨西哥湾研究倡议项目（Gulf of Mexico Research Initiative，简称 GRI），向该研究项目捐出 5 亿美元的资金，对墨西哥湾漏油事件造成的环境影响和损害进行研究。2011 年 7 月 15 日，英国 BP 公司宣布将改进墨西哥湾深海石油钻探的作业标准，大大提升深海石油钻探的安全性和危机处理能力。作为监管方，美国政府及时启动应急措施，督促英国 BP 公司履行清污、赔偿义务，启动调查与法律问责程序，力求弥补损害、恢复环境。

第四节　国际核损害争端——日本福岛核泄漏事件

典型案例

日本福岛核泄漏事件经过

【基本案情】 在日本标准时间 2011 年 3 月 11 日 14 时 46 分，日本发生了 9 级大地震，震源深度约 25 公里，震中位于仙台以东 130 公里的海域，在东京东南约 372 公里处。这次地震引发了海啸，海啸的浪潮在地震发生后 46 分钟抵达福岛第一核电厂，并且冲破了福岛第一核电厂的防御设施。随着海啸浪潮深入到电厂内部，造成电厂除一台应急柴油发电机之外的其他应急柴油发电机电源丧失，直流供电系统也由于受水淹而遭受严重损坏，仅存的一些蓄电池最终也由于充电接口损坏而导致电力耗尽。由于丧失了把堆芯热量排到最终热阱的手段，福岛第一核电厂机组在堆芯余热的作用下迅速升温，锆金属包壳在高温下与水作用产生了大量氢气，1、3、4号机组燃料厂房相继发生氢气爆炸。

爆炸对电厂造成进一步破坏，使操作员面临的情况更加严峻和危险，现场的抢险救灾工作愈加困难。现场操纵员采取的干预措施主要包括利用汽车电瓶、小型发电机和消防泵等，尝试部分恢复电源和供水，以读取电厂关键安全参数、实施反应堆冷却剂系统卸压、实施压力容器卸压、冷却反应堆堆芯和乏燃料水池。由于现场工作环境非常恶劣，许多抢险救灾工作以失败告终。

【法律依据】日本福岛核泄漏事件给周边临海国家造成了不可控制的危害和巨大的损失，日本应该承担国际跨界环境损害责任。[1] 目前与之相关的国际条约有《防止倾倒废物及其他物质污染海洋的公约》（以下简称《伦敦倾废公约》）、《及早通报核事故公约》《核安全公约》。同时日本也是这三个公约的缔约国，所以这三个公约对其具有约束力。但是目前国际法律上的这些相关公约在关于危害预防、危害认定以及损害赔偿上的缺失使得事故发生以后的处理变得责任不清晰，效率较低，危害控制水平也相对较低。所以完善世界范围内认定核污染责任的公约体系是非常有必要的。

一、《伦敦倾废公约》

1. 违反《伦敦倾废公约》分析。

（1）背离《伦敦倾废公约》的宗旨。《伦敦倾废公约》的宗旨为：每个缔约国都有责任确保海洋环境的质量免受损害，各缔约国应该对污染海洋环境的污染源进行有效控制，并采取积极措施防止因倾倒废物污染海洋，进一步加强国际海洋环境保护合作，使相关海洋环境保护政策能够落到实处。

日本作为缔约国，有责任确保海洋环境的质量免受危害，有义务采取必要且有效的手段控制污染源。然而日本政府在事件发生后没有采取任何有效预防措施，也没有向各个缔约国通报，在这种情况下就向海洋倾倒大量的具有高辐射性的核废水，严重损害了海洋环境。同时日本也没有采取措施来有效的控制福岛第一核电站，却为了确保眼前利益，迟迟没有用海水对机组进行冷却，使得福岛核电站1号、2号、3号机组相继发生核泄漏。其次，日本向海洋中倾倒

---

[1] 符硕实："论核污染跨界损害的国际法律控制"，载《公民与法（法学版）》2012年第7期。

核废水后,根据公约应当采取措施防止海洋污染,努力去寻求其他国家及国际组织的援助,尽量减少其可能造成的损害,而日本政府却隐瞒真实的数据及信息,且拒绝接受援助,使得大量的核污染物倾入海中。因海水具有流动性,日本的倾废行为引起了跨界环境损害。这些均严重违反《伦敦倾废公约》的宗旨。

(2)违反《伦敦倾废公约》的具体规定。

第一,《伦敦倾废公约》第1条规定:各缔约国应个别地或集体地促进对海洋环境污染的一切来源进行有效的控制,并特别保证采取一切切实可行的步骤,防止为倾倒废物及其他物质污染海洋,因为这些物质可能危害人类健康,损害生物资源和海洋生物,损害环境舒适,或妨碍海洋的其他合法利用。福岛核电站倾倒的核废水属于公约中明确规定的"废物"。因此日本的这一行为违反了该条规定。由于核废水具有放射性,会严重污染海洋,并且放射性物质会通过呼吸道、消化道等器官或因直接接触而对人体健康产生重大的损害[1]。放射性物质可以以固、液、气态任何一种形式存在且很容易在海洋中扩散,不易扩散消失,很多放射性物质半衰期在数千年乃至上万年,处理或处置不当将对当代人乃至后代的可持续发展造成毁灭性的损害。但是日本明知核废水属于放射性物质,在未做任何处理、通报的情况下,就将核废水倾倒入海洋,给海洋生物、人类的可持续发展造成损害。

第二,《伦敦倾废公约》第9条规定:本公约缔约国应通过本组织内以及其他国际机构内的协作,对在下列方面要求帮助的缔约国予以支持。其一,培训科学及技术人员;其二,提供进行科学研究及监测所必需的设备和装置;其三,废物的处理和处置及其他防止或减轻由倾废引起的污染。从这两条规定中可以看出公约强调加强各缔约国之间的国际合作,在监测和科研方面加强合作和相互援助,以保证灾难事件的损害降到最低。而日本福岛第一核电站发生爆炸后,日本政府禁止任何国家及国际组织进入其国内进行有效监测和援助,使得事态一再扩大,核污染面积及核污染物质的扩散范围也在不断扩大,对保护海洋环境免受放射性污染产生了反作用,严重地违反了《伦敦倾废公约》中规定的缔约国应当履行的义务。

第三,《伦敦倾废公约》第10条规定:一国因倾倒废物及所有类似的其他物质而损害他国或其他地区的环境,则根据国际法原则,各缔约国同意制订程序,以判定责任和解决因倾废引起的争端。从该条中可以看出由于倾倒废物而

---

[1] 李爱年、韩广:《人类社会的可持续发展与国际环境法》,法律出版社2005年版,第146页。

造成的跨界环境损害应按照国际法原则来判定责任,解决争端。解决跨界环境损害引起的国家赔偿责任,首先要注意现行国际法中国家赔偿责任的归责原则。在国际法学界一般认为,国家赔偿责任的归责原则是严格责任,严格责任分为三种:其一,是国家的专属赔偿责任,即国家是承担责任的主体,实质是国家对无论是国家机关还是非政府组织造成的跨界环境污染损害均承担绝对的赔偿责任。其二,是国家和承运人的双重赔偿责任。该责任应用于核设施领域范围内,在发生核污染损害赔偿责任时,由承运人和国家共同对核污染造成的损害承担赔偿责任。其三,经营者的专属赔偿责任就是由经营者独立承担有限赔偿责任。[1] 根据《维也纳核损害民事赔偿责任公约》的规定,经营者需就赔偿做出必要的资金储备,保证赔偿的顺利进行。但是核污染损害赔偿责任究竟适用哪一种具体的归责原则并没有明确的公约及规定进行规定。国际主流观点中,国家的专属赔偿责任具有明显的优势,国家有能力保证受核污染损害的国家得到及时且全面的赔偿。因此日本的倾废行为可能引起的跨界环境损害赔偿责任应当适用这一归责原则,即日本政府应该对福岛第一核电站的核泄漏等可能引起的跨界环境损害负全部赔偿责任。

二、《及早通报核事故公约》

1. 违背《及早通报核事故公约》的宗旨。该公约缔约国,意识到若干国家正在进行核活动,注意到已经采取并正在采取全面措施确保核活动的高度安全,旨在防止发生核事故和如果发生任何这类事故,应尽量减少其后果,希望进一步加强安全发展和利用核能方面的国际合作,深信各国有必要尽早提供有关核事故的情报,以便能够使超越国界的辐射后果降低到最低限度,注意到交换这方面情报的双边和多边安排是有益的,因此各国有必要签订《及早通报核事故公约》。

如前所述,日本福岛第一核电站在发生核爆炸以后没有将核泄漏的具体情况和数据向相关国际机构和其他缔约国通报,并且多次篡改和隐瞒真实数据,公布虚假数据,拒绝接受其他缔约国及国际组织的援助。明显故意违背了该公约的基本宗旨,对邻国及海洋环境的安全置之不理,造成了难以挽救的损害。

2. 违反《及早通报核事故公约》的基本规定。

(1)《及早通报核事故公约》第 2 条规定:"在发生第 1 条所规定的一起核

---

[1] 杨华国:"论跨界环境损害的国际法律责任体系",上海交通大学 2007 年博士学位论文。

事故时,该条所述的缔约国应立即直接或通过国际原子能机构,将该核事故及其性质、发生时间和在适当情况下确切地点通知第1条所规定的那些实际受影响或可能会实际受影响的国家和机构;并迅速地直接或通过国际原子能机构向所述的国家和机构提供第5条所规定的有关尽量减少对那些国家的辐射后果的这类可获得的情报。"但是日本在发生事故之后,没有及时将核事故的各项信息及可能受到核事故影响的国家向相关国际组织或国家进行通报,且如上所述,没有经各缔约国的商议,就擅自向海洋中排放核事故所产生的废水,严重地破坏了海洋生态环境。

(2)《及早通报核事故公约》第5条明确规定:"通报缔约国应当及时收集下列情报:①核事故的时间及其在适当情况下确切地点及性质;②涉及的设施或活动;③推测的或已确定的有关放射性物质超越国界释放的核事故的起因和可预见的发展;④放射性释放的一般特点,按实际可能和适当情况,包括放射性释放的性质、可能的物理和化学形态及数量、组成和有效高度;⑤预报放射性物质超越国界释放所需的当前和预测的气象和水文条件的情报;⑥有关放射性物质超越国界释放的环境监测结果;⑦已采取或计划采取的场外保护措施;⑧预测的放射性释放过程中的行为;⑨应在适当间隔时间补充提供有关紧急情况事态发展的进一步情报,包括可预见终止或实际终止紧急情况的情报;⑩按照第2条第1项收到的情报可以不加限制地使用。"但福岛核电站发生爆炸后,作为缔约国的日本政府试图掩盖事实真相。封锁核事故发生的时间、地点、事故性质、起因及可能预见的危害等信息,并且拒绝各缔约国进入日本境内进行核辐射监测,明显没有履行该公约及该条款赋予缔约国及时收集核事故情报的义务。

三、《核安全公约》

1. 违背《核安全公约》的宗旨。通过加强本国措施与国际合作,包括适当情况下与安全有关的技术合作,以在世界范围内实现和维持高水平的核安全;在核设施内建立和维持防止潜在辐射危害的有效防御措施,以保护个人、社会和环境免受来自此类设施的电离辐射的有害影响;防止带有放射后果的事故发生和一旦发生事故时减轻此种后果。

日本福岛第一核电站没有积极地进行国际合作,事故发生的根本原因就在于几个已经超龄的机组仍在运转,工作人员对机组没有进行及时、有效的检查,核电站的管理机构的监督机构不独立,而是同属于日本经济产业省。这些为福岛第一核电站核事件埋下了巨大的隐患，在核事件发生后，日本政府没有采取有效的减轻核污染的措施，严重背离了《核安全公约》的宗旨，给邻国造成了不同程度的核污染威胁，这是国际社会所不能容忍的。

2. 违反《核安全公约》的基本规定。《核安全公约》作为认定核辐射责任的国际公约之一，其有效实施能够加强指导各国核活动的力度，完善各项关于国际核安全的法律制度。该公约具有鼓励性，有效地促进了国际合作，强化了核安全的重要性。日本违反《核安全公约》的内容有以下四个方面：

（1）核安全的责任由对核设施有管辖权的国家承担。《核安全公约》规定核安全责任由对该核设施有管辖权的国家承担。所以，福岛核电站从建设到运行都应当由日本政府对其进行管理和控制，这是公约赋予各个缔约国的职责。虽然国家的归责原则以过错责任为主且福岛核污染事件是由地震引发的，但日本政府在事件发生后故意隐瞒实情，又向海洋中排放核废水，具有主观故意，周边国家相继检测出了放射性物质的存在，给邻国的渔业、海运等造成不同程度的损害。因此，在日本福岛核污染事件中，日本作为核设施的当事国具有管辖权，应当承担不可推卸的国家民事赔偿责任。

（2）减轻危害后果的责任。《核安全公约》第1条规定，各缔约国具有防止带有放射后果的事故发生和一旦发生事故时减轻此种后果的责任。但是日本作为缔约国，在福岛第一核电站发生爆炸后，处理问题欠佳，造成了更大面积的核污染，严重危害到海洋生态环境，因此日本政府应当承担相应的国际赔偿责任。

（3）辐射防护的责任。《核安全公约》第1条中明确规定："在核设施内建立和维持防止潜在辐射危害的有效防御措施，以保护个人、社会和环境免受来自此类设施的电离辐射的有害影响；防止带有放射后果的事故发生和一旦发生事故时减轻此种后果。"《核安全公约》第6条规定："已有的核设施每一缔约方应采取适当步骤，以确保本公约对该缔约方生效时已有的核设施的安全状况能尽快得到审查。就本公约而言，必要时该缔约方应确保作为紧急事项采取一切合理可行的改进措施，以提高核设施的安全性。如果此种提高无法实现，则应尽可能快地执行使这一核设施停止运行的计划。确定停止运行的日期时得考虑整个能源状况和可能的替代方案以及社会、环境和经济影响。"从这两条可以看出缔约国有辐射防护的义务与责任，即在核设施的建立以及维持方面都需要时刻保护环境和人类自身，要尽最大的努力预防核污染事件的发生，核设施当事国需要做好预防准备，不仅要考虑本国核污染如何处理，还要想到可能受到不良影响的相邻国的赔偿责任问题。日本福岛第一核电站的部分设备已经老化，不适合运转，但是为了一点经济利益，老化的核电设备仍然在运转，核设施已经处于不安全状态。日本的这一做法明显违反了该公约第 1 条和第 6 条的规定，没有采取有效的防御措施，使本国国民和周边国遭受到核辐射的威胁。

（4）应急准备的责任。《核安全公约》第 16 条指出：首先，每一缔约方应采取适当步骤，以确保核设施备有厂内和厂外应急计划，并定期进行演习，并且此类计划应涵盖一旦发生紧急情况将要进行的活动。对于任何新的核设施，此类计划应在该核设施以监管机构同意的高于某个低功率水平开始运行前编制好并作过演习。其次，每一缔约方应采取适当步骤，以确保可能受到辐射紧急情况影响的本国居民以及邻近该设施的国家的主管部门得到制订应急计划和作出应急响应所需的适当信息。最后，在本国领土上没有核设施但很可能受到邻近核设施一旦发生的辐射紧急情况影响的缔约方，应采取适当步骤以编制和演习其领土上的，涵盖一旦发生此类紧急情况将要进行的活动的应急计划。本条中明确规定了缔约国要时刻做好核事故发生的应急准备，这是每一个缔约国的责任。但作为缔约国的日本很显然没有做好必要的应急准备。此外，该应急方案的准备不充分，方案设计不合理，没有对出现核电站自身无法应对的事故的处理方法，也没有向附近核电站寻求帮助的条款。这使得日本政府在面对福岛第一核电站突发核爆炸的情况下，不能够有效、快速作出反应，使核辐射面积不断扩大，并且进一步蔓延至邻国，给海洋生态环境和国民健康造成了无法弥补的损害。因此，日本作为《核安全公约》的缔约国应当承担不可推卸的损害性后果的国家责任。

【案例评析】

一、严格责任的适用

严格责任是指行为主体无论其过失与否，只要对其他主体造成了损害性后果，均应对此后果承担赔偿责任。根据《布莱克法律词典》，"严格责任又被称为绝对责任，或无过错责任，是一种不依赖于损害时的实际过失或故意而基于违反了确保安全之绝对义务的责任；通常适用异常危险活动或产品导致损害的情形。"与过失责任不同，这一归责原则的重点不在于行为主体在进行特定行为时的主观状态，而在于行为主体的特定行为所造成的后果。在出现损害赔偿的情况下，行为主体的主观状态并非被判定为过失，而是不加以考量。这一归责原则在国际法上的适用是对传统国家责任制度的突破，将其适用于核损害国际赔偿责任制度并作为该制度的主要归责原则，有着深刻的原因。

相比其他核电国家，日本由于其特殊的地理环境，面临着较高的核事故风险。其中2011年曾发生的福岛核事故引起国内外的关注，给日本和其他邻近国家造成损害。为此，日本在逐步提高核设施安全利用水平的同时也十分重视核损害赔偿立法并建立起了一套相对完善的赔偿责任体系。日本于1955年颁布实施了《原子能基本法》，这部规范文件共分为9章，确立了核事故赔付机制在内的多项制度。另外，在1961年6月17日日本先后通过《原子能损害赔偿法》和《原子能损害赔偿补偿协议法》，之后并进行了多次修改。这两部法律构成日本核事故发生后受害人权利救济的主要法律依据，确立了核损害赔偿的基本制度。

与国际普遍适用的制度类似，《原子能损害赔偿法》规定了核事故发生后，赔偿责任由经营者承担，且该责任的承担适用无过错归责原则。但不同的是《原子能损害赔偿法》未规定经营人承担赔付义务的上限，因此经营人应对辐射带来的危害承担无限赔付责任。为了确保受核事故影响的受害人能够得到实际赔偿，法律规定核设施经营人需要预先提交一部分的资金专门用于赔偿义务的履行。如果核设施营运者未提供该部分资金或不足，政府将停止该核设施的运营。另外日本针对核事故发生的巨大风险成立了核保险共同体，并建立了相配套的保险制度规范。依照核损害赔偿保险法律规范的规定，为了降低可能发生的核事故带来的损失，核设施经营者可向核保险共同体投保，保险事故发生后由其赔付营运者遭受的损失。《原子能损害赔偿法》还建立了核事故赔付争端调解委员会，由该组织专门负责核事故赔付争端进行调解。除了上述财务保障规范外，《原子能损害赔偿补偿协议法》还规定核经营者可和政府就赔付进行协商，约定核损害赔偿金额超过经营者提供的担保资金的部分由政府负责弥补。

在福岛核事故发生后，日本在2011年8月3日颁布了《原子能能损害赔偿支援机构法》，该法旨在促使核电事业持续发展的同时让受核事故影响的公众及时获得救济。根据该法规定，日本成立专门性组织接受东京电力公司提供的核事故赔付储备金并向公司提供赔付资金支持。

日本在《原子能损害赔偿法》和《原子能损害赔偿协议法》中规定，通过核设施营运人购买保险和与政府签订赔付协议作出核事故赔付义务保障机制的安排。根据日本1999年4月28日实施的《原子能损害赔偿法》，核装置营运者对一个装置缴纳的保证数额应不低于600日元，如果该资金不足核设施将不能继续营运。如果核事故造成的损害金额超过营运者提供的财务保证额，由日本政府负责弥补差额。另外根据协议法的规定，赔付的具体范围和方式由政府与营运者签订的核事故赔付义务履行协议确定。

二、专门化的诉讼管辖制度

核事故发生后遭受侵害的公众数量通常较大，危害面积很广。如果按照《民事诉讼法》关于一般侵权责任承担的规定，核事故发生后侵权行为实施地、危害结果发生地及被告住所地都有管辖权，则会有数个法院有权处理一起事故的情况出现。虽然多个法院的管辖有利于提高案件处理的效率，但是分散的管辖权可能导致对同一事实重复审理和调查、对同一损害结果审判结果不一致等现象。这除了会浪费司法资源，还将有损裁判的公平、公正。为此，多个核工业大国立法中都明确了核事故侵权中法院的管辖权限。根据域外立法，这些国家通常确立核事故侵权的管辖权归属本国某一法院。如依照美国《原子能法》，本国内核事故侵权的管辖权归属于原子能事故发生地的地区法院，发生在境外的核事故由美国哥伦比亚区的法院管辖。日本在立法中设立了专门的调解委员会对核事故争端进行调解。法国原子能立法规定发生在本国国内的核事故，由法国巴黎大法院管辖。

主要参考文献

1. 张文显:《法哲学范畴研究》,中国政法大学出版社2001年版。
2. 齐树洁、林建文主编:《环境纠纷解决机制研究》,厦门大学出版社2005年版。
3. 范愉:《非诉讼纠纷解决机制研究》,中国人民大学出版社2000年版。
4. 韩德培主编:《环境保护法教程》,法律出版社2015年版。
5. 蔡守秋主编:《环境资源法教程》,高等教育出版社2010年版。
6. 吕忠梅:《环境法学》,法律出版社2008年版。
7. 信春鹰主编:《中华人民共和国环境保护法释义》,法律出版社2014年版。
8. 陈茂云、马骧聪:《生态法学》,陕西人民教育出版社2000年版。
9. 曹明德:《环境侵权法》,法律出版社2000年版。
10. 王明远:《环境侵权救济法律制度》,中国法制出版社2001年版。
11. 王曦:《美国环境法概论》,武汉大学出版社1992年版。
12. 王曦编著:《国际环境法》,法律出版社1998年版。
13. 李爱年等:《人类社会的可持续发展与国际环境法》,法律出版社2005年版。
14. 刘景一、乔世明主编:《环境污染损害赔偿》,人民法院出版社2000年版。
15. 韩立余编著:《世界贸易组织(WTO)案例分析》,中国人民大学出版社2002年版。
16. 王秀梅:《破坏环境资源保护罪的定罪与量刑》,人民法院出版社1999年版。
17. 付立忠:《环境刑法学》,中国方正出版社2001年版。

18. 王树义、皮里阳:"墨西哥湾漏油案及其对我国的启示",载《中国审判》2012 年第 2 期。

19. 王曦:"环境公益诉讼制度的立法顺序",载《清华法学》2016 年第 6 期。

20. 廖怀俊、胡永平编著:《环境侵权纠纷案例与实务》,清华大学出版社 2018 年版。

后 记

本教材是在韩利琳教授主持下，由西北政法大学经济法学院环境法教研室部分教师参与编写，并经王继恒博士协助修改、统稿、定稿完成的。从书稿写作提纲拟定到完稿，整个过程历时一年有余。期间，我们既遇见了困难和困惑、又经历了反复和争论，但也分享了彼此在从事环境法教学和科研方面的诸多体会和经验，还深切感受到了来自兄弟院校在引领环境法教学改革中带给我们的压力，以及我们需要改变自身现状实现追赶、超越的急迫心情。当然，在这个过程中，更让我们见证了西北政法大学环境法学同仁在积极参与和努力探索环境法教学改革的征程中，一如既往地致力于为环境法教学尽绵薄之力的勇气、信心、决心和担当。

因此，本书的出版，无论是作为我们对以往环境法实践教学经验的总结，还是作为对我们西北政法大学环境法学人共同志趣的一次纪念，我们都愿意以此为契机，克服各种困难，继续在环境法学这一生机蓬勃的领域内勇往直前。

教材的编写，一定程度上兼顾了参编者的研究方向和在专业方面的比较优势，具体编写分工如下：

第一章第一节、第二节，由王继恒执笔；第三节，由杨倩执笔；第四节，由陈娟丽执笔；

第二章，由王继恒执笔；

第三章，由李雅萍执笔；

第四章第一节，由黄政执笔；第二节、第三节，由郝少英执笔；

第五章，由丁岩林执笔；

第六章第一节、第二节，由李亚菲执笔；第三节，由陈娟丽执笔；

第七章第一节、第二节、第三节，由韩利琳执笔；第四节，由杨倩执笔。

仅仅是编写一部法律案例书籍，在一定意义上可能是比较容易的，但想要编写出一部与已有同类书籍相比更具特色，既能满足法律实践教学需要，具有较强的指导性和较高的实用价值，又不乏对案例阐释具有一定学理深度的书籍，在我们看来却是一项具有挑战性的工作。对此，我们不仅面临着挑战，其实也在接受着挑战。

由于受编者水平和时间所限，加之我们对编写案例教材缺乏足够经验，虽经多方努力，本教材从编写方法到内容设置难免存在不足之处。敬祈学界及实务部门的不吝赐教和批评指正，以帮助我们不断修正和完善教材的相关内容。对此，我们将虚心受教、不胜感激。

主编谨识
2019 年 6 月 27 日